图解人工智能

図解まるわかり

AIのしくみ

[日]三津村直贵 著

姚山宏 译

中国科学技术出版社

·北 京·

图书在版编目（CIP）数据

图解人工智能 /（日）三津村直贵著；姚山宏译．
北京：中国科学技术出版社，2025. 5（2025.11 重印）.
ISBN 978-7-5236-1355-9

Ⅰ. TP18-64

中国国家版本馆 CIP 数据核字第 2025NN4077 号

策划编辑	何英娇	**责任编辑**	何英娇　安莎莎
封面设计	东合社	**版式设计**	蚂蚁设计
责任校对	邓雪梅	**责任印制**	李晓霖

出　　版	中国科学技术出版社
发　　行	中国科学技术出版社有限公司
地　　址	北京市海淀区中关村南大街 16 号
邮　　编	100081
发行电话	010-62173865
传　　真	010-62173081
网　　址	http://www.cspbooks.com.cn

开　　本	880mm × 1230mm　1/32
字　　数	226 千字
印　　张	7.625
版　　次	2025 年 5 月第 1 版
印　　次	2025 年 11 月第 3 次印刷
印　　刷	大厂回族自治县彩虹印刷有限公司
书　　号	ISBN 978-7-5236-1355-9/TP · 518
定　　价	69.00 元

前言

伴随着深度学习的出现，人工智能（AI）迎来了第三次浪潮。而且，从浪潮开始不到十年里，以图像识别技术为中心的 AI 新技术得到了广泛的普及，智能手机和互联网对人们而言已成为不可或缺的存在。

然而，很少有人能够正确理解 AI 的工作原理。我们要想认真学习 AI，就必须掌握有关信息科学、统计学、数学的知识。这对普通人而言，难度相当高。人们往往会认为只是使用而已，不知道工作原理也无所谓。但是，AI 有些不同。

之所以这样说是因为 AI 与以往的软件相比具有高度的自主性，会出乎所有者的意料而擅自运行。其实如果 AI 能够完美地完成应做的工作，那也不会有什么问题，但令人遗憾的是，目前的 AI 还没有达到那样的水平。对于当下的 AI 而言，人类的跟进是必不可少的。

这种 AI 与人类的关系和新员工与前辈①员工之间的关系相似。每年都会有前辈员工抱怨“完全搞不懂新员工在想什么”。作为执行“人工智能任务”的前辈，如果我们不能正确理解代替自己完成“人工智能任务”的新员工的思维方式与行为方式，就无法做好跟进工作。虽说我们不是精通人类心理的心理学家，但还是有办法了解新员工的想法的。

这本书就是一部帮助各位了解如同踏入智慧世界的新员工——AI 的“想法”（工作原理）的书。在书中，为了便于各位读者理解，我尽量避免使用专业术语，也未进行详细解说，只是对 AI 的工作原理进行了概要介绍。我会按照从初步的算法到数据分析、深度学习及其应用方法的顺序进行讲解。您即使对信息科学与计算机的工作原理一无所知，通过阅读这本书，也能够了解 AI 是如何工作的。各位只要粗略地掌握了 AI 的工作原理，就会懂得偶尔会犯错但本质上还是很优秀的“新员工”——AI 的使用方法。

---

① 在日本，人们有比较鲜明的等级观念。在学校、工作单位里，比自己入学、入职早的人是自己的前辈，反之，比自己晚来的人则是自己的后辈。在日常生活中，如言谈举止方面，后辈要注意保持对前辈的尊重。——译者注

目录

第1章 AI的基础
~ AI是如何发展的 ~

第 2 章 AI 与程序的基本机制
~能够完成复杂任务的简单过程~

第 3 章 AI 的数据处理
~ 对于 AI 的发展必不可少的信息是什么 ~

第 4 章 机器学习的相关知识

~借助各种方法不断学习、成长的 AI ~

第 5 章 深度学习
~面向新时代的高通用性机器学习~

第6章 各种各样的 AI 及其应用

~应用技术的推广为 AI 与人类带来的可能性~

第 7 章 在其他领域不断发展的 AI

~ AI 在各个领域大显身手的现状 ~

第 8 章 人们围绕 AI 展开的各种争论
~ AI 是无所不能的机器吗 ~

第1章

AI的基础

~AI是如何发展的~

何谓AI？定义过于模糊

智能是什么

AI是人工智能的简称。顾名思义，AI就是人工创造出来的“智能”，那么智能到底是什么呢？综合词典上的表述和学者的见解，AI被认为是“逻辑思维与抽象思维能力，预测与规划能力，对复杂的概念、事件、语言的理解能力，学习与解决问题的能力等”。不得不说这样的表述笼统而模糊，然而对AI做出严密的定义确实比较困难（图1–1）。

说起“通过人工来创造智能”，问题变得越发复杂了。简而言之，就是让机器轻松地完成一部分体现上述智能的任务。让机器根据统计学、信息理论完成预测与规划、解决问题与学习、逻辑思维还是比较简单的。至少机器还是看似可以智慧地工作的。不过，机器的“思维方式”与人类大为不同，有些机器甚至会给人一种没有任何智能的感觉。在现实中，针对到底什么是AI这一问题，可以说是见仁见智，学者们的见解也不统一。在这种情况下，我在正式开始讲述AI之前，针对AI的概念，需要与各位达成共识。

本书中所讨论的AI

在本书中所讨论的AI主要是指“看似可以智慧地工作的AI”。通常，这样的AI被称为“弱人工智能（弱AI）”“专用人工智能”，是指针对特定的任务看似可以智慧地工作的AI。可以说，在现实世界中的AI大多都是看似能够智慧地工作的AI（图1–2）。当然，具备人类那样的思维与智慧的AI也不是没有。提到“人类那样的”前缀，我们就会被带入探索“人类到底是什么”的哲学、脑科学的世界中。

我们在日常生活中所接触到的“被称为AI的事物”大部分都是统计理论与信息理论的集合体，感觉是与人类的思维毫无关系的事物。要想了解AI的思维方式与人类有什么不同，我们就必须加深对信息理论的理解。

图1-1 智能是综合能力

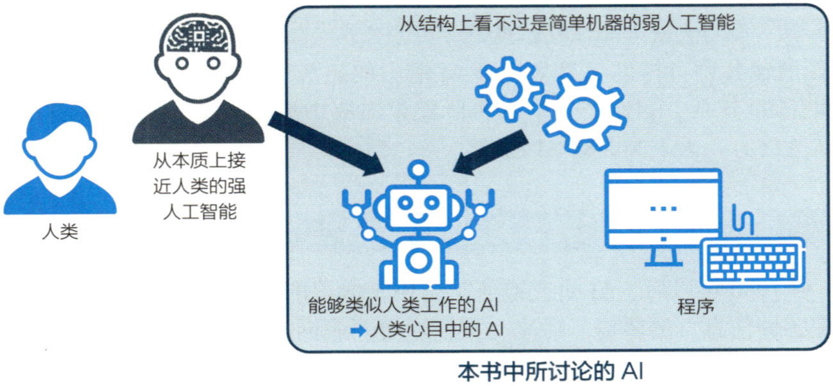

图1-2 人类心目中的理想的 AI

要点

- 智能是指结合各种各样智慧技能的综合能力。
- 人类已经制造出许多看似具有智慧的机器。
- 本书中所说的 AI 是指看似具有智能的 AI（弱人工智能）。

AI的快速发展与停滞

技术与 AI 的快速进步

接下来我们一起回顾一下 **AI 的历史**（表 1-1）。20 世纪 50 年代，人类第一台通用电子计算机问世了。在同一时期，艾伦·图灵（Alan Turing）提出了利用计算装置再现智能的人工智能概念。不过，当时这只是一个概念而已，连名称都没有。之后，一种被称为“神经网络”的模仿神经细胞的、具有学习能力的算法诞生了。在 1956 年召开的达特茅斯会议上，人们开始使用“Artificial Intelligence”（人工智能）这一称呼，直至今日。可以说计算机的诞生、算法的进步催生了真正意义上的 AI 研究。

之后，伴随中央处理器（CPU）与硬盘驱动器（HDD）的出现，计算机的处理能力得到了提升。在这样的背景下，20 世纪 70 年代，“专家系统”等用于处理知识和数据的 AI 问世了。人们通过向具备学习功能的 AI 灌输各种各样的信息来提高 AI 潜力的想法堪称具有划时代意义。20 世纪 90 年代，目睹了能够在国际象棋对弈中战胜人类的 AI，人们开始认为终有一天人类会被 AI 超越。

通过互联网与深度学习克服的障碍

1980 年以后，AI 研究遭遇了“用于学习的数据严重缺乏”“难以处理感性信息”的障碍。后来，人们通过互联网与深度学习克服了这些障碍。随着 20 世纪 90 年代互联网的普及、21 世纪第一个十年社交网站（SNS）的问世，AI 在网络上所能处理的数据堪称极大丰富。

进入 21 世纪第二个十年，伴随着擅长于感性信息的处理与学习的深度学习出现，人类对看到的、听到的相关信息的处理能力取得了飞跃式的进步。这可以说是重大突破。

AI 在实现这样进步的过程中，取得了数次突破。每次出现突破都会成为世人热议的焦点。对于这些突破以及 AI 技术变迁的了解会有助于我们对 AI 本身的了解。那么，让我们一起看看在 AI 历史上产生过重大影响的三大人工智能浪潮吧。

表1-1 人工智能的历史

时间	发展
1943 年	作为神经网络的基础，“形式神经元”数学模型问世（仅限于理论）。
1946 年	世界上第一台通用电子计算机——“ENIAC”问世。
1950 年	艾伦·图灵提出“人工智能”的概念。
1951 年	马文·明斯基等人成功开发出基于神经网络的机器。
1956 年	达特茅斯会议召开，在世界范围内的“人工智能”研究正式启动。
1956 年	能够与人类对弈的“国际象棋”游戏机诞生。
1959 年	纳撒尼尔·罗切斯特等人成功开发出用于证明数学定理的 AI。
1965 年	能够与人类进行自然语言对话的程序——“ELIZA”诞生。
1969 年	作为互联网的前身的军用网络——“ARPANET”投入使用。
1971 年	能够理解、执行自然语言命令的程序——“SHRDLU”问世。
1974 年	实用级别的专家系统——“Mycin”开发成功。
1979 年	斯坦福大学成功开发出世界上第一台“无人驾驶汽车”。
1982 年	日本通商产业省正式启动“第五代计算机”项目。
1984 年	常识与知识的数据库化项目——“Cyc 项目”正式启动。
1989 年	作为信息提取技术的“数据挖掘”技术开始投入使用。
1991 年	“WorldWideWeb”（WWW）诞生，加速了互联网的使用。
1997 年	人工智能“Deep Blue”击败国际象棋的世界冠军。
2005 年	雷·库兹韦尔提出“奇点假说”。
2006 年	杰弗里·辛顿提出深度学习的概念。
2011 年	国际商业机器公司（IBM）开发的“Watson”在智力竞赛节目中击败两位冠军。
2011 年	智能手机开始搭载语音识别助手。
2012 年	谷歌公司开发的“自动驾驶汽车”开始在道路上的自动驾驶实验。
2012 年	采用深度学习的人工智能在影像识别协会举办的“大规模视觉识别挑战赛”（ILSVRC）中取得压倒性的佳绩。
2012 年	谷歌公司的人工智能成功通过观察图像学习“猫的概念”。
2014 年	在人工智能学会设置“伦理委员会”，开始讨论人工智能的伦理问题。
2016 年	谷歌公司开发的“AlphaGo”击败世界顶级围棋选手。
2018 年	语音通话 AI 第一次通过电话成功向人类预约服务。
2019 年	在扑克、麻将等不完全信息游戏中，人工智能能够让顶级专业选手产生棋逢对手的感觉。
2020 年	基于 OpenAI 开发出来的 GPT-3 展示了不逊于人类的英文生成能力。

要点

- 以 1956 年召开的达特茅斯会议为契机，AI 研究正式启动。
- 20 世纪 70 年代“专家系统”诞生，AI 接近商业化。
- 21 世纪第二个十年，伴随深度学习的诞生，AI 应用范围得以拓展。
- 我们有必要了解引发三次 AI 浪潮的三个转折点。

第一次人工智能浪潮“AI的肇始与潜力”

从达特茅斯会议开始正式启动的人工智能研究

第一次人工智能浪潮肇始于1956年召开的**达特茅斯会议**（表1–2）。此次会议是一个只有大约10人参加的研究成果发布会。在会上，人们公开了对于当时而言具有划时代意义的研究成果，提出AI可以处理语言，可以获得概念化、抽象化能力，可以证明数学定理，还发布了日后催生深度学习的神经网络的最初方案。在之前，AI概念业已存在，AI研究已经开始，但是能够共享先进研究成果的机会却很少。于是，世人以此次会议为契机开始对AI概念及其潜力进行广泛宣传，在社会上产生了重大反响。

之后，在世界范围内（尤其是美国和英国），人们出于对AI研究的强烈期待感，加快了投资的步伐，许多相关大学和研究机构也因此获得了丰厚的预算。不过，人们的期待越高，失望也就越大。十余年后，当人们一旦意识到“高性能AI不会马上问世”，就不约而同地停止了投资。于是，AI研究进入了严冬时代。

符号主义与连接主义的分道扬镳

伴随第一次严冬时代的到来，AI研究开始出现了两大方向，即参考人类逻辑思维的**符号主义**（逻辑主义）和参考人类大脑结构的**连接主义**（图1–3）。

第一次人工智能浪潮以后，在AI研究中占主流的是符号主义派。符号主义的原理是将人类的逻辑思维加入算法。“如果A成立的话，B就成立”就是符号主义的思维。方法非常简单易懂，程序中的问题也容易理解。这是符号主义的优点。与符号主义派不同，当时连接主义派采用神经网络的方式制作模仿人脑机制的AI。能够通过学习完成各种各样的任务是连接主义的优点。但是，网络规模小时就会毫无作为，难以发现和解决问题是连接主义的缺点。正是因为存在这些缺点，连接主义遭到了冷遇。

表1-2 达特茅斯会议的出席人员

人员	贡献
马文·明斯基（1927—2016）	人工智能之父，提出了神经网络的基础理论。
艾伦·纽厄尔（1927—1992）	成功开发出世界第一个人工智能程序——Logic Theorist（逻辑理论家）。
约翰·麦卡锡（1927—2011）	成功开发出面向人工智能的编程语言——LISP，奠定了云计算的基础。
赫伯特·西蒙（1916—2001）	从事 AI 决策研究，参与世界上最早的人工智能程序的合作开发，曾荣获诺贝尔经济学奖。

说明：他们均荣获“数学领域的诺贝尔奖——图灵奖”。

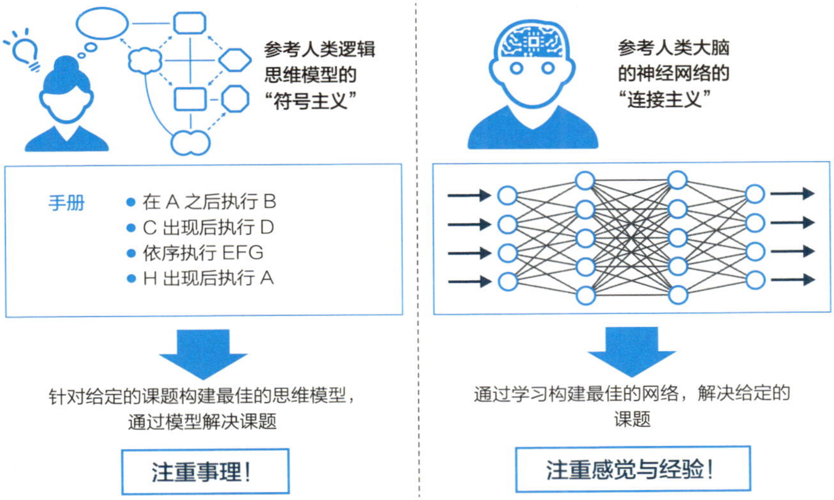

图1-3 符号主义与连接主义

要点

- 达特茅斯会议召开时，AI 研究的重要领军人物悉数出席了会议。
- AI 研究由于社会期待过高而遭遇严冬时代。
- 针对人类的逻辑思维进行模型化的方法被称为“符号主义”。
- 针对人类的神经网络进行模型化的方法被称为“连接主义”。

第二次人工智能浪潮“数据与知识的处理方式”

计算机的飞跃式进步与知识的获得

与第一次人工智能浪潮不同，第二次人工智能浪潮没有明确的正式开始时间。不过，其重要节点是在伴随 CPU、HDD 领域的进步，人们实现了信息的快速处理与大容量数据储存的 20 世纪 70 年代后期。对于之前的计算机而言，仅仅让其存储信息就已筋疲力尽，想要让其完成任务总会遭遇缺乏必要的知识的问题。后来，人们认识到只要拥有能够高效处理、存储人类知识的存储器以及处理所需的计算能力，程序是完全可以智慧地工作的（图 1–4）。

其中具有代表性的就是能够运用知识应答人类询问的“专家系统”。实际上，早在 20 世纪 70 年代人们开发出来的“Mycin”就已投入使用。使用 Mycin 的患者只要输入必要信息，Mycin 就会向患者推荐适合其使用的药品。后来，伴随着这个系统在其他领域的广泛应用，出现了可以代替专家为人们提建议的 AI。鉴于人们对 AI 期待的高涨，在日本被称为“第五代计算机”的新一代计算机开发项目正式启动，与此同时，在世界范围内针对信息技术（IT）相关技术的投资也变得活跃起来。

知识的不足与人力的极限

20 世纪 90 年代，第二次人工智能浪潮宣告结束，原因在于虽然计算机的数据存储能力不断提升，但是其收集数据的方法却非常有限。如果是记载在书籍上的信息，那就需要人们将其输入 AI；如果是专家的知识，那就需要他们亲自将知识传授给 AI。通过这样的方法构建的 AI 是具有局限性的，其能够处理的数据自然也是有限的（图 1–5）。

此外，当时符号主义派占据主流，无法妥善处理感性信息、模糊的数值，为了发挥 AI 的性能需要精通 AI 的工程师实施微妙的调整。作为结果，由于人们无法获得应用于商业领域时的通用性，AI 被打上了“辜负了人们期待”的烙印。

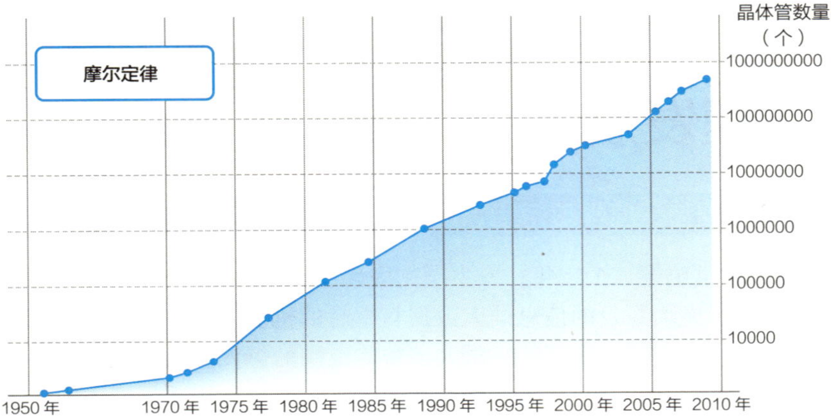

图1-4 计算能力飞跃上升的计算机

图1-5 低效的专家系统

要点

- 20 世纪 70 年代，人们在 CPU、HDD 领域取得了快速的进步。
- 能够处理专家知识的“专家系统”等的问世掀起了第二次人工智能浪潮。
- 当人们发现向 AI 传授知识有难度时，AI 研究再次进入严冬时代。

第三次人工智能浪潮“机器学习的飞速发展”

大数据与深度学习带给 AI 的变化

在 21 世纪第二个十年，发生了彻底改变传统 AI 形象的变化，那就是作为拥有庞大数量的信息的大数据与卓越的**机器学习**方法——**深度学习**的出现。这直接引发了第三次人工智能浪潮的爆发。原本机器学习的学习效率远不及人类，学习一件事需要庞大数量的训练数据。人们实现了通过互联网收集大量数据，为机器学习发挥其真正价值提供了契机（图 1–6）。

立足于机器学习的连接主义派，在图像识别等领域实现了重大突破。而对于一切都遵循逻辑思维的符号主义派在图像识别等领域未能实现任何突破。这样的突破吸引了针对机器学习领域的投资，并推动 AI 研究取得了重大进展（图 1–7）。

取得进步的机器学习带给 AI 的通用性

机器学习方法本身早在第一次人工智能浪潮时就已经存在，围绕深度学习基础理论的讨论早在第一次人工智能浪潮时就已经开始。大数据的出现促进了机器学习的快速发展，伴随智能手机、物联网（IoT）设备在整个社会的普及，机器学习的应用范围也急剧扩大。随着 AI 的广泛使用，学习量也在飞速增加。虽然 AI 还有擅长与不擅长的领域之分，但是针对特定任务的处理，AI 取得超越人类的成果已经不再是什么新鲜事。在处理单个 AI 无法应对的问题时，人们还会采用将多个 AI 组合起来的方法。

进入 21 世纪 20 年代以后，人们逐步将 AI 研究的重心从为完成特定任务的算法研究、机器学习研究，转移到多个算法、方法以及将 AI 组合起来应对复杂任务的实践研究之中。目前，人们担心第三次人工智能浪潮或许马上也会迎来寒冬，不过，想必即使寒冬到来，AI 在整个社会中普及的步伐也不会停止。

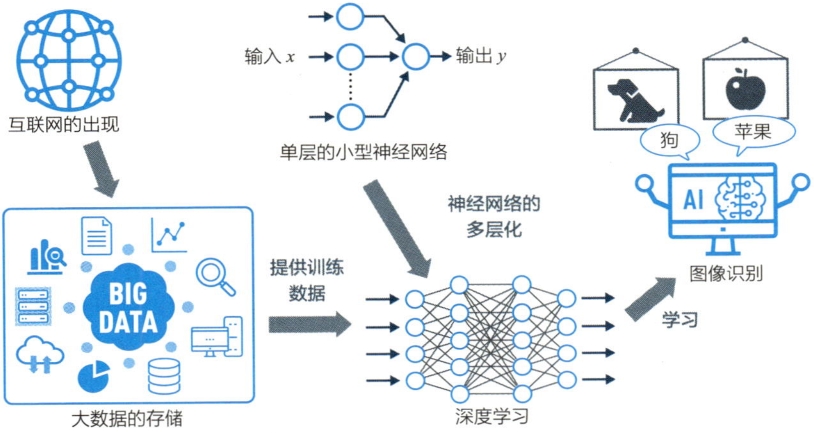

图1-6 大数据与深度学习的出现

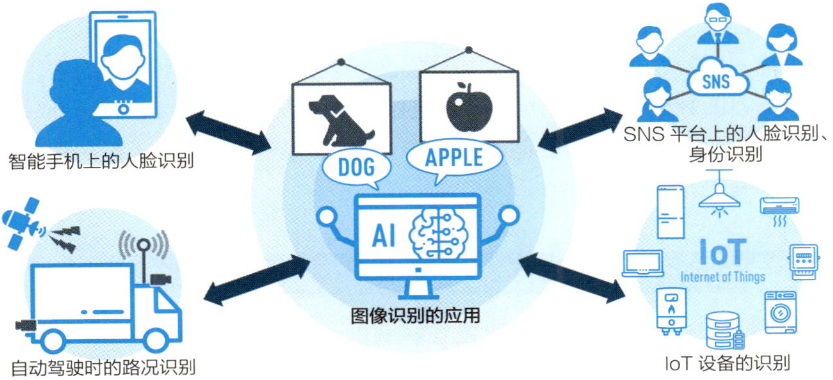

图1-7 应用领域不断扩大的图像识别

要点

- 互联网普及催生的大数据促进了机器学习性能的提升。
- 深度学习在图像识别领域取得了突破。
- 伴随在同一时期开发出来的设备上的应用，AI 得到广泛普及。

连接主义的发展历程

长期不出成果的技术

在现代的 AI 中，深度学习发挥着重要作用。然而，作为深度学习的基础，神经网络可以说是虽然长年备受关注却没有取得任何成果的不走运的技术（图 1-8）。因为引爆了第一次人工智能浪潮而备受关注的神经网络是具备学习能力的、能够扩大 AI 潜力的、具有划时代意义的方法。不过，神经网络身上也有致命的缺点。当时，人们虽然已经认识到**分层**（深化）是克服这种缺点的有效方法，但是彼时的计算机并不具备实现分层所需的计算能力。

第二次人工智能浪潮爆发之后，随着计算机性能的提升，分层已成为可能。不过，人们渐渐了解到分层会导致学习效率的下降。加之，可用于学习的数据也不够充足，神经网络的研究没能取得令人满意的成果。虽然置身于第二次人工智能浪潮之中，人们却只能持续开展各种基础理论的研究工作。

长年的研究开花结果的瞬间

进入 21 世纪以后，伴随着互联网的普及、神经网络理论的进步，情况发生了根本性的改变。人们找到了提高学习效率的方法，也能更简单地获取学习所需的数据。在图像识别大赛中，神经网络力压传统方法取得了压倒性的佳绩，在围棋、游戏等领域通过学习方法的改进、无监督学习与强化学习相结合取得了重大成果。人们意识到可以将神经网络应用于各种商业活动中，于是掀起了第三次人工智能浪潮。也就是说，引爆第一次人工智能浪潮的技术历经数十年的研究终于催生了现代的浪潮（图 1-9）。

目前，深度学习已经应用于基于影像的各种信息技术之中，为人类的商业活动带来了重大影响。人们在过去的五十年间点点滴滴地积累起来的研究成果终于在当代开花结果了。

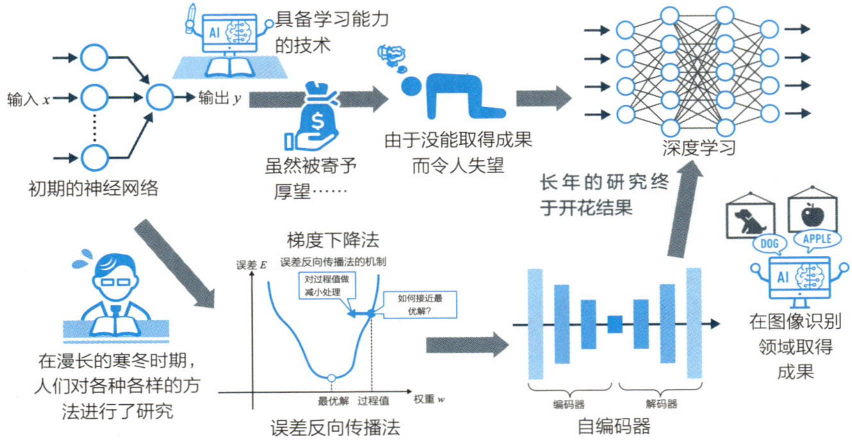

图1-8 研究人员兢兢业业地投身于神经网络的研究工作

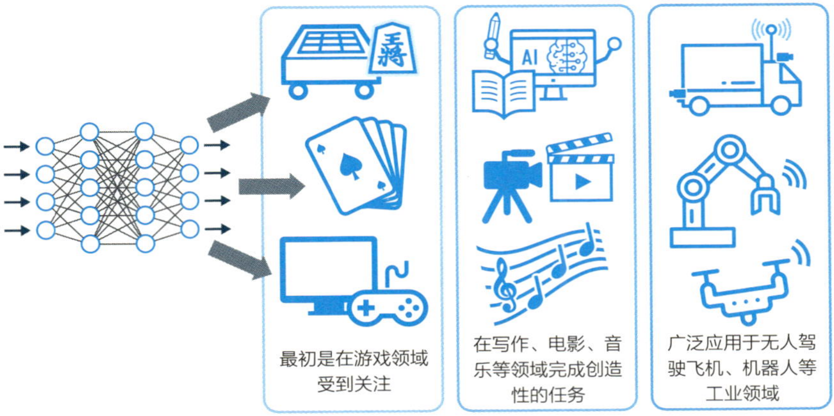

图1-9 技术的应用领域从游戏向机器人不断扩大

要点

- 连接主义的核心技术是神经网络。
- 神经网络引爆了第三次人工智能浪潮。
- 连接主义由于没能取得预期的成果，长期处于低迷状态。
- 深度学习的研究工作取得了成果。

符号主义的发展历程

引领时代的符号主义 AI

与连接主义不同，符号主义的方法一直受到世人的关注。人们通过根据完成任务的逻辑思维流程编写程序，迅速地完成了各种各样的困难任务。

第一次人工智能浪潮时出现的 AI 具备证明数学定理、解决难解谜题的能力，在棋盘游戏的对弈中还战胜了人类。活跃于第二次人工智能浪潮的“专家系统”就是脱胎于基于给定的知识与规则进行工作的符号主义的方法。在神经网络低迷的时期，在 AI 领域中，符号主义的方法占据了主流地位。

不过，符号主义自身也存在缺点，那就是不擅长应对难以做出逻辑说明的感性任务。符号主义是基于严密的规则工作的，所以有时会陷入基于各种可能性的假设而持续不断地进行思考的状态中。这被称为“框架问题”。

神经网络的兴起与新地位

伴随深度学习的问世，针对许多感性任务，人们开始使用连接主义的方法来应对。对于符号主义而言，符合逻辑的记述是必不可少的。因而，符号主义的通用性会比较低，尤其针对需要进行图像识别、语音识别、机器学习的任务，符号主义的方法快速被取代。尽管有人认为符号主义已经“落伍”，符号主义还是在**可说明性**与**计算速度**方面获得了新的地位。

神经网络的思维方式非常难以理解，而符号主义的思维逻辑简单明快、通俗易懂，遇到问题时也比较容易弄清原因进行改良。此外，符号主义会在完成任务时采用最短路径的逻辑思维方式，所以相比神经网络，运行会更快，消耗能量会更少，大规模化也更容易（图 1-10）。在应对理性任务的时候，符号主义明显占据优势。鉴于双方特性的差异，人们通过在当代的 AI 中有效融入双方的方法，实现了 AI 整体通用性的提升（图 1-11）。

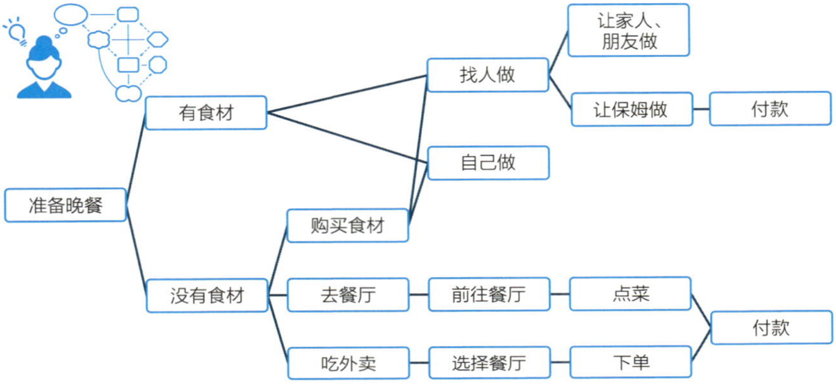

针对特定的任务，人们会对各种选项进行思考，采用合理的步骤进行推进

图1-10 人们准备餐食的流程

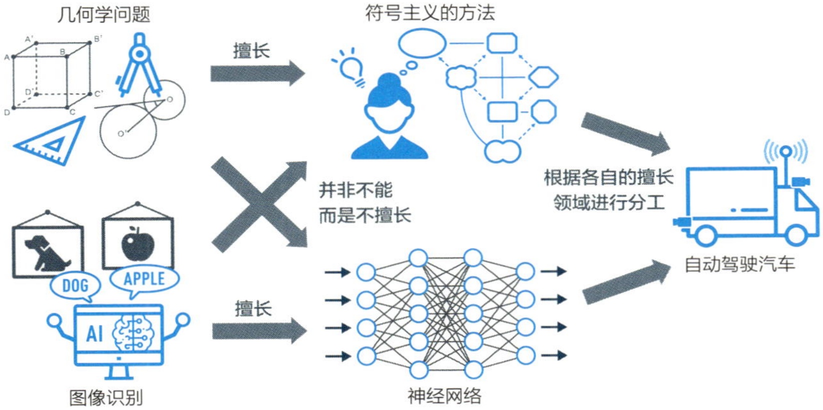

当代的 AI 是双方方法的复杂结合体

图1-11 符号主义的方法与连接主义的方法的协作

要点

- 从 AI 问世直至今日，符号主义的方法对于 AI 的发展发挥了重要作用。符号主义擅长完成理性任务，判断标准也容易理解。
- 伴随连接主义的兴起，符号主义的地位与作用不断发生变化。
- 针对特定的任务，人们会对各种选项进行思考，采用合理的步骤推进。

关于AI技术与产品

深受图像识别影响的产品与服务

在深度学习引发的第三次人工智能浪潮中，发生重大变化的是**图像识别**相关领域。搭载了图像识别功能的照相机、智能手机软件除了可以用于人脸识别外，还可以用于对动物的识别以及商品搜索。

人们还将AI应用于自动驾驶汽车、监控摄像机中。如此，人们仅仅通过一台摄像机就可以完成针对行人与招牌、车辆与自行车、顾客拿起的商品与商品盗窃犯的识别工作（图1–12）。社会上还出现了顾客购物时可将商品直接放入自己的包中，离店时无须去收银台，使用智能手机就可自助结账的店铺。

此外，人们仅仅通过对损伤部位的拍照就可以计算出修理费、故障发生的风险，通过基于人脸识别的顾客识别就可以向顾客推荐符合顾客喜好、兴趣的商品。基于医用图像的诊断技术也不断取得进步。通过可视信息做出直觉判断已逐渐成为AI的擅长领域。

数量庞大的数据与AI催生的产品

除了图像识别相关领域以外，利用庞大的**数据库**进行学习的机器学习本身备受关注，相关研究的日益活跃也带来了其他众多领域的发展。例如，在自然语言处理领域，“聊天机器人”“翻译工具”不断取得进步，与语音识别相结合的“辅助AI”“自动应答系统”也发生了很大变化。在SNS平台上，人们向企业咨询时，聊天机器人会做出应答。人们通过使用翻译工具就可以轻松地与别人交流。搭载了辅助AI的智能手机、扬声器也已是司空见惯。这一切都得益于AI技术的发展。

不过，AI给人类带来便利的同时，也会带来侵犯个人隐私、AI失灵、助长歧视与偏见等新问题（图1–13）。关于围绕引入AI的具体事例以及各种问题的讨论，我会在本书后面的章节中做出论述。在进行这样的论述之前，我们必须切实把握AI的本质及其工作原理。

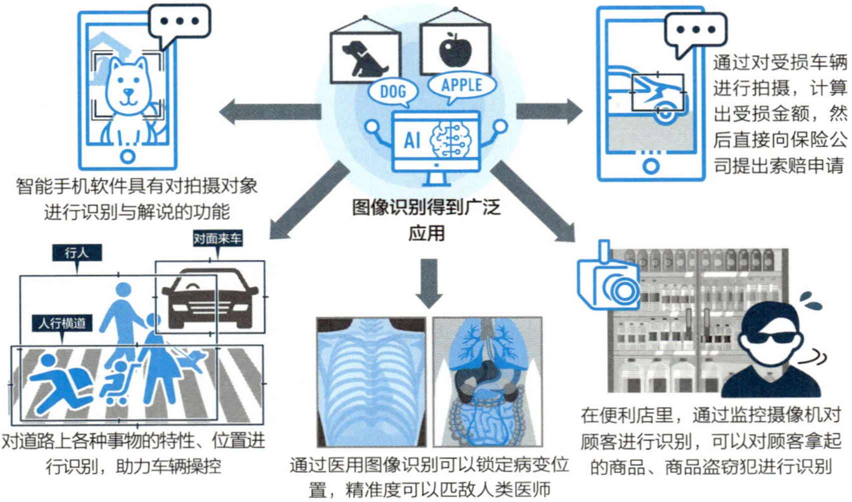

图1-12 已经开始商业化的图像识别 AI

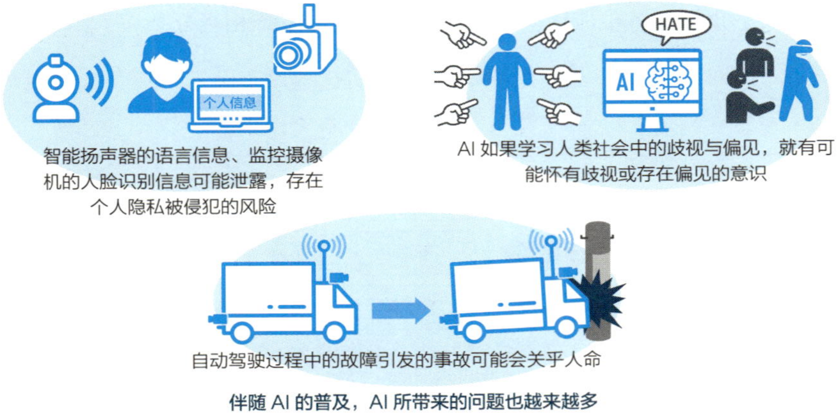

图1-13 AI 所引发的新问题

要点

- 仅仅在图像识别领域，AI 就已得到广泛应用。
- 在语音、语言领域中，AI 应用已经达到无处不在的程度。
- 伴随 AI 的普及，AI 也给人类带来了令人担心的问题。

试一试

尝试一下寻找身边的“专家系统”吧

从本质上而言，“专家系统”与“略微高级一些的搜索”没有太大区别。原本，“专家系统”的机制应该是通过按顺序回答人类的提问来接近“正确答案”。然而，由于如果是以复选框的形式进行提问的话，就会形成相同的内容。这与在购物网站上对商品种类进行划分的做法是一样的。

当前，作为一种技术，“专家系统”这一名称基本上已不再使用，不过，从“专家系统”得到启发的技术与服务却数不胜数。各位不妨找一找，在自己平时使用的服务、智能手机软件中，是否存在与“专家系统”类似的东西。

在此基础上，各位可以对诸如“这样的服务与技术参照的是什么样的数据库”“获取数据的渠道是什么”“采用的是什么样的算法”等问题进行一下预测。各位应该会发现其实其背后的系统相当复杂。

使用 Akinator 的实例

通过不断回答问题抵达作为目标的人物、角色。
由于能够以很高精准度做出回答引起人们的热议，算法等并未公开

对其重要的特性进行预测

1. 能够猜中各种人物、角色
   - ➡ 数据库是由用户自动生成的吗？
   - ➡ 正在努力提高机器学习的精准度吗？
2. 固定的问题比较多
   - ➡ 会根据问题的不同，锁定回答的参数吗？
   - ➡ 数据库中应该有与问题匹配的参数
3. 也会有新问题生成出来
   - ➡ 针对疯狂的问题也会自动生成回答吗？
   - ➡ 数据库的参数数量会根据用户的不同而做增减吗？

对其机制进行预测

数据库本身是以机器学习作为主体构建起来的。通过应对用户的提问，做出回答，如果回答不正确，就接受订正信息的流程，不断对数据库进行优化。
表示属性的参数并不固定，会根据用户的输入进行增减。或许只是根据用户提出的问题锁定选项的范围而已，或许数据库的设计比较复杂……

第2章

AI与程序的基本机制

~能够完成复杂任务的简单过程~

AI的相关课题与解决方法

AI 与程序的存在意义

为了加深对 AI 的理解，我们首先必须了解“人们编写程序”的目的与意义。人类在从事智力活动的时候，也一定会有目的，为达到目的而展开思考。在程序中，人们用被称为“算法”的具有逻辑性的**程序手册**将这种为实现目的而进行思考的过程表示出来，为达到目的而运行代码。

这一原则在智能手机软件和 AI 中也是一样的。在像 AI 那样的大规模、复杂的程序中，能够实现各种小目的的程序会错综复杂地交织在一起，为实现大目的而工作。这种结构类似于人类创办的公司、组织。每个人都被赋予了职能，有目的地思考、行动，与其他同事展开合作。AI 中的情况也完全如此。此外，在人类的大脑中，也存在着被赋予各种职能的神经网络，它们会相互合作，为达到某种目的而共同思考。这一点或许与 AI 也很相似（图 2–1）。

为达到目的的手段、算法是什么

在程序中，为达成某种目的的程序手册被称为“**算法**”。在不少的组织中，人们会事先制定针对各个负责人的手册，每个负责人每次只要按照手册中的步骤行事，就能得到相同的结果。与人类相比，程序每次都能准确地给出相同的结果，这恰恰是算法的功劳（图 2–2）。

人们如果在算法中特意加入“随机性”“模糊性”的话，就不会得到同样的结果。我们可以这样认为，之所以人类的操作具有不确定性，就是因为残存模糊性的算法已被嵌入了大脑。残存的模糊性看似是个不稳定因素，但越是高级的程序越是具备处理模糊性的能力。按照步骤行事未必就意味着“过于教条，不会通融”。

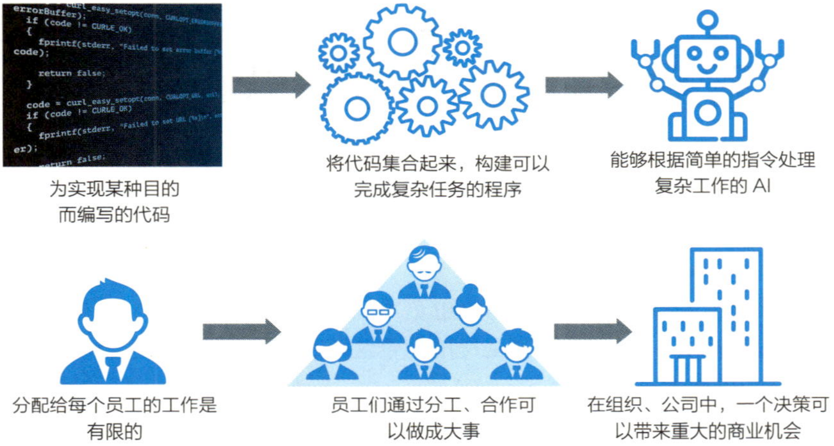

图2-1 为实现某种目的而编写出来的代码的集合体

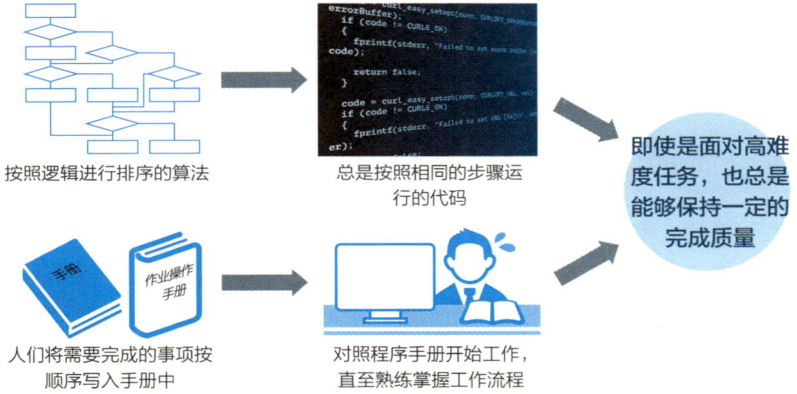

图2-2 作为程序手册的算法

要点

- 人们会根据各种目的来编写程序。
- 人们将根据各种目的编写出来的程序集成起来就形成了软件、应用程序。
- 算法就是程序中的程序手册。

搜索算法的分类与概要

构成算法的基础的表查索

无论多么复杂的算法都是由简单的步骤组合而成的，即使是涉及人类思维应用的算法、谜题的解法也莫不如此。由于在所有的程序中都会使用**搜索算法**，如果我们事先对搜索算法有所了解，或许就会感到其实算法对我们来说并不陌生了。

根据数据结构的不同，最佳的搜索算法也会不同。对于我们在名单、Excel 表格中经常看到的排列整齐的表结构数据，搜索算法非常简单。人们常用的搜索算法有**线性搜索算法**和**二分搜索算法**。线性搜索算法是一种从上到下按顺序进行搜索的算法。二分搜索算法是一种在有序数组中查找某一特定元素的算法（图 2-3）。当然也有其他的算法，不过使用这样的算法不能对列表型数据进行有效搜索。

对数据间有关联的图卷积进行搜索

无论什么数据都可以用列表形式表示出来，这样的数据之间常常会存在某种关联。人们可以将顾客、商品与服务、路线与道路、语言与知识等彼此之间具有各种关联性的信息，通过"**图卷积**""**树结构**"以网络化的形式将信息之间的关联性展示出来。采用这样的表示形式时，人们可以运用的搜索算法有横向进行逐列搜索的"广度优先搜索算法"、纵向进行逐行搜索的"深度优先搜索算法"等注重结构的搜索算法。在这种注重结构的搜索算法的基础上，根据信息的关联性对搜索对象所处的位置进行评估的"最佳优先搜索"、引入概率论要素的"蒙特卡洛树搜索算法"等也问世了（图 2-4）。

通过图卷积，人们可以利用信息之间的关联性迅速地找出搜索对象。与图卷积相关的评价方法、搜索方法有许多种，因此，图卷积堪称是一种深奥的数据结构。我们如果将表结构数据转换为图卷积、树结构，相比采用表查索的方法，有可能更快地找到搜索对象。

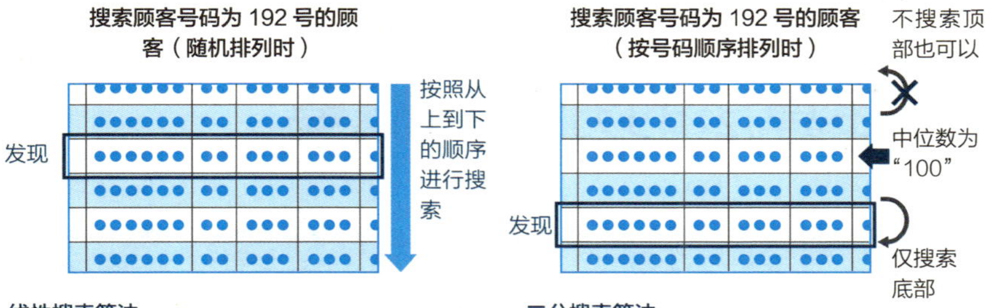

线性搜索算法

从上到下按顺序搜索目标信息。极为简单的算法

➡ 目标信息位于上方时可以迅速找到，位于下方时查找比较耗时

二分搜索算法

先观察正中间的数据，然后推测目标信息是在其上方还是下方

➡ 方法便捷。数据未按特定的规则排列时，无法使用

图2-3　列表型数据的搜索

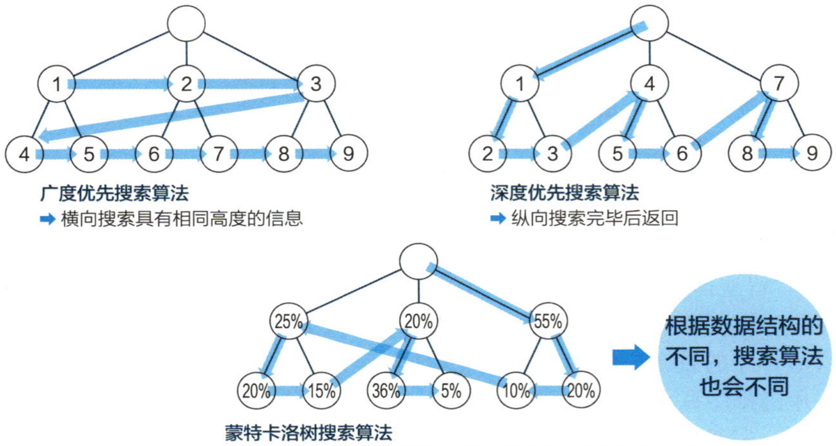

广度优先搜索算法

➡ 横向搜索具有相同高度的信息

深度优先搜索算法

➡ 纵向搜索完毕后返回

蒙特卡洛树搜索算法

➡ 按照发现目标信息的概率从高到低的顺序进行搜索

图2-4　树结构数据的搜索

要点

- 有些算法非常简单。
- 作为基础的搜索算法比较易懂。
- 根据数据结构不同，最佳的搜索算法也会不同。
- 对于算法的理解有助于加深对程序的理解。

排序算法的分类与概要

排列数据时“排序”的重要性

对于处理数据而言，按照某种规律对数据进行**排序**具有重要意义。这如同为了便于从账本和目录中查找东西，人们会提前将各种信息按照姓名、编号的顺序进行排列。计算机即使可以通过从上到下的顺序依次搜索，迅速找到我们想要的数据，但是随着数据的增加，搜索所需的时间也会增加。人们为了便于查看数据，会通过对数据进行重新排序，制作与名称顺序等一致的索引等方式对数据进行处理。**排序算法**就是其中的一种处理方法（图 2–5）。

将数据按顺序排列是一项复杂的工作，相关的排序算法之多数不胜数。将数据按照一定的规则、优先度进行排列的工作会对搜索结果、推荐显示产生影响，可以说排序算法是影响 AI 思考速度的重要算法。

作为人们苦心钻研的结晶的各种排序算法

“冒泡排序”是一种简单的算法。其做法是从头开始按顺序对两个信息做比较，调整排序。通过重复这样的操作，就能完成排序工作。不过，冒泡排序的效率比较低。排序的思维与卡片的重新排列相同。人们可以采用的排序算法有“选择排序”“插入排序”“快速排序”“归并排序”等算法。选择排序是从最小值开始按顺序排列的算法。插入排序是先行确定应将卡片插入哪两张卡片之间然后进行插入，重复这样的操作的算法。快速排序是在确定基准点数后，按照卡片点数大于还是小于这个基准点数进行分类的算法。归并排序是先将信息分为小组，在小组内进行排序后将各个小组合并起来的算法（图 2–6）。此外，还有融合了冒泡排序与插入排序的“希尔排序”，通过构建树结构，令最大值、最小值总是位于树结构顶点的排序算法。

我们对数据进行重新排序之后，新的数据排序有可能会为我们展示出处理速度发生了变化，速度稍微变慢了但是稳定性提高了，能够节约存储空间等特点。可以说排序算法虽然目的简单，其意义却相当深远。

图2-5　对于整理数据不可或缺的排序

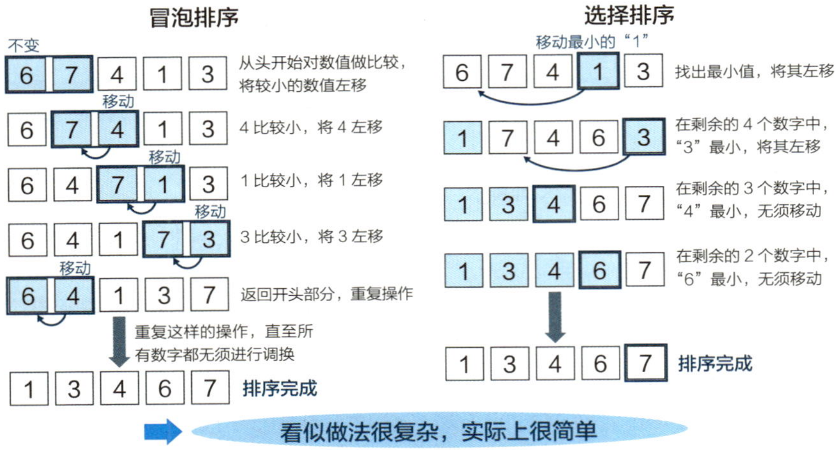

图2-6　冒泡排序与选择排序

要点

- 虽然计算机具有快速搜索能力，但是在搜索未经整理的数据时依然比较耗时。
- 人们对来自个人计算机、服务器等的各种数据进行排序。
- 有些排序算法很复杂，有些排序算法很简单。
- 排序算法各具特点，所以人们会针对不同的数据使用不同的排序算法。

密码算法的分类与概要

通过使用密钥制作谁都无法阅读的文件的算法

极其重要但是其原理却令人费解的算法是“**密码**”。与搜索、排序不同，我们并不经常使用**密码算法**。要想正确理解算法，我们需要掌握必要的数学知识。如果只是想要了解置身于人人都能上网的时代“为什么人们可以安全地进行交流”，那就没有掌握数学知识的必要了。对于密码而言，最为重要的是“只让特定的人阅读”。为了实现这一点，密钥和文件的处理方式非常重要。其操作流程如同将文件放入有锁的箱子里，然后将箱子锁上（加密），用钥匙打开箱子取出文件进行阅读（解密）。

在互联网上广泛使用的共享密钥加密与公开密钥加密

密钥就是类似密码的东西。在密码的世界中，虽说破解密钥并非不可能，但是，人们尝试各种密码的过程还是比较费时的。因此，如果我们频繁更改密钥，就提高了人们的破解难度。此时，如何将新的密钥传递出去就成了问题。

我们给箱子上锁、开锁时使用相同钥匙的方式被称为“**共享密钥加密**”（图 2-7），使用不同的钥匙的方式被称为“**公开密钥加密**”（图 2-8）。使用公开密钥加密方式时，我们会把锁箱子时用的钥匙（公开密钥）发给大家，也就是说，读文件的人事先会持有开箱子的钥匙（私用密钥），这是公开密钥加密的一大特点。此时，我们发给大家的不是钥匙而是类似锁头那样的东西。我们这样理解或许更好。使用公开密钥加密方式时，传递公开密钥很简单，但是加密和解密比较耗时。于是，共享密钥就出现了。使用共享密钥加密方式时，使用的是同样的密钥，虽然将密钥传递给相关人员比较困难，但是处理起来却很轻松、便捷。

基于这样的特性，人们在使用公开密钥加密方式时，先进行共享密钥加密的密钥传递，然后根据共享密钥加密方式进行操作。一方将共享密钥放入箱子里用公开密钥上锁，另一方则使用私用密钥开箱从中取出共享密钥。人们之间一旦开始密码的沟通，通过定期变更密钥就可以降低被破解的风险。

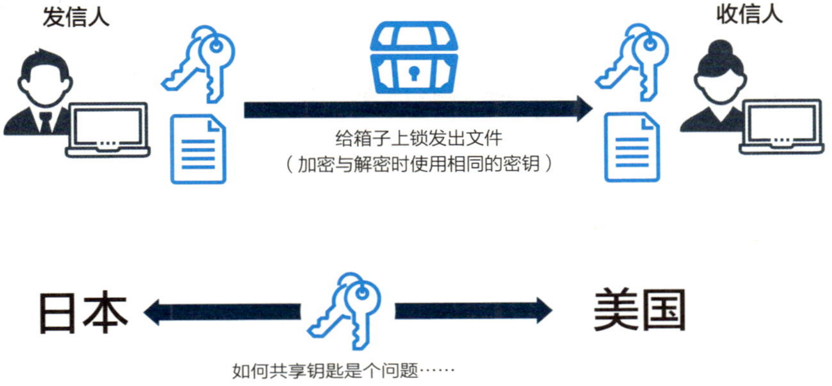

图2-7 使用相同的密钥进行加密、解密的共享密钥加密

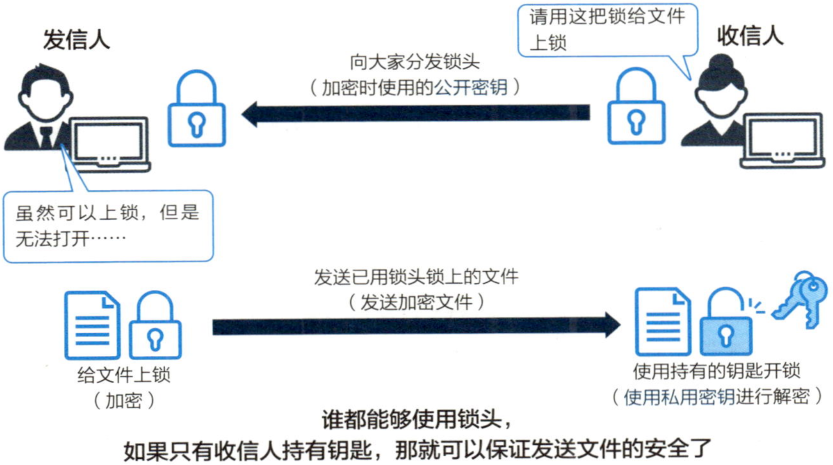

图2-8 使用不同的密钥进行加密、解密的公开密钥加密

要点

- 目前，加密算法应用于各种通信活动中。
- “共享密钥”和“公开密钥”发挥了保障通信安全的作用。
- 数据的可靠性与安全性通过加密得到了保证。

AI基于设计图的体系结构

通过综合多种算法构建的体系结构

包括AI在内的许多程序都是基于多种算法运行的。在本书中我曾向各位介绍过的三种算法都广泛应用于谷歌平台的搜索之中。我们利用谷歌平台进行搜索时，输入谷歌搜索栏中的信息会被加密。之后，谷歌会从预先已做好排序的数据库中搜索与我们输入的关键词相匹配的网站。当然，实际的运行过程更为复杂，但是基本算法被应用于每个过程。

人们在创建AI、程序的时候，会对如何使用算法、综合使用哪些数据库等事项进行思考，之后基于思考的结果绘制粗略的设计图。这被称为“**体系结构**”（图2-9）。

在创建体系结构阶段确定类别与功能

人们思考达成程序目的的大致方向时，会绘制体系结构。在做具体描述的时候，就会涉及算法。例如，人们创建图像识别系统的时候，最初要确定是“自己公司准备数据库制作AI呢”还是“使用其他公司的AI服务”，然后考虑“如何与自己公司的服务进行对接”“用户如何使用”“事先制定什么样的规则”等事项。这个过程就是体系结构的设计过程（图2-10）。

此外，在思考AI的体系结构时，除了软件本身的体系结构以外，**有时还必须针对用于应对网络、数据库协作的系统以及基础设施周边的体系结构，应对自动驾驶汽车、机器人的硬件周边的计算机体系结构进行思考。**

边缘计算是一种横跨软硬件领域的构建体系结构的新方法，它不是将所有信息的处理工作都交给服务器，而是会利用终端、物联网设备分散处理工作的负担。AI在提升这样的体系结构的价值方面发挥着重要作用。

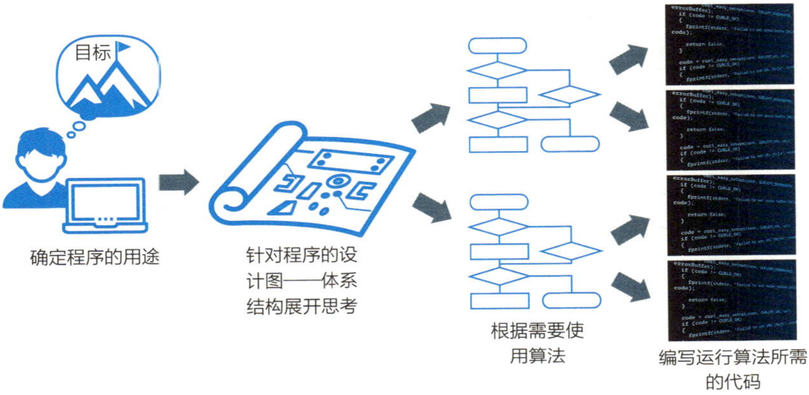

图2-9 体系结构的定位

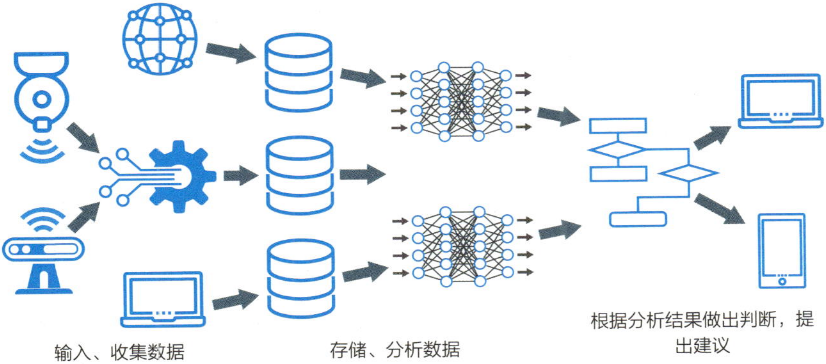

对于收集到的数据的汇总场所、应用程序与算法的使用方法、数据中心的要件、分析与判断的方法、建议与管理的方法等进行思考，将思考的结果落实到体系结构之中

图2-10 体系结构的概念图

要点

- 人们创建高级程序时，会绘制被称为“设计图”的体系结构。
- 人们是通过确定目的、绘制设计图、确定详细步骤的过程编写程序的。
- 体系结构有可能会横跨软硬件的广阔领域。

独立工作的AI

具有高自治性的软件智能体

根据正确的设计图（体系结构）创建的AI能够完成具有独立性、协调性的工作，甚至可以在不接受指令的情况下持续工作。这种具备一定的自治性、持续性、协调性的程序被称为“**软件智能体**”（图2–11）。

智能体是“代理人”的意思，会按照雇主的指示持续工作，通常会被赋予独立行动的权限。软件智能体也是一样，**在从用户那里获得某种权限的条件下代替用户自动地完成各种任务**。智能体未必都是单独工作的，有时也会以多个智能体相结合的**多智能体**形式进行工作。此外，智能体的规模也是各种各样的，不拘一格。有的独立构成一个系统，有的是巨型系统的一个组成部分，有的则只是在智能手机那样的终端设备中发挥定期检查邮件的作用而已。

由智能体构成的 AI

AI与智能体之间存在密切的关系。有时AI会作为智能体来运行，有时AI中存在无数个智能体。机器人也是一种智能体。设计具有高度自治性、协调性的智能体是一件非常不容易的事。所以，人们开展了被称为“**智能体体系结构**”的高端智能体设计方法的研究工作。

高端智能体的行为过程与人类相似。人类通过五感“感知”“识别”信息，进而对应该采取的行为做出“判断”，最后通过身体“执行”这样的行为。高端智能体通过传感器“感知”“识别”信息，进而做出“判断”，最后“运行”机器、程序。伴随环境的变化，它会感知这种变化进而持续运行（图2–12）。这种设计已被广泛应用于自动驾驶汽车、无人驾驶飞机等领域。

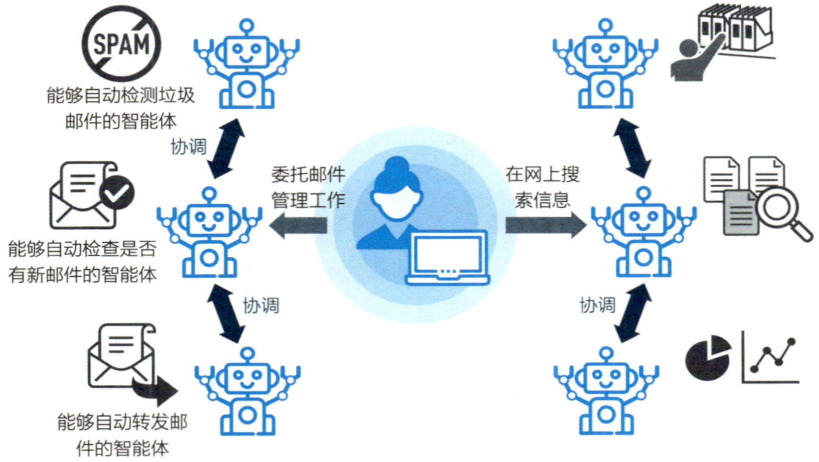

图2-11 活跃于各个领域的软件智能体

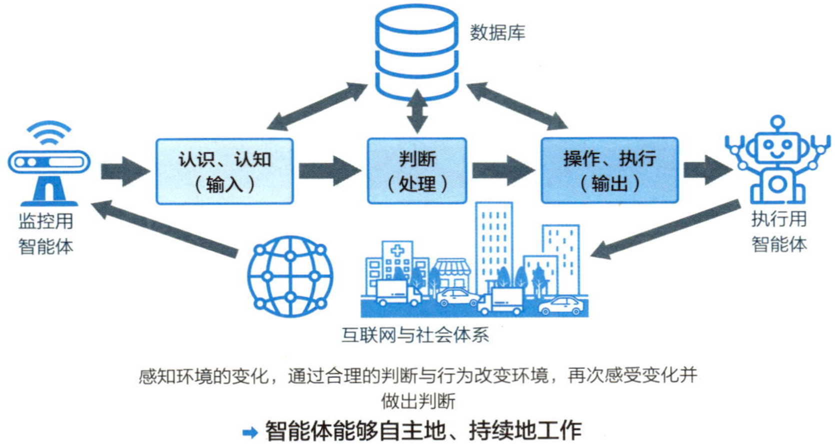

图2-12 智能体体系结构的实例

要点

- 智能体是具有自治性、持续性、协调性的程序。
- 智能体活跃于各个领域。
- 人们设计高端智能体时会绘制智能体体系结构。

基于规则的AI思维方式与决策方法

基于规则

AI、智能体那样具有高度自治性的程序会采取各种各样的方法进行思考、决策。基于特定的模式对高度复杂的现代 AI 的思维进行分类是一件困难的事。不过，构成其决策基础的主轴是存在的。大多数的程序、AI 所使用的是**基于规则**或者说是**基于知识**的思维过程。这是将人类的逻辑思维确定为规则（知识），然后遵循规则进行工作的决策方法（图 2–13）。

这种方法具有从简单思维到复杂思维都能进行描述的优点，同时也具有难以灵活应对超出规则的状况的缺点。此外，对于基于经验的模糊思维、感性判断等难以进行逻辑描述的决策过程无法进行再现也是它的缺点。由于会严格遵守规则，其准确性与再现性很高，**机器、程序的高可靠性很大程度上得益于这种基于规则的思维方式。**

基于状态

基于状态是指先行对几个“状态”（State）做出定义，然后根据规则改变这些状态来完成任务的思维模型，这是一个对于基于规则的思维模型稍加限定的模型。按照这种思维方式工作的程序、机器被称为“状态机”。在现实世界中，这种思维方式被广泛应用于家电、机器人、工业用机器等各种程序之中。

基于规则的思维方式与基于状态的思维方式的思维速度与稳定性不同。采用基于状态的思维方式时，人们会在程序中事先确定“状态”，这样就易于把握其行为，避免多种状态的重叠，确保较高的稳定性。例如，如果事先在状态机上对“步行”与“玩智能手机”的状态进行明确的划分，状态机就不可能“一边走路一边玩智能手机”。这样就能保证状态机心无旁骛地安全抵达目的地（图 2–14）。虽然使用基于规则的方式也能得到相同的结果，但是在注重稳定性的程序中，需要简单地执行复杂的任务时，人们常常使用基于状态的方式。

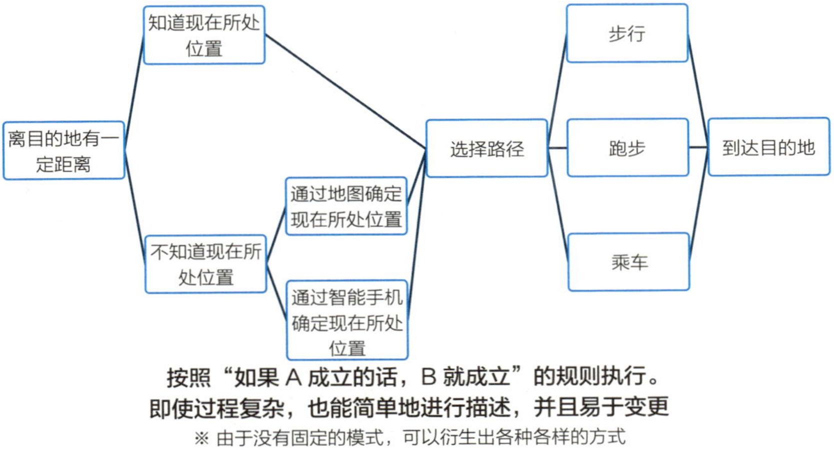

图2-13 基于规则的思维方式的示意图

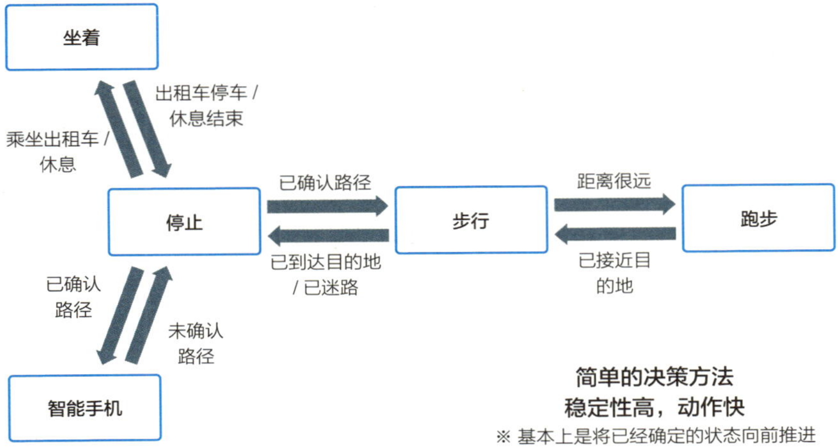

图2-14 基于状态的思维方式的示意图

要点

- AI 的思考、决策方法有几种模式。
- 先行确定规则然后按照规则工作被称为“基于规则”。
- 先行确定状态然后按照状态工作被称为“基于状态”。

基于目标的AI思维方式与决策方法

基于目标

AI、程序都是为达到某种目的而工作的。通过简单的行为无法达到目的时，我们就需要对每一个必要的行为进行规划、加以执行，直至达到目的为止。这种思维方式就是**“基于目标”**的思维方式。比如，我们想要“前往某地”时，可以从目的地反推计算出路径，然后制订步行到地铁站，乘坐地铁抵达目的地附近的车站，再乘坐公共汽车到达目的地的计划。这就是一种基于目标的方法论（图 2-15）。

此外，我们还可以通过对目标的细分来应对复杂的情况。我们可以在设定前往车站的路径、换乘方式、归路的时候，针对各个目标制订最佳计划。

基于任务

在基于目标的思维方式之中，如果加入独立思考的智能体就有可能做出灵活的应对，这被称为**“基于任务”**。相比基于目标的思维方式的最大的不同在于，基于任务不是将最初制订的计划一直贯彻到最后，而是在完成各种各样的任务时灵活地对任务进行变更、分解、调整，并被赋予某种程度的自主性。根据情况人们还可以在任务之间设置阶层结构，优先执行高阶层的任务，对低阶层的任务进行改写。也就是说，有些任务具备变更目标的权限。人们采用基于目标的思维方式时，难以应对道路拥堵、延迟问题。然而，人们通过采用基于任务的思维方式，就可以在遇到这样的问题时实施路径的变更（图 2-16）。

至此，我向各位介绍了各种决策过程，这些决策过程彼此不是相互排斥的，是可以结合起来使用的。基于规则、基于状态、基于目标、基于任务并不是完全不同的思维方式，只是出于方向性的差异才这样命名而已。总体而言，即使是基于任务，通过对任务的分解也有可能变为基于目标、基于状态。我们无法明确地对 AI、人类的思维规律进行分类。

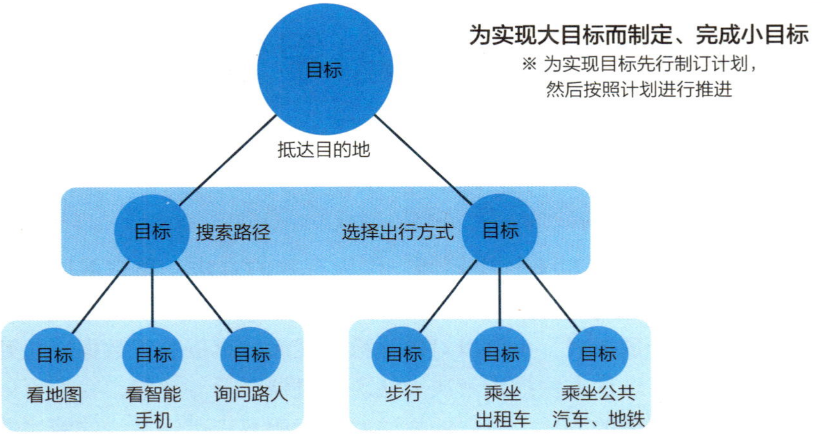

图2-15 制订缜密计划的“思维方式”

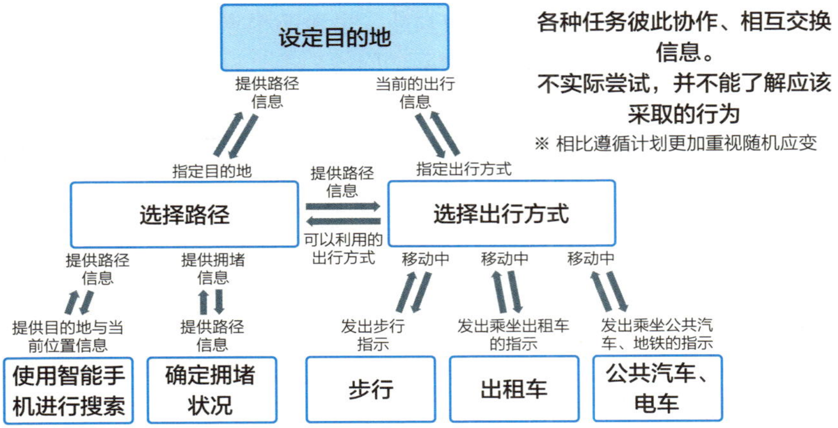

图2-16 彼此协作的“基于任务”

要点

- 人们会面向目标，一步一步地进行思考。
- 先行制订计划，然后按照计划进行推进被称为“基于目标”。
- 对任务进行分解，灵活地进行推进被称为“基于任务”。
- 这些方式都体现着思维的“方向性”。

基于事例学习的AI思维方式与决策方法

基于事例

如果无法根据逻辑来解决问题，作为有效的方法，我们可以采取“参考事例”的“**基于事例**”的方法。此时，我们既可以采取对过去的事例做知识化处理的方式，也可以对以往数量庞大的事例进行数据库化处理，再基于统计学的方法摸索解决方法。在机器学习等领域，我们可以考虑使用基于事例的方法。这样的方法对于采用基于逻辑思维的解决方法难以应对的感性任务而言，是一种有效的方法［图 2–17（a）］。

不过，这是一种仅仅参考过去的事例的方法而已，过去的事例如果不正确，AI 也会同样出错。因为判断、思考的根据只是“以前是这样的”而已，所以根本无法用来应对新的问题。

基于模拟

基于模拟与基于事例类似。基于模拟不是基于实际的事例的方法，而是 AI 在自己模拟的世界中思考“什么样的判断才是最佳”的方法［图 2–17（b）］。通过反复进行无数次的模拟而发现某种“规律”的时候，这种思维方式就变成了基于事例的思维方式。模拟已变成了过去的有效事例。在这里，我们也不必做严密的区分，通过对未来的想象得到“或许这个比较好”的结果的思维方式属于基于模拟，还是通过反复的想象抑或体验得到“在这种情况下，这样做最好”的结果的思维方式属于基于事例。完全忽略事例，遵循“这个需要这样处理”的思维方式属于基于规则（图 2–18）。

人们根据这些思维方式、决策方法编写程序时，编写方法大相径庭，不过这些思维方法彼此也有许多类似的地方。人类也是如此，看似习惯逻辑思维的人有时也会基于经验进行思考，而原本习惯于逻辑判断的人有时也会根据直觉做出判断。即便采用的思维方式、判断的根据不同，做的事情也是一样的。这一点或许可以说是 AI 与人类相似的地方。

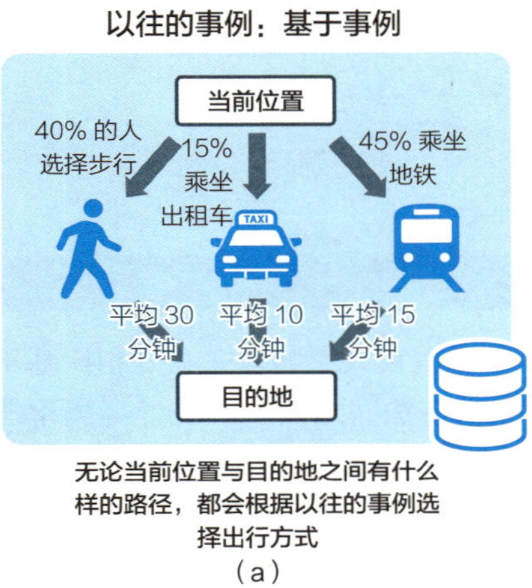

图2-17 基于事例与基于模拟

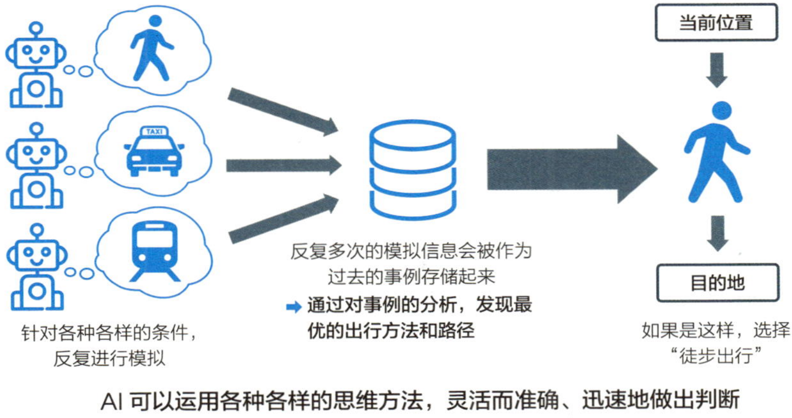

图2-18 AI 的判断规则的形成流程

要点

- 针对难以进行规则化的问题，采用参考事例的方法被称为“基于事例”。
- 通过对未来的想象、再现来探索最佳方法被称为“基于模拟”。
- 人们可以通过将多个思维方式结合起来实现规则化。
- 看似遵循逻辑思维的 AI 有时也会根据经验做出判断。

灵活的思考方法

统计与概率对思维的影响

对于现代 AI 的思维，统计与概率产生着重大影响。尤其是相比基于规则的思维方式占据主流的过去数十年的方法，大量引入统计与概率理论的机器学习具有更高的通用性，如果使用得当，AI 将会有更加广泛的用途。因此，针对机器学习的研究非常活跃。

其实，不只是人类社会中的活动，大多数的动物的行为、自然现象也都不是基于计算的活动。人们只是在想要了解社会活动、自然现象的时候才使用算式、理论而已，大部分的活动都是在经验、感觉、类似随机的关系的基础上成立的（图 2–19）。

虽然人类的智能活动看似符合逻辑，但在许多情况下依赖的却是模糊的感觉，因此无法按照逻辑很好地将其描述为程序。日本象棋（将棋）的棋手除了在决胜负的最后阶段，其他时候都是凭借根据经验的感性判断下棋的。在对局陷入困顿时，人们会根据经验、知识，而不是理论，摸索可以击败对手的大胆一招。

能够取代人类经验的机器学习

AI 的机器学习是能够取代人类经验的技术。如同面对按照逻辑思维无法破解的问题时，人类会根据经验做出判断那样，AI 也会根据在机器学习过程中获得的经验对事物做出判断。这种在机器学习过程中得到的经验，大多是基于统计与概率的，其背后规模庞大的数据库保证了统计与概率的可靠性（图 2–20）。

统计与概率属于具有逻辑体系的学问范畴，数据也是包含数值等其他具体的信息。对于人类通过感性方式掌握的技能，AI 也正在努力通过数据按照逻辑掌握这样的技能。

AI 可以通过各种各样的思维方式进行分析、思考、判断，这样的过程是极具逻辑性的。对于理解 AI 而言，从本质上理解逻辑 AI 应对模糊世界的方法，具有重要意义。

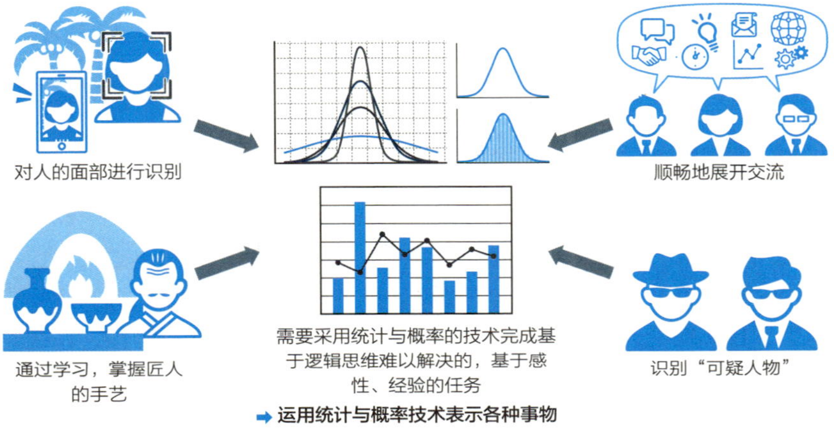

图2-19 将基于逻辑思维无法描述的东西转换为数据

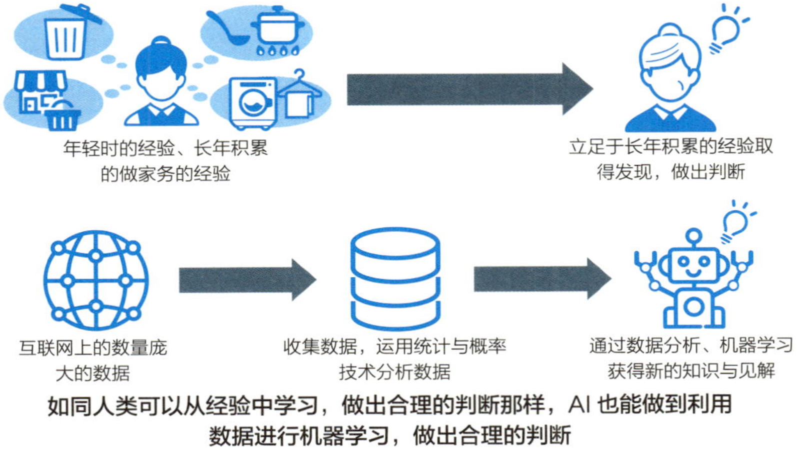

图2-20 收集数据、分析数据，构建 AI 的“经验”

要点

- 人们会采用“统计”与“概率”的手法解决那些基于逻辑思维无法解决的模糊问题。
- AI 可以将人类从经验中学到的东西作为“数据”进行学习。
- 机器学习催生了 AI 的广泛应用。

试一试

尝试思考一下搜索引擎的运行机制吧

平时，我们使用像谷歌那样的搜索引擎时，只要在搜索框中输入关键词，系统就会显示出搜索结果。在我们看来这是再自然不过的事。其实，在我们看不到的背后，这种搜索功能是由许多程序完成的。让我们思考一下，我们选择自己喜欢的关键词，实际进行搜索的时候，系统是通过怎样的运行将结果显示出来的。

具体的事例

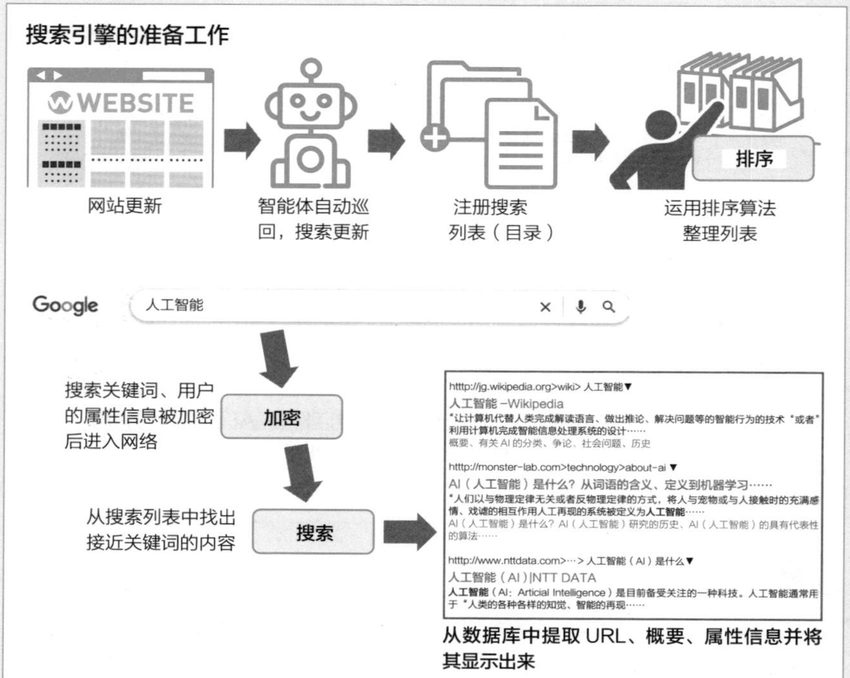

除了谷歌，在 SNS 平台、办公软件上也有搜索引擎。这些搜索引擎的运行方式与能够展示全世界网站列表的谷歌略有不同，各位不妨调查一下。

第3章

AI的数据处理

~对于AI的发展必不可少的信息是什么~

对于AI而言必不可少的信息

对于 AI 而言的信息（数据）是什么

如果使用 AI 技术能够处理的信息量越来越大，那么 AI 技术的价值也就越来越高。然而，此时如果我们想要把握**信息**、**数据**到底指的是什么，或许会感到出乎意料的困难。为什么呢？那是因为相比以往的简单程序，**AI 能够处理的数据种类更多，甚至可以处理以往被认为计算机无法处理的数据。**

进一步说，不同种类的 AI 能够处理的数据有所不同，即使是能够处理的数据也未必是符合目的的数据。用于癌症图像诊断的 AI 无法对验血的数据做出判断，只具有癌症识别功能的 AI 也无法提供正确的癌症治疗方法（图 3–1）。我们必须做这样的理解，对于 AI 而言的数据**一直都是局限于状况、上下文关系的模糊的、具有广泛意义的语言**。

在讨论数据之前需要把握的信息

即使是 AI 专家，他们在讨论 AI 的用途之前也会对作为讨论对象的 AI 所处理的数据进行确认。需要确认的事项包括，这些数据是怎样得到的，数据中包含哪种信息，是以什么形式加以处理的，信息的精准度如何等。

对于数据到底指的是什么的问题，如果人们事先没有达成共识，交流时就总是谈不拢。如同在故事中的世界观，人们如果事先不能正确理解，就难以进行交流，很可能在某个环节产生致命的分歧。其中，**“通过什么样的过程收集到的”这一问题尤为重要。**那是因为知道了这一点，我们就可以对包含在数据中的信息的种类与精准度做出预测了。与此同时，我们也可以把握数据的量、数据彼此之间能够进行协作的事项。这样，交流就会变得顺畅（图 3–2）。这样的信息非常简单，但是把握这样的信息对于理解和处理数据的 AI 而言具有极为重要的意义。

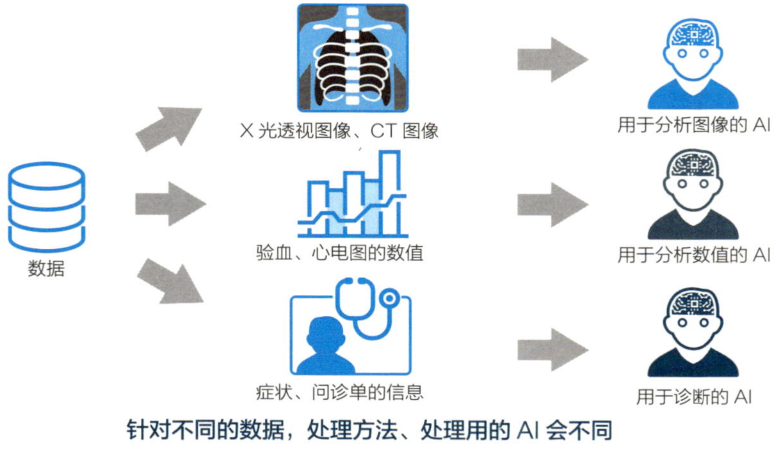

图3-1 即使同为医疗 AI，能够处理的数据也会不同

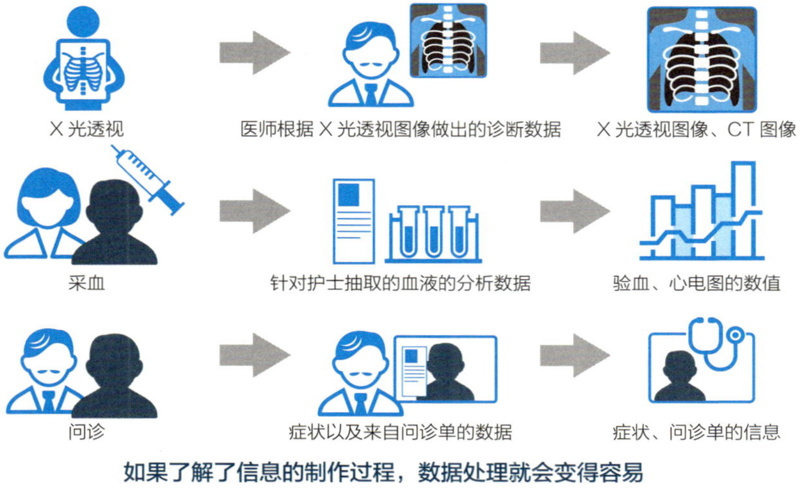

图3-2 理解信息产生的过程

要点

- 不同的 AI 能够处理的数据的种类不同。
- 正确理解数据的含义具有重要意义。
- 要想理解数据，就要把握信息产生的经过。

处理数据的难易度

结构易懂的数据

在判断一个数据对于 AI 来说容易处理与否的时候，人们会使用的一个指标就是数据是否已做结构化处理。所谓结构化是指，针对数据中包含的各个数值、文字、图像所传递的信息，制作便于理解的结构。例如，在乐曲文件中最重要的信息是音频数据，但是这样的文件中常常会包括乐曲名、艺术家姓名、专辑、乐曲长度等信息，甚至还会包括歌词信息（图 3–3）。这种由“这个部分是乐曲名”“这个部分是音频”“这个部分是歌词”之类简单易懂的结构构成的数据被称为**结构化数据**。

结构化处理的方法、种类（格式）很多，根据不同的方法处理的数据，其结构各不相同。在许多情况下，数据中会被赋予被称为“**元数据**”的“tag、label”等用于识别信息的信息。如果被赋予了元数据，人们就可以通过某种方法将其转换为易于处理的结构。

未经结构化处理的数据

反之，未经结构化处理的数据被称为**非结构化数据**。乐曲文件，刚刚录好的音频文件、通过麦克风刚刚录好的录音数据都是非结构化数据（图 3–4）。人们在给乐曲录音时，为便于听众理解，即使在口头上播报了乐曲名、艺术家姓名，如果不按照某种格式对这些数据做结构化处理，那对 AI 来说也是没有意义的。不过，通常在录音时，录音设备会赋予时刻、播放时间等元数据，AI 对口头播报的内容自动进行文本化处理的情况也越来越多。

目前，AI 针对非结构化数据自动实施结构化处理的情况越来越多，因此，可以说结构化数据与非结构化数据的界线变得日益模糊了。

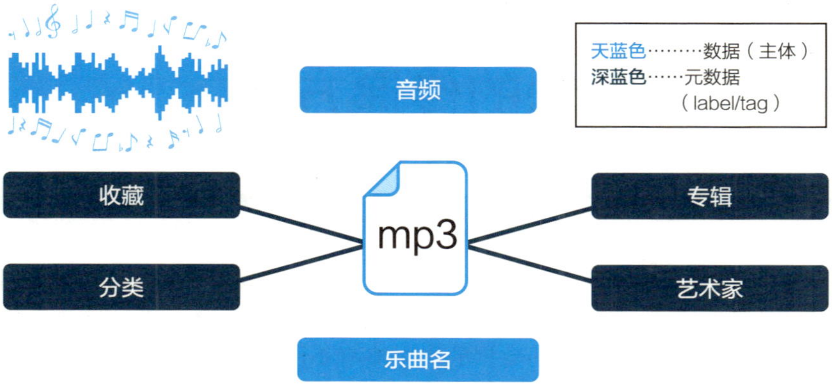

在结构化数据中，各个要素会被赋予元数据

赋予 SNS、影像的“tag”“label”也是一种元数据。
根据某种规则被赋予标签的信息也是一种结构化数据

图3-3 已经过结构化处理的乐曲数据

刚刚录好的数据属于非结构化数据

在音频数据中被加入乐曲名、艺术家姓名等信息的时候，虽然人类可以理解，但是计算机不知道从哪里到哪里是歌曲，从哪里到哪里是歌名、艺术家姓名，那也是没有意义的

图3-4 未经结构化处理的乐曲数据

要点

- 结构化数据是指为便于计算机处理而经过整理的数据。
- 非结构化数据是指未经整理的数据。不过，这其中包括为便于人们理解而已经加以整理的数据。

知识与概念的传递方法

数据与知识之间的微妙差异

人们对数据进行结构化处理后，AI 就能够处理这样的数据了。但是，仅仅这样 AI 并不能达到与人类同等的处理水平。人类会处理有别于数据的、与 AI 所处理的数据的形态略有不同的信息，那就是“知识”（图 3–5）。虽然数据与知识类似，二者都具有纯“信息”的含义，但是知识包含了“识别”与“理解”的元素。也就是说，知识包括用于对数据进行识别、理解的信息处理方法，知识在能够处理数据之前就已经存在了。

无论是对音乐，还是文章，人类都会在思考、理解信息本身及其含义的基础上加以有效利用。然而，对许多 AI 而言，数据不过是用于计算处理的数值而已。这可以说是阻隔在人类与 AI 之间的一面巨大的墙，对于数据的应用能力产生着重大影响。

利用主体处理数据

主体（存在论）是一门研究用于让 AI 学习知识时的学习方法的学科。主体原本是一个哲学术语，在哲学领域它的含义比较晦涩难懂，但在信息理论中，主体的含义非常简单。其基本思想在于如何对知识进行解释才能让 AI 理解知识这一点上。作为结果，一种 AI 也能理解的数据知识化方法——**知识表示**问世了。我们可以理解为，在对数据进行结构化处理的时候，人们实现了从“AI 只要能够处理数据就行”的层次到“能够达到作为知识进行处理”的层次的进步（图 3–6）。

根据知识种类的不同，表示方法也不同。人们常用的表示方法是“**语义网络**”。知识与知识之间存在关联性。语义网络就是如同词典那样的，通过发现知识之间关联性，将其连接起来而构成的巨大网络。这不禁让我们联想到仅仅通过点击 Wikipedia 的链接就可以进入的巨大网络。如果人们能够有效利用语义网络，AI 就可以在更广阔的范围内处理信息。

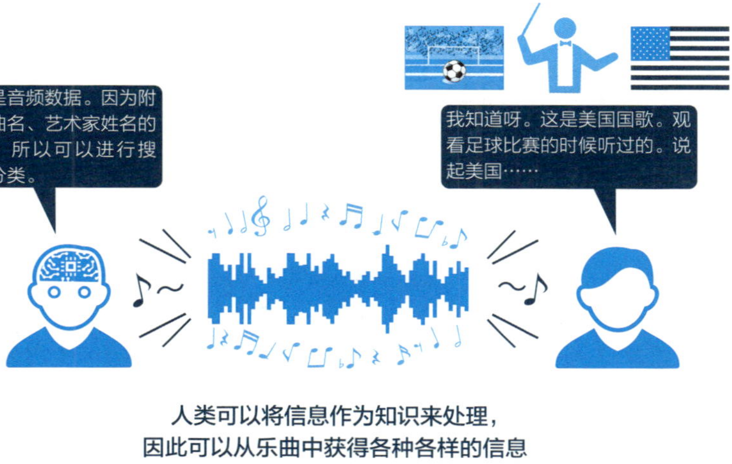

图3-5 收到同样的乐曲数据时 AI 与人类做出的不同反应

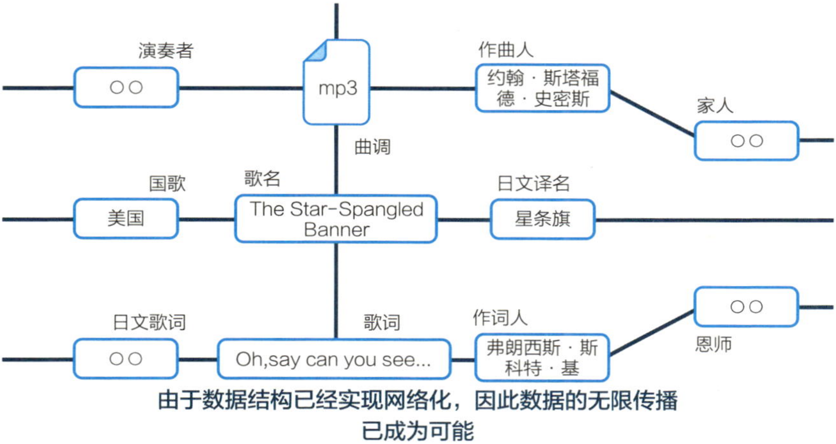

图3-6 与美国国歌相关的知识表示

要点

- 人类会以“知识”的形式处理信息，这与计算机处理信息的方式略有不同。
- 让计算机也能像人类处理知识那样处理信息的方法被称为“知识表示”。

AI的数据科学与统计

对于理解数据而言必不可少的统计学

如果 AI 仅仅具备处理数据与知识的能力，那它的价值还不算高。对数据的有效利用（人类如何使用数据，从中能够获得什么）才是计算机、互联网普及以来，信息社会所面临的重大课题。为解决这个课题，统计学被寄予了厚望。

统计学恰恰是一门用于处理数据的学科。不过必须指出的是，统计学也不过是用于研究“数据相关见解”的学科而已。也就是说，统计学可以从数学的角度为人类提供“数据也有这样的一面”“如果采用这个办法，可以更方便地观察数据”“如果这样做，可以收集到准确的数据”之类的提示，但并不研究数据的使用方法。

探索数据有效利用的数据科学

于是，致力于数据使用方法研究的**数据科学**应运而生。数据科学不仅能够提供对数据的见解，而且还能将信息理论、经济理论等各种理论融入统计学中，针对数据的解释与有效利用进行思考。这一点是数据科学有别于统计学的地方。也就是说，数据科学的研究已经深入到“数据的含义和用途是什么”“数据具有什么样的价值，有效利用的方法是什么”之类的数据有效利用领域（图 3-7）。

可以说，AI 就是有用数据的一种有效利用方法，与数据科学堪称珠联璧合。因为数据科学会涉及商务活动中的销售额预测等与利润密切相关的分析，社会对数据科学家的需求急速上升，一直处于人才不足的状态（图 3-8）。

此外，对于机器学习而言，数据科学是左右机器学习性能的重要因素。目前，AI 技术人员与数据科学家之间的界线变得日益模糊。虽说并不是所有的 AI 都在利用数据科学，但是都会不可避免地涉及数据科学。

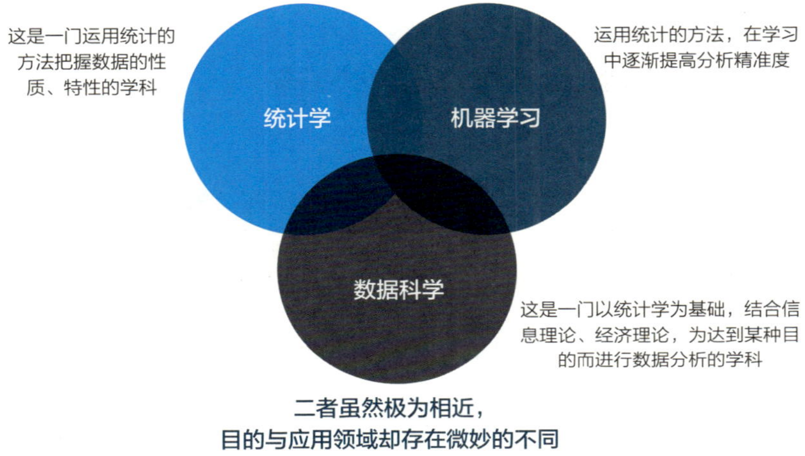

图3-7 数据科学、统计学、机器学习之间的关系

图3-8 数据科学的应用范围

要点

- 统计学是一门用于理解数据的学科。
- 数据科学是一门用于利用数据的学科。
- 数据科学与 AI 之间有密切关系，彼此的界线非常模糊。

分析数据，发现价值

从数据中挖掘信息

在利用数据的方法中，特别引人注目的是**数据挖掘**。数据挖掘是从数据中挖掘有价值的信息的技术。可供挖掘的信息主要是“数据之间的关联性”，人们可以将其用于“对特定现象的预测”“数据的分类”等领域。不过，数据挖掘一词不是指特定的技术，根据分析的数据和想要获得的信息不同所使用的方法也会不同。人们可以使用包括统计学、数据科学、机器学习等在内的多种多样的方法。**数据挖掘可分为用于发现重大未知事项的“发现型数据挖掘”与用于验证假设的“验证型数据挖掘”。人们会根据目的不同而有区别地加以使用。**例如，人们可以通过数据挖掘，发现畅销商品的地区性特点、销售时期与销售额有关联的商品等，然后提出假设进行分析进而锁定影响因素的范围（图 3-9）。

作为一个术语，数据挖掘已经具有很长的历史了。伴随互联网带来的数据量的增加，人们对各种数据挖掘工具的开发日益活跃，数据挖掘也得到了广泛的普及。其实 AI 也是一种数据挖掘工具。

从文章中挖掘信息

随着 SNS 平台的普及，针对文章进行挖掘的**文本挖掘**也问世了。文本挖掘的对象是自然语言（人类的语言），所使用的方法与用于分析数值的、一般的数据挖掘的方法不同。不过，从本质上来看，它们把握数据关联性的思路是相同的。计算机难以理解自然语言，所以相比分析文章，**其“通过分析词语来发现价值”的特性更强。**

具体而言，人们可以利用 SNS 平台、问卷调查从词语使用频度、关联性的角度针对顾客对商品、服务的评价进行定量把握，为促销、开发、问题的早期发现提供支持。此外，文本挖掘还被应用于客服中心、聊天机器人的对话记录分析工作中，为服务品质的提升贡献力量（图 3-10）。

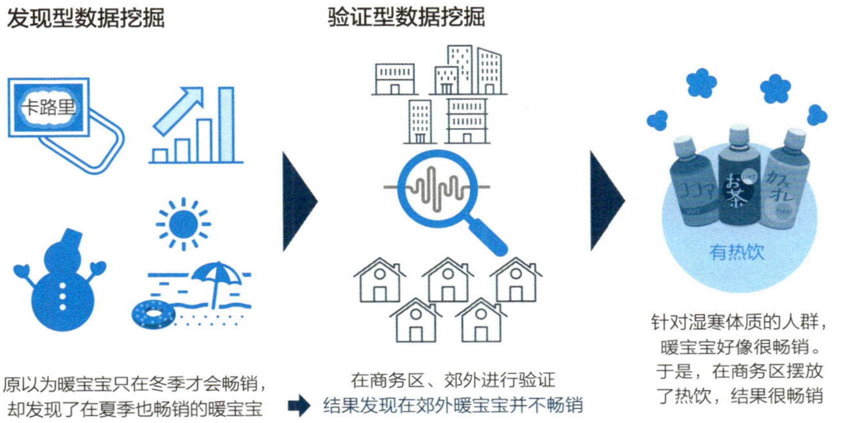

图3-9 有区别地使用数据挖掘

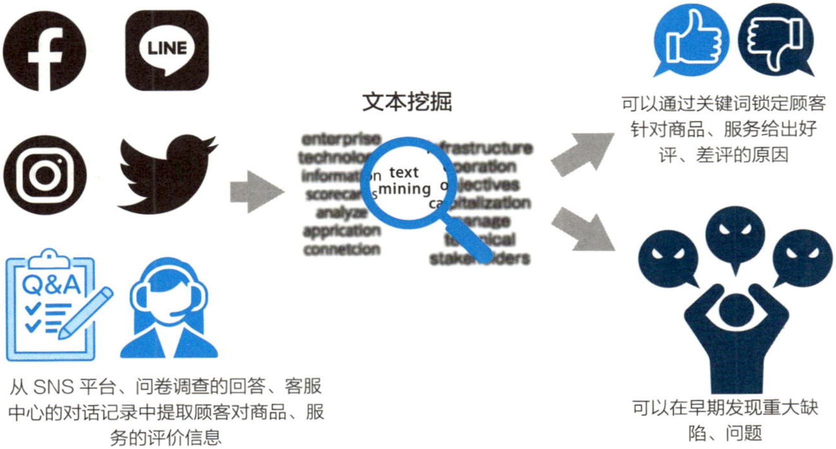

图3-10 文本挖掘的用途

要点

- 数据挖掘可分为发现型数据挖掘与验证型数据挖掘。
- 人们可以通过数据挖掘，根据数据之间的关联性找出有用的信息。
- 文本挖掘的优势在于能够从 SNS 平台的留言中提取针对商品、服务的评价，并进行定量把握。

需要了解的分析方法①：发现数据的关联性

用算式来表示关联性的回归分析

用于数据分析的方法多种多样。人们在使用 AI 进行分析时，也会通过将机器学习与这些方法相结合来提高精准度，扩大应用范围。其中，**回归分析**是一种具有代表性的方法，也是一种直觉上最容易理解的分析方法。其工作原理非常简单。如同我们在上中学时做过的实验那样，**先在坐标上定点，然后用线将这些点连接起来，用算式来表达数据之间的关联性**（图 3-11）。

在商品价格与销售额之间存在关联性，在广告费与成交率之间也存在关联性，一个数值发生变化时，其他数值也会随之变化。回归分析对于这种关联性的分析是有用的。人们一旦将算式计算出来，就可以对未来的数值进行预测，也可以对缺失的数值进行填补。不过，如果计算出的算式不正确，那么就无法指望什么精准度了。所以，人们常常在明确存在相关关系的时候，用回归方法计算大致的数值目标。

能够发现关联性的关联分析

在面对各种各样的数据时，我们必须先行找出数据之间的关联性，这被称为“关联分析”。在商业领域，人们会利用关联分析找出商品 A 畅销时商品 B 也畅销之类的数据与数据之间的关联性（图 3-12）。当人们需要进一步对关联程度进行分析时，就需要使用回归分析等其他的方法。

网店、视频网站向顾客做推荐时，也会使用关联分析。使用关联分析即使没有发现如同回归分析中的可用算式表示的明确的相关关系，也可以发现“或许存在关联”的可能性。除此之外，关联分析还被广泛应用于出现故障、遭遇投诉的风险分析。关联分析可以说是一种广泛应用于我们身边的分析方法。

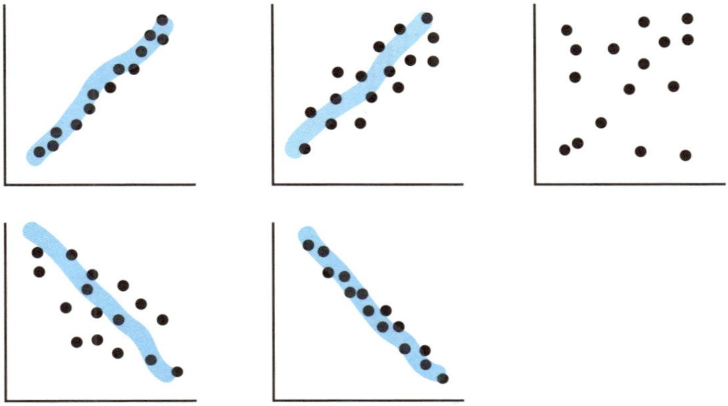

将数据标记在坐标上，找出数据之间的相关关系（使用直线、曲线）。
不过，伴随有关系的数值的种类（坐标轴）的增加，有可能无法以图形的形式展示相关关系（难以使用四维、五维图形进行表示）

图3-11 回归分析（线性回归）

购买数据

顾客	苹果	洋葱	胡萝卜	咖喱
顾客 A	○			
顾客 B		○	○	○
顾客 C		○		○
顾客 D	○	○	○	○
顾客 E		○	○	

关联度

商品	苹果	洋葱	胡萝卜	咖喱
苹果	N/A	50%	50%	50%
洋葱	25%	N/A	75%	75%
胡萝卜	33%	100%	N/A	66%
咖喱	33%	100%	66%	N/A

➡ 可以断定胡萝卜与洋葱、咖喱与洋葱之间具有极高的关联性

伴随购买数据的增加，商品的关联度也就越来越准确

图3-12 关联分析

要点

- 运用回归分析可以发现事项之间的相关关系。
- 对于能够用算式表示的事项，回归分析具有优势。
- 关联分析是用于发现有无关联性存在的分析方法。
- 在商务领域中，关联分析得到广泛应用。

需要了解的分析方法②：通过分组来分析数据

对数据进行分类的聚类分析

我们为了理解数量庞大的数据，也需要对数据进行分类与整理。从顾客的属性、商品的性质、问卷调查结果到图像的分类，对各种各样的数据进行分组、分类的方法就是**聚类分析**（Clustering Analysis）。Cluster 是簇，也就是集团的意思，将相似数据聚集起来组成簇，被称为“聚类”。聚类的特征在于簇的标准未定，只要是类似的数据，都可以将它们聚集在一起组成簇。

在处理复杂、大量的数据时，聚类分析是一种非常有用的分析方法，通过使用这种方法，观察数据变得更方便（图 3–13）。比如我们既可以不管年龄、性别，仅根据购买历史、检索历史将具有类似倾向的顾客分为多个簇，也可以根据 SNS 平台上的留言将具有类似兴趣的人分为多个簇。另外，在采用聚类分析的方法时，由于围绕“如何确定类似性的标准”存在各种各样的理论和方法，所以我们需要根据目的选择合适的方法。

决策树分析

决策树分析是一种一边回答问题一边对数据进行分类的方法，这种方法常用于性格诊断、心理测试等领域（图 3–14）。与聚类分析不同，决策树分析是有明确的决策标准的，分类的标准一目了然，这一点颇具魅力。虽然结构简单、易于理解，但是人们可以将决策标准灵活地调整为“是 / 否”“多项选择”“数值”等，可以在缩小对象范围的同时不断改变提问内容。在存在明确的分类理论时，我们根据分类理论进行决策树分析时，就可以做出复杂、高精准度的分类。不过，由于仅仅一个失误就可能造成精准度的大幅下降，所以对于应该采用简单的结构还是复杂的结构，我们事先必须谨慎地进行研究。

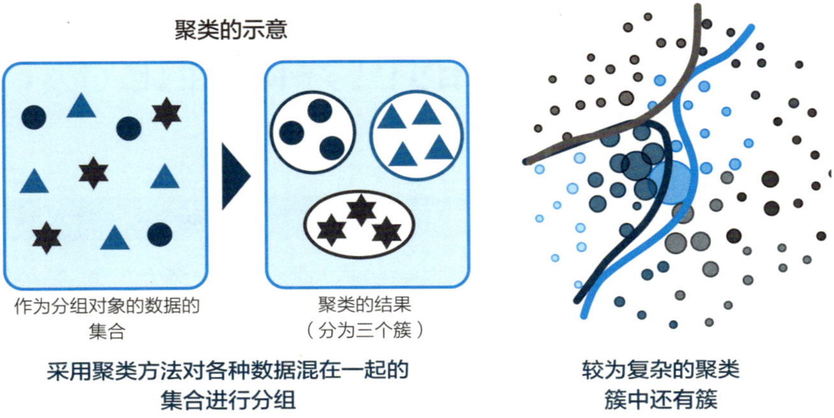

图3-13 聚类

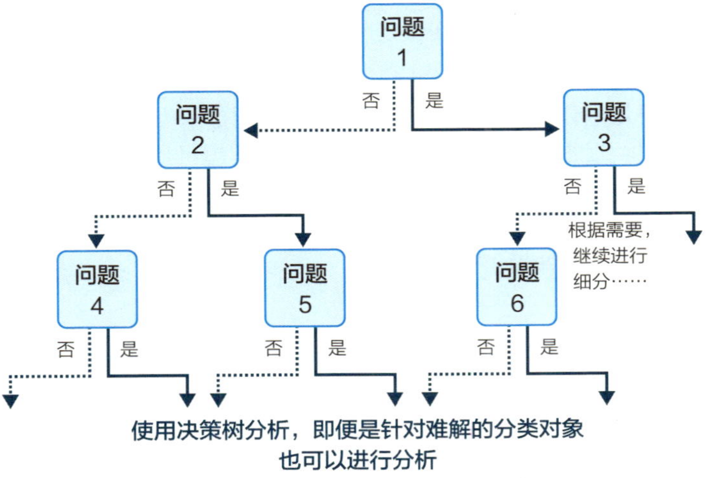

图3-14 决策树分析

要点

- 聚类就是分组的意思。
- 聚类用于不知道分类标准的、复杂的、大量的数据的分组。
- 决策树分析是一种分类标准明确的分析方法。
- 决策树分析如果使用得当，可以获得精准度非常高的分析结果。

用于理解模糊的世界的理论①：信息的表示

对模糊性进行理论化的模糊理论

在我们所处理的信息中，存在一些热与冷、少与多之类的表达模糊的信息。这样的信息在人类看来易于理解，对计算机而言却是模糊的表达。于是，人们会运用**模糊理论**来处理这样的表达模糊的信息（图3-15）。也就是说，人们会采用将各种算式、手法相结合的方法来表示模糊信息，从人类的感觉来看，这并不是什么难事。处理信息的时候，不采用0与1的二选一方式，而是针对0至1中间的数据也能进行处理。我们可以将位于热与冷中间的数值表示为0.2、0.6。这样就可以实现对模糊性的数值化处理，计算机就容易处理模糊信息了。

人类使用语言来表达一个信息是一件简单的事，而在计算机上表达一个信息却是一件非常麻烦的事。比如，我们想要对舒适感进行数值化处理的时候，根据采用直线还是曲线，是否考虑日照、湿度等因素，采用模拟方式还是数字方式等不同选择，最佳的表示方法都会不同。如果使用严密的算式来表示大概的事物，算式就会变得复杂。于是，专门应对这个问题的理论就问世了。

支持向量机

支持向量机是一种能够对模糊的事物进行严格识别的方法。支持向量机是一种为了区分数据而划定分界线的技术，通过与机器学习相结合、调整分界线可以提高分类的精准度。支持向量机能够有效应对不知道区分数据的标准时的分类问题、无法划定严格的分界线的难题。尤其是在深度学习问世之前，这是一项强有力的识别技术。

从数学角度看，支持向量机有与神经网络类似的一面，可用于完成同样的识别任务。如果与能够灵活划定分界线的核方法相结合，相比初期的神经系统，支持向量机更具备处理复杂事件的能力（图3-16）。与深度学习相比，支持向量机结构简单，使用方便，在理论上有些类似于机器学习，所以，众多的机器学习初学者会学习这种技术。

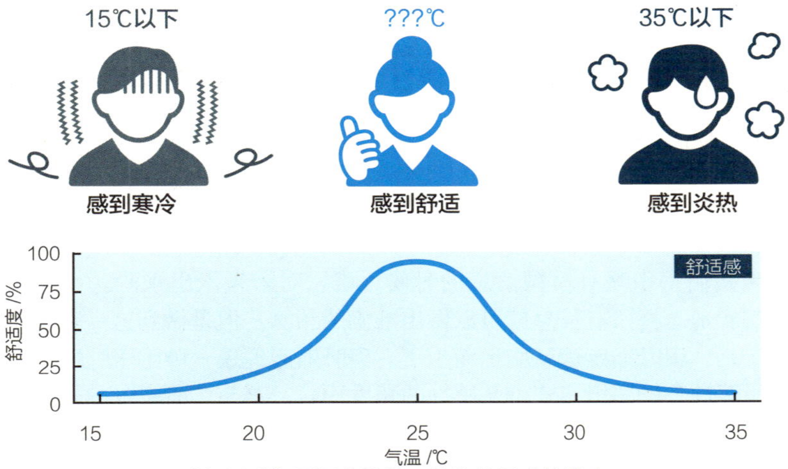

“舒适感”是温度模糊、数值化困难的信息

思考将舒适感定位于寒冷与炎热中间的状态、能够将舒适感完美表示出来的方法

图3-15 模糊理论

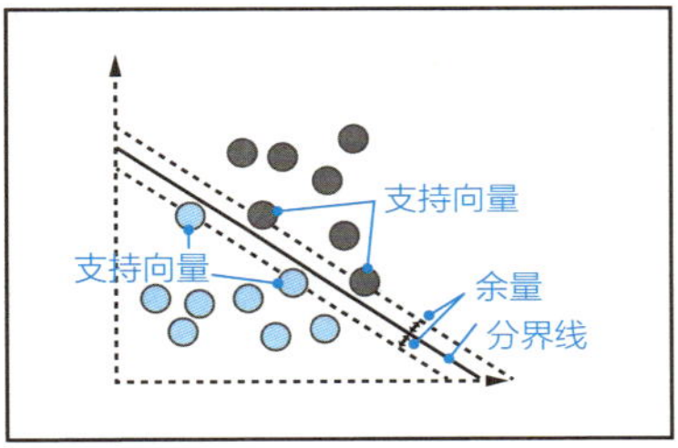

使用支持向量机进行分类

针对想要识别的数据，通过划定被称为“支持向量机”的“划定分界线的基准线”使得分界线的划定变得更容易

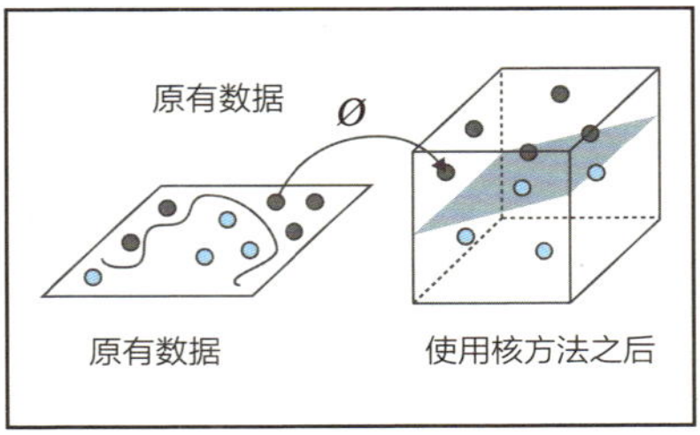

核方法

核方法也适用于直线以外的分类。图中左侧为二维表示方式，右侧为三维表示方式

采用核方法时，可以通过增加数据的维度（信息量）来将数据的结构改变为更便于划线的结构。在识别过程中，重要的是数据之间的距离（差异），所以即使增加了维度也不会产生问题

图3-16 支持向量机

要点

- 模糊理论是一种用于对模糊状态进行数值化处理的理论。
- 支持向量机是一种从统计的角度给数据划定分界线的方法。

用于理解模糊的世界的理论②：预测未来

能够在存在众多不确定因素的情况下做出预测的贝叶斯定理

当我们手中只有模糊信息的时候，难以对未来做出预测。如果我们能够切实地掌握所有信息就可以做出准确的预测，但是做到这一点绝非易事。于是，**贝叶斯定理**就应运而生了。**贝叶斯定理是一种用于处理事件发生“可能性”的思维方式**。从感性的角度而言，这与“概率”的思维方式相似，经常被用于存在众多不确定因素的场合（图 3–17）。例如，当我们用木头手工制作骰子时，由于制作出的骰子并不是正立方体，所以投掷出各个点数的概率不会是六分之一。然而，通过多次的投掷，我们也还是可以得到“出现各个点数的比例”的。在贝叶斯定理中，这被称为“似然”。借助贝叶斯定理，人们对具有不确定性的未来的思考变得比较容易。

在不掌握确切的概率的情况下，人们通过使用这样的思维方式可以做出“从逻辑的角度解释不清，但从经验的角度感觉是这样的”之类的粗略推测。

根据逻辑预测未来的马尔可夫过程

根据贝叶斯定理预测未来时，要想提高精准度就必须掌握充足的信息。那么，不具备那样的信息时，我们应该怎么办才好呢？在只有模糊信息的时候，我们至少可以掌握现在的状态。此时，我们可以运用“**马尔可夫过程**”。**马尔可夫过程是指假设忽略过去的条件、外部因素，根据现在的状况能够预测下一个事件的过程**。例如，骰子有六个面，所以无论何时投掷得到各个点数的概率都应该是六分之一，这种思维就是马尔可夫过程。与此不同，采用贝叶斯定理的时候，如果点数“1”出现的次数较多，人们就会做出“下一次的点数可能还是‘1’”的预测（图 3–18）。

如果骰子的形状不规则，或许采用贝叶斯定理是正确的；不知道骰子的形状是否规则时，采用马尔可夫过程会比较合理。运用马尔可夫过程的时候，因为忽略了其他因素，所以就可以避免受到来自模糊性、偏差的干扰，直截了当地把握数据。这一点是马尔可夫过程的优势所在。

- **贝叶斯定理**

参考过去数据的、基于经验的、主观的分析方法。
对于存在众多不确定因素的场合是有效的

存在众多不确定因素的“自动驾驶”通过似然对危险状况做出预测

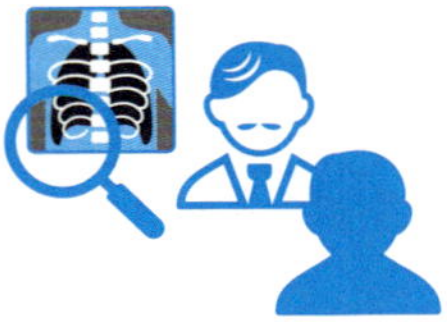

存在无数可能性的“医疗诊断”根据症状对疾病做出诊断

- **马尔可夫过程**

忽略过去数据、外部因素的过程。针对过于复杂的事件，可以通过简化的思维进行有效应对。
以切实把握现在的状况作为前提

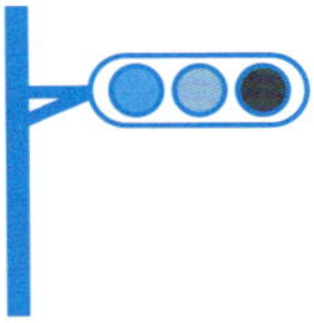

工作流程已事先确定的交通信号灯等

要想做出准确的气象预报，数量庞大的数据是必不可少的。然而“气象预测”却是在忽略众多数据的基础上做出的

图3-17 贝叶斯定理与马尔可夫过程的实例与特征

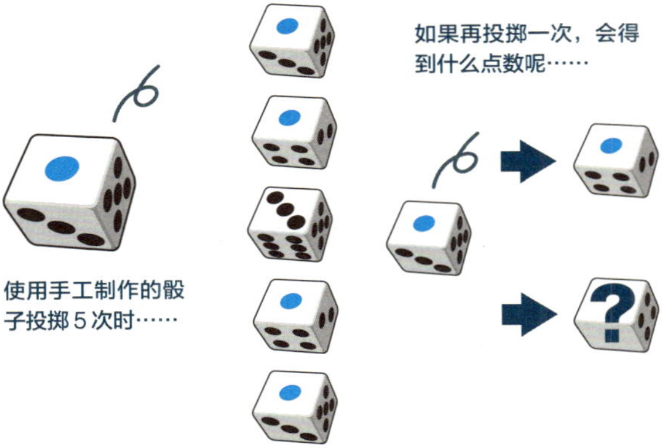

使用手工制作的骰子投掷 5 次时……

如果再投掷一次，会得到什么点数呢……

采用贝叶斯定理时，可以假设这是一个容易掷出点数 1 的有偏差的骰子，那么就可以做出下一次掷出 1 的可能性较高的预测
➡ **数据越多，精准度就会越高，数据不足就不可能做到准确**

采用马尔可夫过程的时候，忽略与过去的事件的关系。骰子有六个面，那么得到每个点数的概率应该都是六分之一，不存在偏差
➡ 即使数据增加，精准度也不会有变化，即使数据不足也能做到大概准确

点数 1 出现了 4 次！
这是偶然的，还是因为骰子形状不规则造成的不得而知

图3-18 思维方式的差异

要点

✎ 人们采用贝叶斯定理，根据具有不确定性的信息来预测未来。
✎ 忽略不充足的信息，根据现在实实在在的状态预测未来是“马尔可夫过程”的思维。

正确处理数据的难度

把握数据的含义、伪相关的危险性

我们即使拥有能够高效处理数据的工具，如果在对数据含义的理解、处理方式上出现错误，那也只能得到错误的结果。虽说我们可以通过技术手段纠正许多错误，但是必须对**伪相关**引起足够的重视。如果我们不能正确理解数据的含义，就无法发现伪相关。所谓伪相关是事件之间看似存在相关关系，实际上并不存在相关关系的情况，也就是说实际上事件之间并无关系，可是从数据上看却貌似存在关系。提到伪相关，人们经常会举“啤酒畅销的时候，冰激凌也会畅销”的例子。之所以会发生这种情况并不是因为人们饮用啤酒时可以将冰激凌作为下酒菜，而是因为啤酒和冰激凌同为炎热季节人们喜欢购买的商品而已。

这种基于伪相关的误解有时会导致致命的错误。比如，AI 就有可能做出“优先治疗危险疾病，死亡率低的疾病并不是危险疾病可以推迟治疗”之类的建议（图 3–19）。

发现因果关系是人类的工作

处理数据工作的重点在于把握**因果关系**。找出隐藏在相关关系中的因果关系，落实到算法、预测过程之中才是处理数据的目的所在。仅仅通过使用数据分析工具、技巧难以发现相关关系，最终需要人类将相关关系落实到某种算式、过程上，发现其含义并将其转换为有价值的信息。事件的“含义”是指“针对人类而言所具有的意思”，所以这项任务只有人类才能够完成（图 3–20）。

虽说 AI 可以通过数据分析、机器学习发现人类以往无法发现的数据、关联性，但是至于这样的数据、关联性是否真的存在价值，最终还是需要由人类做出判断。统计学者、数据科学家工作的本质在于“赋予信息含义”。所谓数据分析并不止步于找出数据中的关联性，而是需要深入探究其背后的含义。

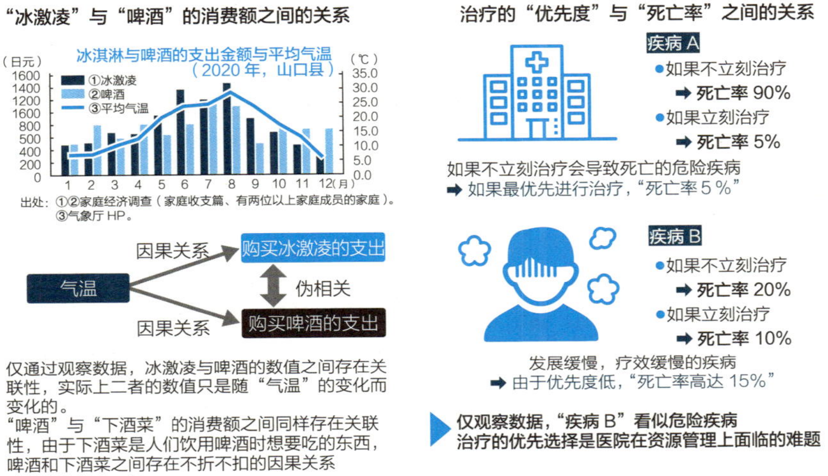

图3-19 伪相关及其危险性

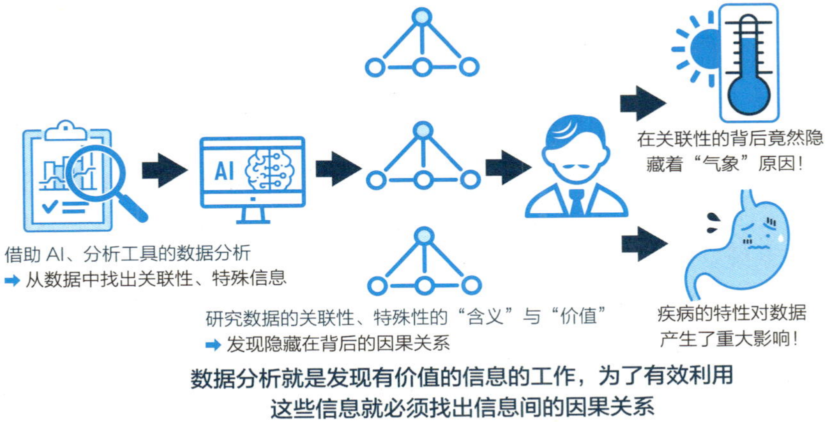

图3-20 由人类来发现因果关系

要点

- 伪相关是指看似存在相关关系的情况。
- 基于伪相关的误解有时会引发致命的错误。
- 对于数据分析而言，发现"因果关系"具有重要意义。
- 发现含义是对于数据分析抱有目的的人类工作。

从知识与统计的角度构建AI的形象

如果能够处理知识与统计数据，就能够制作 AI

人们如果能够精准地处理数据，就能制作出聪明的机器。如果这样的机器能够不仅如同搜索引擎那样针对用户输入的关键词给出正确的选项，还能够回答专业问题，那就可以称为 AI 了。这样的机器相当聪明，既能根据统计数据预测未来，又能对数据进行整齐的分类，还能发现隐藏于数据背后的未知的关联性。

这样的技术通过运用进行知识表示的数据库技术、统计分析技术的程序是可以实现的。这样的 AI 可以根据包含在提问中的关键词，通过搜索基于知识表示的语义网络就可以导出正确的回答，还可以运用回归分析、贝叶斯定理为人类解决对未来的复杂事件做出预测的难题。

能够处理专家的知识的专家系统

能够做到这一点的是**专家系统**。早期的专家系统只能够处理知识。彼时，专家按照知识表示的格式向机器传授知识来构建数据库。这样，专家系统就能够执行智能任务了（图 3-21）。在此基础上，人们通过运用统计方法，可以搜索出那些数据库中没有的但具有高关联性的数据，系统也就具备了处理模糊信息的能力。如此，专家系统就可以宛如人类的专家那样大显神通了。专家系统能够回答人们提出的难题，做出高级预测。即使是外行人，按照 AI 的指示也能完成以往只有专家才能完成的任务。这样的专家系统的本领符合我们对 AI 的想象。从某种程度上来说，专家系统塑造了 AI 的形象（图 3-22）。

近年，伴随机器学习的问世，在人类不传授任何知识的情况下，AI 已经能够自行成长了。能够具备优秀的数据处理能力的机器就是 AI。在此，我们再一次体会到了对于 AI 而言数据处理的重要性。

图3-21 能够熟练使用知识与统计的专家系统

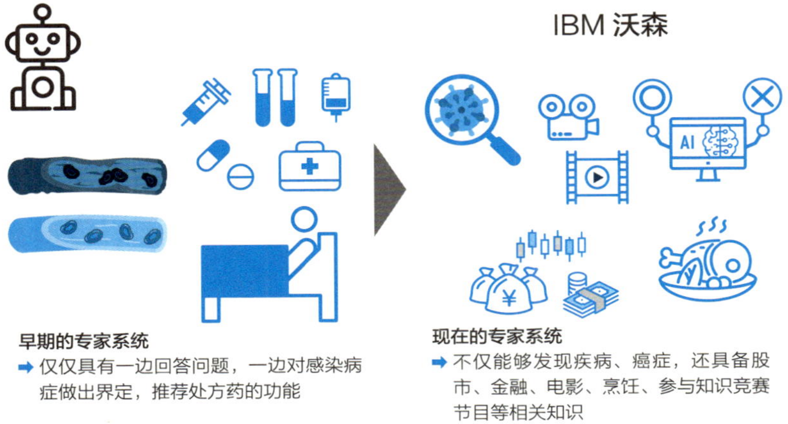

图3-22 专家系统的进化

要点

- 运用知识表示、统计分析技术的程序就是 AI。
- 专家系统可以代替专家为用户服务。
- 伴随机器学习等技术的发展，AI 在不断取得进步。

试一试

尝试使用主体来表示熟悉的知识吧

主体的概念本身非常简单，适用于所有的知识。让我们尝试一下建立与身边熟悉的事物相关联的主体吧。如此一来，想必各位就会明白知识会产生无限多的分支，一个知识会与各种各样的事件相关联。

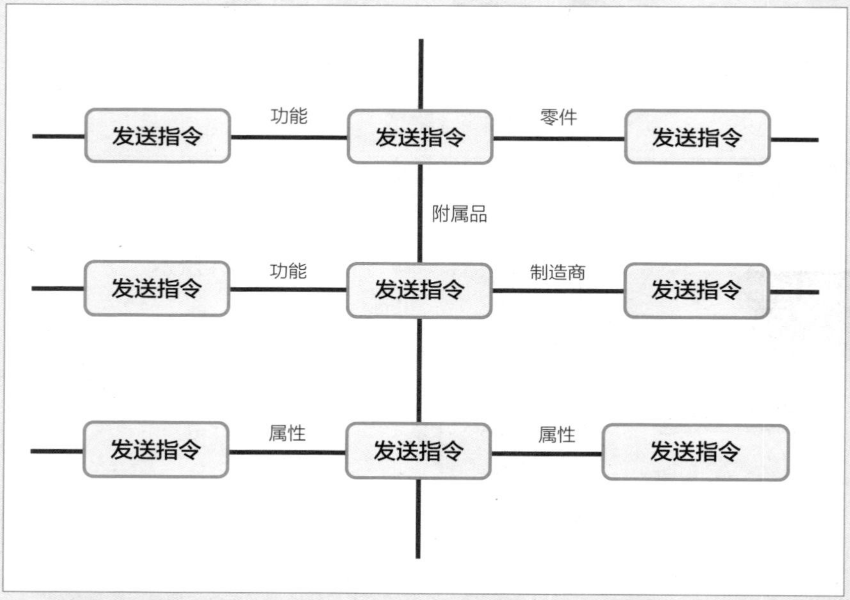

当我们尽可能地进行拓展时，就会发现在纸那样的二维空间中能够展现的主体是有限的。虽然在立体的空间中可以展现略微复杂的主体，但这也是不够的。为了展现实际的知识，需要采用在几十、几百、几千个维度上彼此相连、使用插图和图案都很难表示的信息结构。想必人类的大脑之中也存在同样的知识结构。可想而知把知识教给计算机该有多难。

第4章

机器学习的相关知识

~借助各种方法不断学习、成长的AI~

从统计的角度构建判断标准

机器学习背后的统计学

隐藏在机器学习背后的是**统计**和**概率**。机器学习主要用于没有明确答案或者方法论的问题（图 4–1）。如果人们能够得出明确的答案，就没有必要进行学习了，但是如果遇到不知道答案的问题或者需要花费太多时间解决的问题时，就必须学习。

作为结果，**人们会学习那些已被经验证明过的好方法，还会为了客观地展示答案而运用统计方法找出大概率会获得成功的方法。**机器学习也是一样的，也会将对机器学习而言的思维方式、构成思维方式的数学理论、参数结合数据进行调整，从而尽量找出接近答案的最优解。

统计方法与机器学习之间的关联

事实上，植根于统计理论的“聚类”“向量机”“回归分析”等方法作为机器学习的方法已经得到了广泛应用。贝叶斯定理、马尔可夫过程等构成了机器学习的重要理论基础（图 4–2）。从微观角度来看，神经网络中包含着大量的统计、概率的要素。

事实上，运用于 AI 的统计理论有很多。要问辅助 AI 相关的统计理论到底有多少，我认为应该有几十种。在机器学习领域中，运用统计理论的学习方法、算法是再平常不过的事，我们在制作 AI 的时候不需要有意识地利用统计理论。每一个软件都是建立在无数个算法的基础上的。我们在决定使用某个算法的时候，实际上所使用的是包含在算法中的统计理论。如同玩拼图游戏那样，通过对各种算法进行组合，编写具有各种功能的程序从而完成用于学习的 AI 的制作时，要问在 AI 中到底运用了什么统计理论，或许就连开发人员都难以说清楚。

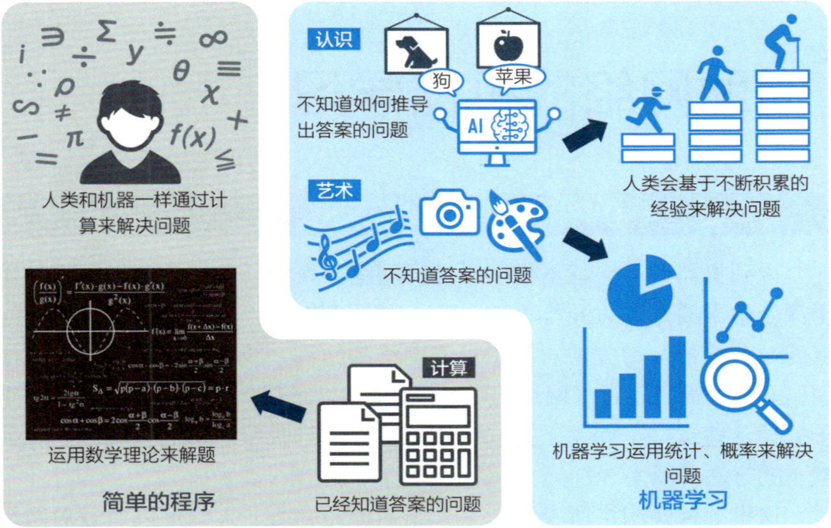

图4-1 机器学习被用于解决怎样的课题

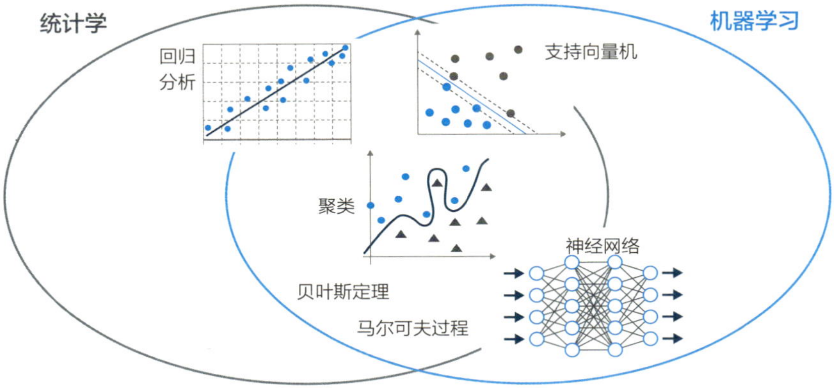

图4-2 统计学和机器学习的关联

要点

- 对于机器学习而言，统计和概率发挥着重要作用。
- 人们在机器学习中运用了大量的统计方法。
- 算法中包含着各种各样的统计理论。

借助网络的机器学习

能够通过学习来解决问题的神经网络

说到机器学习，就不得不说**神经网络**。人们一般认为神经网络是用于深度学习的先进的机器学习方法，神经网络是在 AI 研究的最早阶段问世的一种机器学习方法。关于神经网络的结构，我会在第 5 章进行详细说明。大致而言，神经网络就是针对所给出的数据（问题），通过针对用于处理这些数据（问题）的网络间的参数进行调整得出恰当的输出（解答）的方法（图 4–3）。

这里的神经网络所参照的是人类的神经网络。人们可以通过对网络结构、参数的调整来应对各种各样的课题。后来，神经网络进一步进化为对网络进行分层的深度学习，从而获得了从数量庞大的数据中取得必要信息的高端特征抽取能力。

能够表示数据关联性的贝叶斯网络

除了深度学习以外，还有其他的神经网络系列的机器学习方法。**贝叶斯网络**虽然被冠以网络的名字，却是通过与神经网络迥异的方法进行学习的。贝叶斯网络在处理数据时并不使用网络，而是能够将数据的结构制作成被称为“图卷积”的网络模型（图 4–4）。然后，基于“贝叶斯定理”运用被称为“似然”的指标对数据之间的关联性进行评价。

这个指标与由于信息不足而无法求出准确的概率时所采用的表示数据之间存在何等程度的因果关系的概率相似。也就是说，在我们认为数据 A 与数据 B 之间的关联性大致如此的时候，会用数字进行表达，这些数字组成的网络就是贝叶斯网络。通过对数字的学习，不断进行调整，可以不断提高分析的精准度。因为贝叶斯网络对于数据分析、预测、决策非常有效，所以人们在这方面的研究工作已经持续了很久。

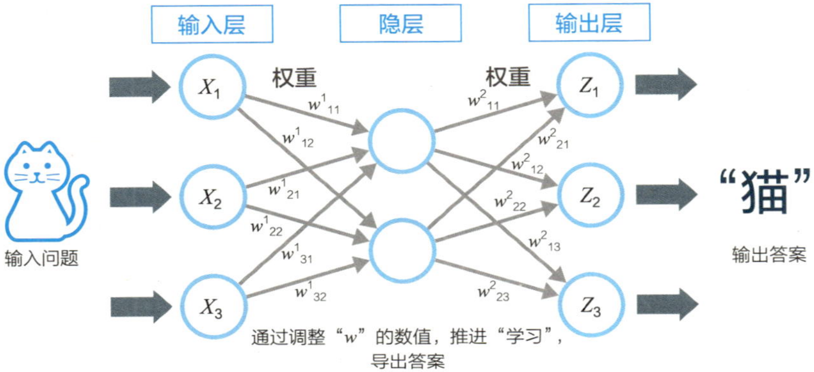

用于处理课题或者思考的网络就是“神经网络”

图4-3 神经网络

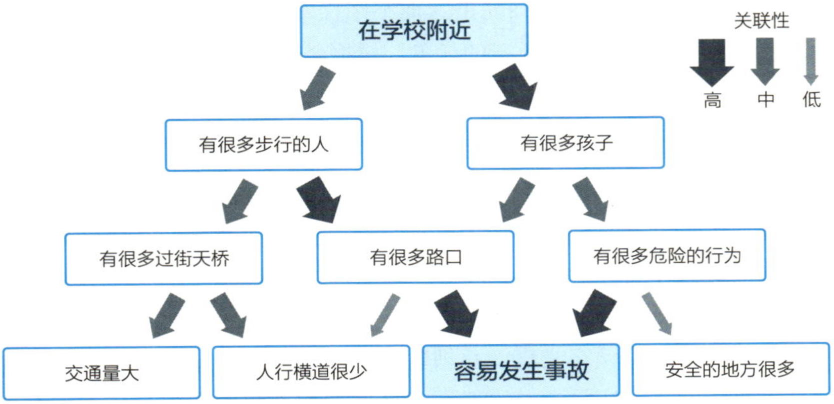

运用基于数据之间的关联性描述出来的网络做出预测与判断

图4-4 贝叶斯网络

要点

- 神经网络诞生于机器学习的初期阶段。
- 神经网络具有运用网络处理信息的功能。
- 人们采用贝叶斯网络制作表示关联性的信息。

最普通的学习方式

事先准备好答案的监督学习

机器学习的方法可以大致分为事先准备好答案的“**监督学习**”，事先不准备答案的“无监督学习”，事先不准备答案、只设定目标的“强化学习”。其中，监督学习是最为广泛使用的方法。

虽说机器学习是应用于不知道答案、方法论的问题的方法，但是**监督学习适用于已经知道答案，不知道“正确答案的导出方法”的场景。**比如，在进行猫的图像识别的过程中，虽然知道图像上的是猫，但是并不知道是通过怎样的过程判断出“那个图像上的是猫”（图 4–5）。这种方法最适合人类通过感觉执行的任务、根据经验做出判断的任务。

监督学习的使用方法

在机器学习（数据分析方法）中，回归分析、向量机属于监督学习的方法。人们在知道问题与答案，但是不知道导出答案的算式、划出用于分类的分界线的方法时，会运用机器学习的方法。

回归分析的目的在于用某种算式来表示数值之间的关联性。例如，某家店铺有 100 位顾客来店，总销售额是 1 万元，每位顾客的人均购物消费就是 100 元。实际上，一般不会算出如此规整的数字。在不断看到 5 位顾客消费 1000 元、10 位顾客消费 700 元那样的凌乱的数值时，**我们会做出“平均每位顾客可能是 85 元左右”的预测，继续搜集数据就能接近正确答案**（图 4–6）。此时，我们虽然知道顾客数量与销售额的数字，但是不知道用什么算式来表示其中的关联性。如果知道了算式，就可以算出用于顾客的预算额。我们需要导出这个算式。

如此，一边收集问题、用于解题的数据，一边学习能够正确理解那些数据的方法论、解法就是监督学习的特征。这是能够更为简单、准确地导出答案的方法，使用方法、学习所需的数据通俗易懂是监督学习的优势。

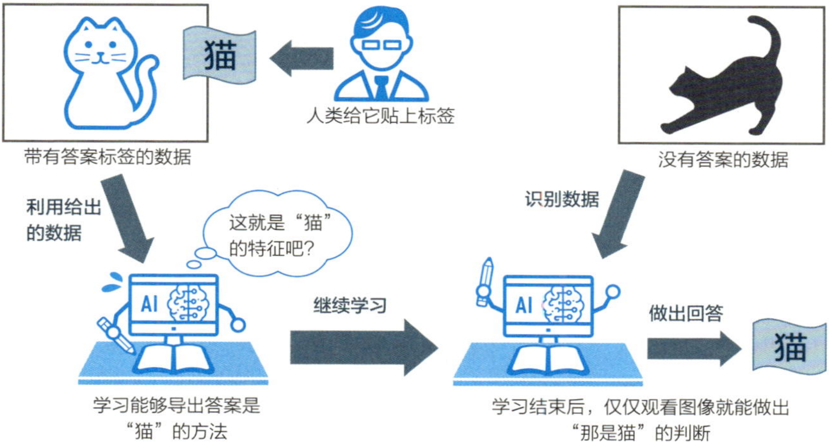

图4-5 运用监督学习的方法尝试图像识别

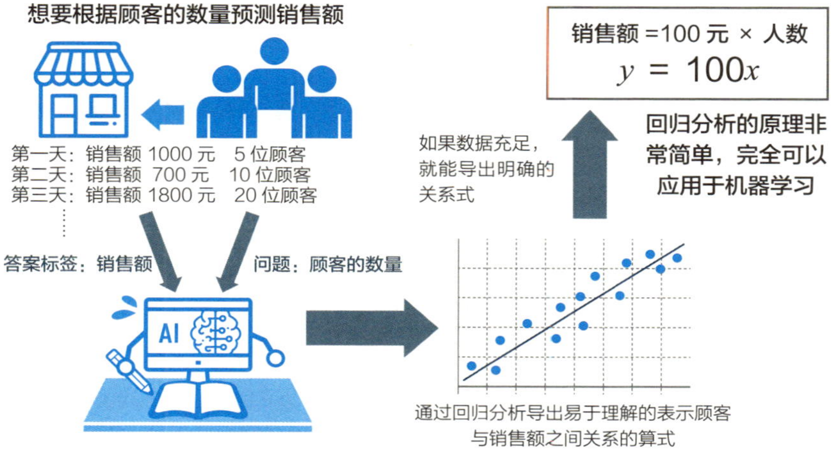

图4-6 采用回归分析方法的监督学习

要点

- 机器学习的方法可分为“监督学习”“无监督学习”“强化学习”三种。
- 在监督学习中，使用带有“解题标签”的数据。
- 通过学习，可以从没有答案的问题中导出答案。

有潜力的学习方式

事先并不知道答案的无监督学习

人们针对知道答案但不知道导出方法的问题使用监督学习，针对不知道答案的问题使用**无监督学习**。对于不知道答案的问题，各位或许难以做出想象。简单来说，人们会在并非不存在最优解、方法论，只是人类不知道最优解，寻找人类不知道的新的方法论的时候使用无监督学习。

具体而言，无监督学习就是学习如何**从许许多多的数据中找出奇怪的事物、找出共同点**。这些寻找工作属于数据挖掘。机器通过无监督学习进行区分存在于数据之中的奇怪的特征、相似的特征的训练（图 4–7）。

无监督学习的使用方法

与无监督学习有关的分析方法、理论中，除了数据挖掘还包括主体、聚类分析等。在主体、知识表示的领域中，需要将知识转换成机器能够理解的结构，不过通过监督学习向机器传授词语的含义时是有极限的。人们通过使用无监督学习的方法对相近的词语进行自动分类、结合，**可以含糊地把握词语的含义。**同样，聚类被用于将数据按照相似性进行分组，以便观察数据的结构和性质（图 4–8）。

如果让这种“针对相似的事物进行分类”的无监督学习的性质继续发展下去，最终 AI 就可以获得“猫和其他动物不同（种类不同）”的现实世界的知识。人类也是一样，在有关相似的事物、不同的事物的点点滴滴的学习基础上形成了各种学问。相比监督学习，其使用方法虽然比较难，但这是有前途的学习方法。

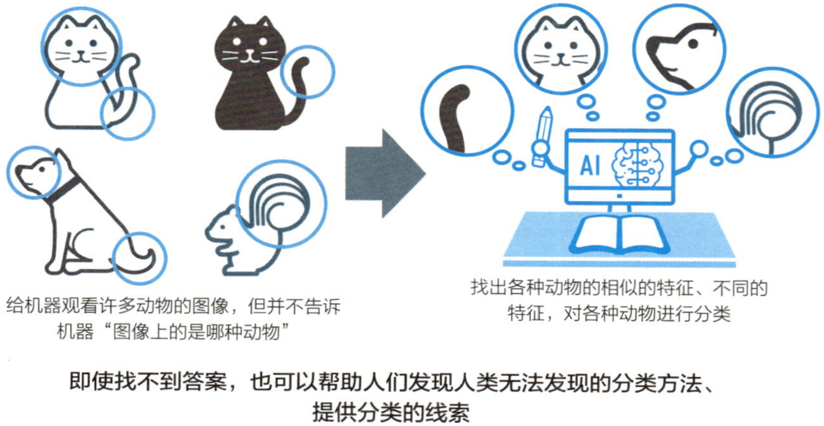

图4-7 运用无监督学习的方法尝试图像识别

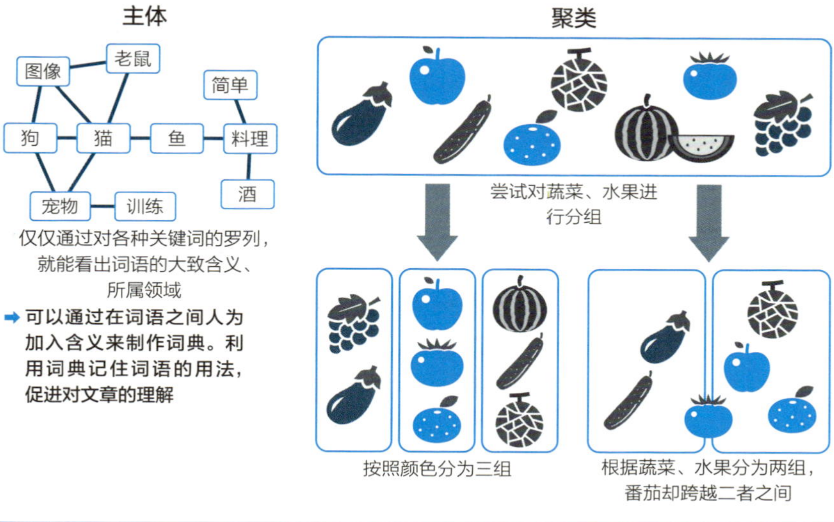

图4-8 采用主体、聚类方法进行分类

要点

- 无监督学习是用于发现“特征”的方法。
- 在无监督学习过程中，机器会先找出共同点、不同点、关联性，然后将其用于分类。无监督学习应用于数据挖掘、聚类、主体等领域。

应对现实世界的学习方式

在训练动物领域也受到好评的学习方法

在不给出明确的答案，以只提示方向、目标的方式让机器学习的方法被称为**强化学习**。这种方法与**“接近目标就给予奖赏”的训练动物的方法具有相似的特征**（图 4–9）。这是一种具有高度通用性的方法，广泛应用于运用监督学习的“不知道接近正确答案的方法”的场景、运用无监督学习的“没有正确答案”的场景之中。不过，相比其他的方法，这种方法是比较间接的方法。

强化学习是通过试错来逐步争取相比之前更好的结果的方法，所以需要设定临时的目标与方向。然后，通过重复某种操作，根据“相比之前有所改善”“完全没有改善”的结果对试错方法不断进行必要的调整。根据人们所设定目标的不同，强化学习的效率也会不同。在强化学习过程中，即使最终没有达成目标，只要在人类期待的方向上取得了进步也是可以接受的。

原理简单、应用广泛的 Q 学习

强化学习的方法可以说是多种多样，其中有一种针对奖赏设定被称为“Q 值”的参数的方法叫作 **Q 学习**。**Q 学习是主张只要进行无数次的反复试错就必然能取得成功的算法。**这种方法的原理在于“只要拥有无限的时间，任何事都可以做到”。使用这种方法时，会针对机器的选项、行为设定 Q 值，对于每个行为都会调整 Q 值，根据当时的情况提高针对好的行为的 Q 值来探索最优行为（图 4–10）。

这种方法是一种基于“对于无数的选项进行无数次的试错，就会发现最优行为”的思维的强势方法。伴随所选择的行为、所处的状况的增加，Q 的种类也会增加，就会产生无数的选项。要想完全按照算法的要求进行学习，想必具有极为强大性能的计算机是必不可少的。不过，这种通过反复挑战不断提高最优行为的参数的做法可以说是在某种程度上体现了强化学习的理论与优势的方法。

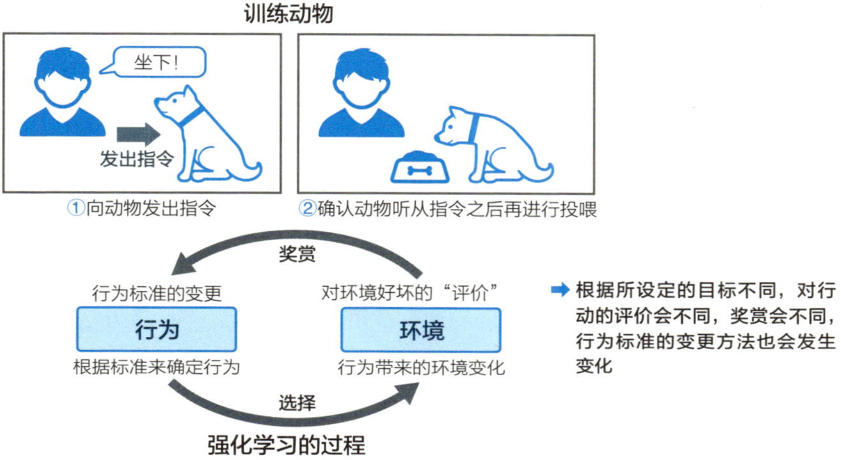

图4-9 强化学习的概念图

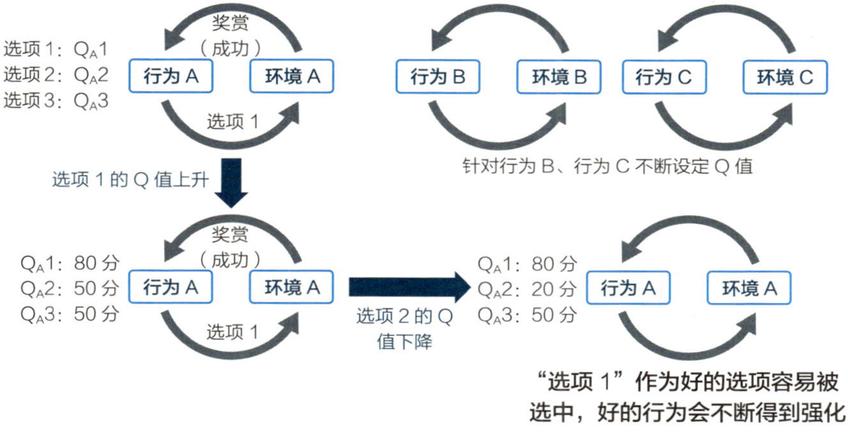

图4-10 Q 学习

要点

- 强化学习是通过试错来争取更好结果的方法。
- 在强化学习过程中，会对好的行为进行强化，对错误的行为进行弱化。
- 采用 Q 学习方法时，人们通过针对行为设定 Q 值、调整 Q 值，对行为做出选择。

取得发展的强化学习

能够磨炼感觉的深度强化学习

强化学习与其他的机器学习方法具有非常高的亲和性，其中，**深度强化学习**就是一种强化学习与深度学习相结合的方法。人们将这种方法应用于利用神经网络的针对感性任务的学习，应对根据通常的逻辑算法无法判断好坏的问题。

如果是考试的分数，我们可以通过数值判断我们是否接近了目标。但是，在某种情况下，我们只能得到简单的 0 分、1 分之类的类似于比赛胜负的结果，无法获得具体的数值指标。此时，我们可以利用神经网络的提取特征方法。**根据通过机器学习不断积累的经验，神经网络能够发现接近“有利局面”等目标的特征**（图 4–11）。在此基础上，学习接近胜利的行为，不断试错，反复改善，就可以学会最优的行为。

针对目标进行学习的逆强化学习

强化学习是一种针对接近目标的方法进行学习的方法，但是在某些情况下人们并不知道如何确定目标。例如，当一位熟练的工匠制作的工艺品受到好评的时候，如果我们并不知道人们是基于什么样的理由做出这样的判断时，让机器学习这位工匠的做法时就无法设定目标。在这种情况下，我们可以采用**逆强化学习**的方法，即让机器针对与这位工匠采取相同行为的奖赏（目标）进行学习。我们可以学习熟练工匠的行为模式，**学习设定怎样的目标才能接近熟练工匠的行为的方法**（图 4–12）。这或许算是偷学工匠的技术吧。以针对目标的学习取代针对行为的学习，这就是逆强化学习。

如果我们能够学会最优目标的设定方法，那么接下来就可以通过目标设定进行普通的强化学习。最终，我们能够达到具有与熟练工匠同样的行为能力，或许我们还能够想出超越熟练工匠的方法。这就是逆强化学习的优势所在。

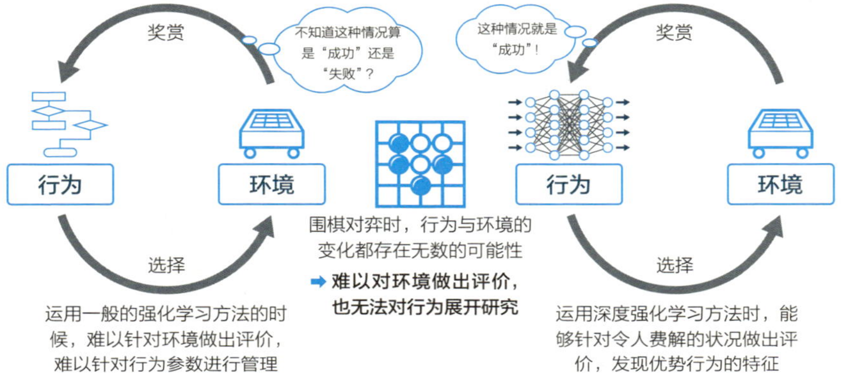

图4-11 深度强化学习的优势

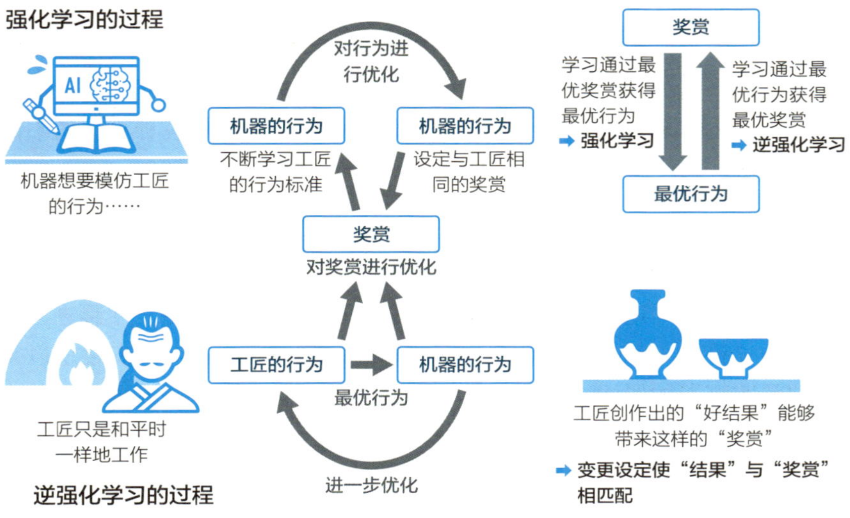

图4-12 逆强化学习与强化学习的差异

要点

- 人们通过对深度学习的有效利用实现了强化学习应用范围的扩大。
- 采用逆强化学习的方法，可以学习“通过最优行为获得最优奖赏”的方法。
- 如果存在最优奖赏，机器也能采取最优行为。

展示机器学习课题的两个定理

没有万能的银色子弹

人们采用机器学习的方法解决问题时，其通用性很高，可以广泛应用于各种各样的问题。然而，机器学习的算法也不是万能的，因此这也被称为“**没有免费的午餐定理**”，**这个定理的含义是人们在解决各种问题时，必须针对具体问题选择适合该问题的最优算法**（图 4–13）。“搜索算法”和“排序算法”就是典型的例子。根据数据结构的不同，最优算法也会不同。机器学习领域也是一样，不存在万能的方法。

深度学习引起人们关注的最大理由在于“可以用于应对使用以往的算法难以应对的任务”这一点。反之深度学习对于使用以往的算法能够有效解决的任务却没有什么效果。所以，我们必须针对各种算法的不同擅长领域区别使用各种算法。

所有的差异都不平等

类似的定理还有**丑小鸭定理**，**这个定理的含义是要想发现事物之间的相似之处、不同之处，就必须锁定事物的特征、要点。**人们之所以采用“丑小鸭”的叫法，是想要表达鸭子幼崽之间存在个体差异，从某个角度来看，天鹅幼崽与鸭子幼崽之间的差异也被包括在鸭子幼崽个体差异之中。也就是说，其实天鹅幼崽也没有那么丑，只是个体差异而已。

不过，如果这种差异不能被简单地视为个体差异，那就是基于“毛的颜色”等特有的特征而产生的特别的差异了（图 4–14）。

平时，我们都是根据重要的特点来区分不同的人、不同的动物。反之，我们如果不能锁定这样的要点，就无法进行识别。对于找出差异而言，锁定要点是一个重要的过程。这一点与“没有免费的午餐定理”具有异曲同工之妙。人们想要找出事物之间的相似之处、不同之处的时候，必须使用与要点相结合的算法、分析方法。

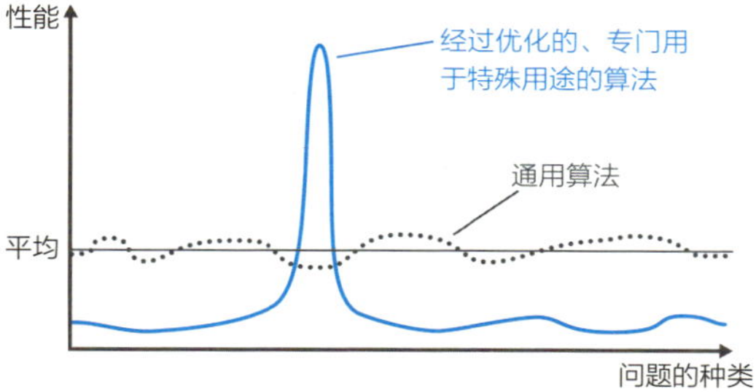

如果将特殊算法与通用算法相比较，就会发现实际上二者整体的平均性能没有什么区别

➡ **结合用途区别使用各种算法非常重要。此外，从真正的意义来看，对于所有问题能够平均应对的通用算法并不存在（必定存在一个适用范围）**

（名称的由来）

虽然写着是“免费午餐”，实际上消费者还是要在什么地方付费的。整体而言，收费午餐和免费午餐的支出没有太大区别

图4-13 没有免费的午餐定理

事物	幼崽 A	幼崽 B	幼崽 C	幼崽 D
眼睛	相同	不同	不同	不同
嘴	相同	相同	相同	不同
颜色	相同	相同	不同	相同
眉毛	不同	相同	相同	相同

颜色是要点 ➡ **与嘴、眼睛无关**

如果仔细观察，就会发现每个鸭子幼崽都各不相同，天鹅幼崽并没有那么特别

➡ 与是否佩戴眼镜、留什么发型无关

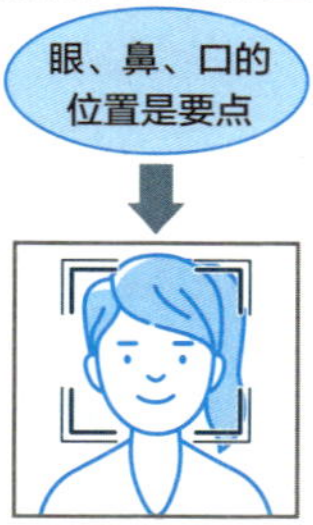

➡ 与毛色、体量无关

在图像识别领域中，存在着无数的“不同之处”“相似之处”。仅仅分析“有多大的不同”并不能解决问题

➡ **重要的是在认识事物的基础上，发现“重要的不同之处”“重要的相似之处”**

图4-14 丑小鸭定理

要点

- “没有免费的午餐定理”告诉我们，能够用于应对任何问题的万能方法不存在。
- “丑小鸭定理”告诉我们，执行分类、识别任务的时候，必须对事物的特征进行锁定。
- 具有高通用性的机器学习绝非万能，我们必须在把握任务的基础上，锁定最优方法和要点。

类似强化学习的学习方法

类似生物进化的算法

遗传算法是一种与强化学习相似的机器学习方法。这是一种参考了生物基因为适应环境而不断进化的过程的算法，以算法的形式再现自然界中的“自然淘汰（选择）”“突变”“交配（交叉）”是这个方法的特点（图 4–15）。其在成长的过程中不断调整与行动和选择相关的参数这一点与其他机器学习没有区别。另外，通过试错留下优选基因（参数）这一点与强化学习非常相似。

但是，通过杂交将优良基因和不良基因进行混合，或者通过突变令基因产生前所未有的变化的做法，与强化学习大为不同。实际上，“未必只留下优秀的东西”这一点具有很重要的意义，所以人们在强化学习中也引入了这个思维。

强化学习的缺点

强化学习是为了接近目标而一边试错一边推进的。难以改变偶尔取得成果的行为是它的一个重大缺点。从探索最佳行为的优化问题的角度来看，这被称为“陷入了局部最优解”。如果更大胆地改变行为，明明可以提高效率，但是因为害怕失败而难以做出改变（图 4–16）。

在人类社会中，这种情况也是存在的。那些越是具有悠久历史的组织，越会变得保守而无法进行大胆的改革。机器学习也会遇到类似的情况。在这种情况下，保留选择基因的突变和组织中的年轻员工等与以往完全不同的行为（数值）的因素具有重要意义。正因如此，人们在实际的强化学习中，总会注意在某个地方保留一些随机要素和模糊性，以避免陷入局部最优解而造成成长停滞。

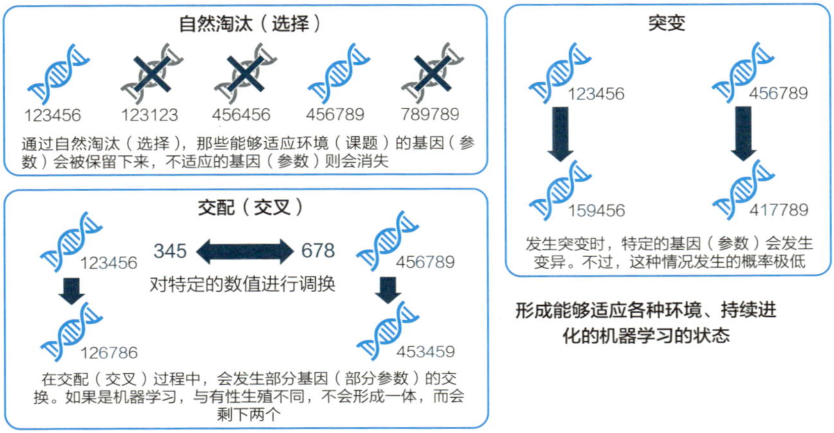

图4-15 遗传算法

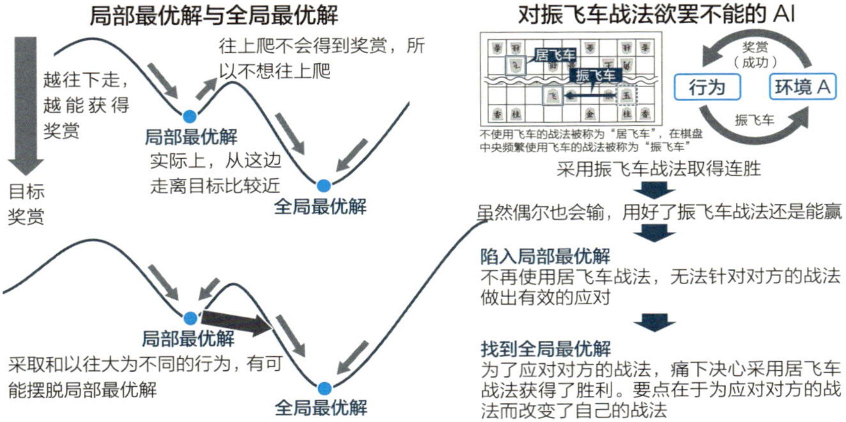

图4-16 什么是陷入局部最优解

要点

- 采用遗传算法，可以进行“选择”“交叉”，产生“突变”。
- 在适应环境不断变化的过程中，有时可以实现大幅度的进化。
- 人们在比较顺利的时候，可能会陷入“局部最优解”。
- 通过突变那样的大胆改变可以有效地摆脱局部最优解。

机器学习的高效化①：补充训练数据的方法

用虚拟数据来充实训练数据

对于机器学习而言，最大的挑战在于难以收集训练数据。幸亏有了互联网，收集数据才变得容易一些。不过收集到的数据并不能直接用于机器学习。

能够用于监督学习的带有正确答案标签的信息是有限的。例如，在SNS平台上贴着无数张人的脸部照片，但是上面并没有贴着诸如“这张脸是A先生”的标签。人们只有在粘贴一张张的表示答案的标签之后，这些信息才能用于学习。而且出于保护个人信息的原因，有很多信息处理起来非常困难，因此收集训练数据并不容易。

在这种情况下，使用**虚拟数据**是一个有效的方法。如果能尽可能制作出接近真实数据的虚拟数据，就可以将真实数据和虚拟数据混在一起使用，这样就可以快速收集到机器学习所需的大量的训练数据了（图4–17）。

取其精华的半监督学习

当有答案的数据比较少的时候，采用**半监督学习**的方法比较有效。这是一种结合了监督学习和无监督学习的方法，因为可用于深度学习而引起了世人的关注。无监督学习的方法可以用于从不知道答案的数据中提取共同的特征和异质的特征。在监督学习中，人们会事先从各种特征中锁定与答案相关的重要特征。即使不知道答案，只要知道重要特征，人们就可以通过无监督学习来训练机器的特征提取能力。因此，即使收集到的数据没有答案标签，人们只要给一部分数据贴上标签，就可以将所有数据用于学习（图4–18）。

人们通过对半监督学习方法的钻研，开发出了被称为“**一次性学习**”的方法。这种方法达到了“在众多数据中，只给一个数据贴上答案标签就足够了”的水平。人们要想进一步提高精准度，只需增加答案标签的数量就好，这堪称是一种方便灵活的方法。

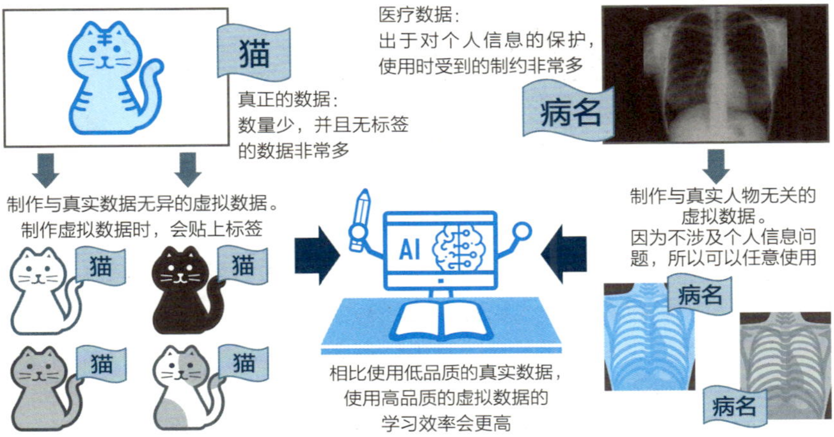

图4-17 虚拟数据的有效性

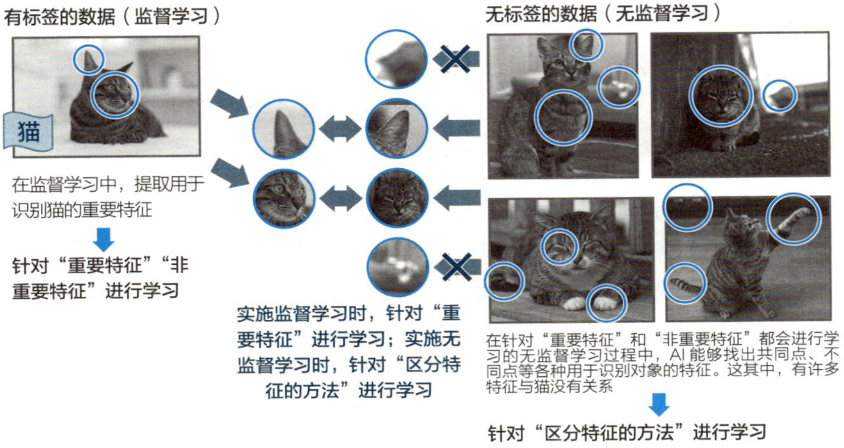

图4-18 半监督学习示意图

要点

- 对于机器学习而言，训练数据的品质和数量非常重要。
- 在缺乏数据的时候，人们可以使用虚拟数据。
- 半监督学习是一种监督学习与无监督学习相结合的方法。
- 采用半监督学习的方法时，不需要太多的带有答案标签的数据。

机器学习的高效化②：学习模型的迁用

学习基础知识的预训练

我们如果直接教小学生微积分，他们肯定无法理解。同样的道理，在机器学习中，也有需要让机器事先进行学习的技巧。即使要区分人类和动物的图像，也要先学习直线和曲线的差异，如果事先已经对颜色的差异和阴影的特征进行了学习，在图像识别时就不容易被阴影所误导。

人们将这样的事先对基础知识进行学习的方法称为**预训练**。在机器学习的时候，需要对各种参数进行调整，如果事先输入“大概是这个水平的”数值，正式学习就会变得比较轻松（图 4–19）。越是复杂的机器学习，在学习过程中就越难以找到造成错误的原因，但是如果已经做好预训练了的话，就能够锁定需要修改的地方。深度学习之所以备受瞩目，人们在其中导入了具有划时代意义的预训练方法是一个重要原因，对于机器学习效率的提升而言，预训练具有重要作用。

将学到的东西应用到其他领域的迁移学习

有时候，人们会将已事先完成学习的程序（训练模型）用于其他目的。这种与预训练相似的方法被称为**迁移学习**。在挪用用于其他领域和任务的学习模型进行新的学习时，如果进展顺利，可以大大节约学习时间（图 4–20）。

这一点如同人类在学习一门新的语言时，如果已经掌握了其他类似的语言，那么学习效率就会很高。虽然不能将图像识别用于语言分析，但是我们可以将用于训练识别猫的模型用于识别狗或狮子。如果这样的模型能够用于识别猫，那么说明它已经学习了与动物相关的特征，所以也能够有效地用于对新的动物的学习。实际上，用于图像识别的、已完成对各种特征的学习的模型已经公开，人们可以结合自己的任务，通过对这种训练模型进行迁移学习，大幅减少机器学习带来的麻烦。

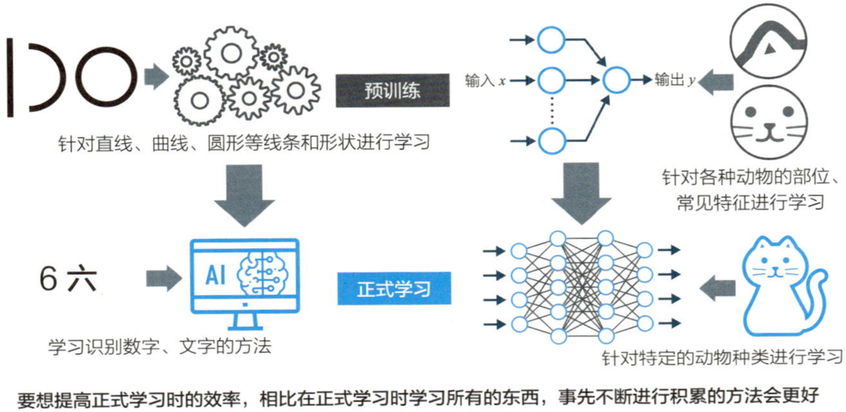

图4-19 预训练示意图

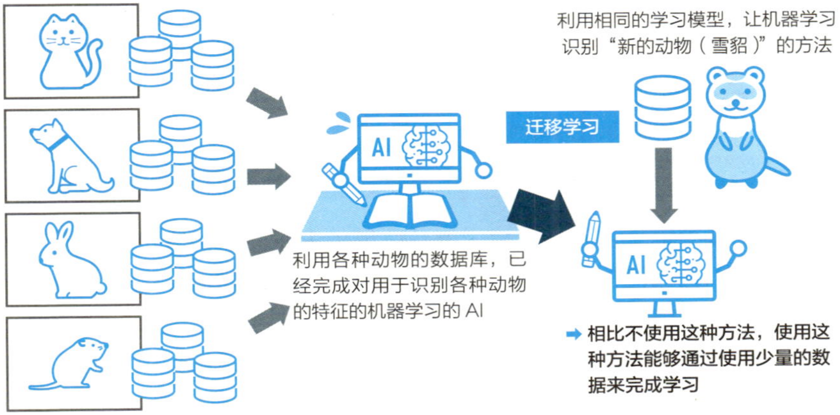

图4-20 迁移学习示意图

要点

- "预训练"是指在正式进行学习之前针对基础事项进行学习。
- "预训练"有助于提高正式学习时的效率。
- "迁移学习"是指将已经完成针对其他任务的学习的模型用于其他领域。
- 如果使用已经针对巨大的数据库完成学习的公开模型，就可以大幅减少用于重新学习的精力。

机器学习的高效化③：过拟合应对方法

过拟合及其规避

在机器学习中，**过拟合**是个逃不过的问题。过拟合是由于针对相同事物进行了过度的学习，在稍能看到学习过的特征，或者与这样的特征不同时，就会认为“这是正确答案！”“这个不对！”的现象。

这一点接近人类所说的过度偏见，原因在于使用同样的数据进行了过度学习。这样的学习，貌似精准度很高，一旦数据趋势稍有变化，精准度就会大幅降低，所以作为结果，AI 无法应对未知数据和噪声多的数据（图 4-21）。这在 AI 实用化过程中，可能会成为一个致命的缺陷。作为应对措施，人们尽管采用了训练数据的多样化、有意地学习粗略化等各种方法，但是始终无法完全规避过拟合的发生。

尊重各种意见的集成学习

为了减少偏见，人类可以采取“听取他人意见”的方法，在机器学习中也可以使用同样的方法。这种方法被称为**集成学习**，通过多个学习模型的多数表决做出判断。这如同位于机器人内部的多个 AI 一边讨论一边做出判断（图 4-22）。实际上，采用引入多个 AI 进行对话的方法，或者采用一个 AI 从各个方面观察、思考一个数据的方法都是可以的。重点在于针对一个问题引入多种思维方法、看法。

集成学习可以通过扩展模型的多样性和协商的方法论来应对机器学习所面临的各种问题。不过，与一般的学习相比，想要提高精准度往往会需要较多时间，算法也会变得越来越复杂。而且，即使使用多个 AI 进行判断，也不会消除过拟合和偏见。如果关键数据本来就有偏差的话，过拟合和偏见等问题就会发生。

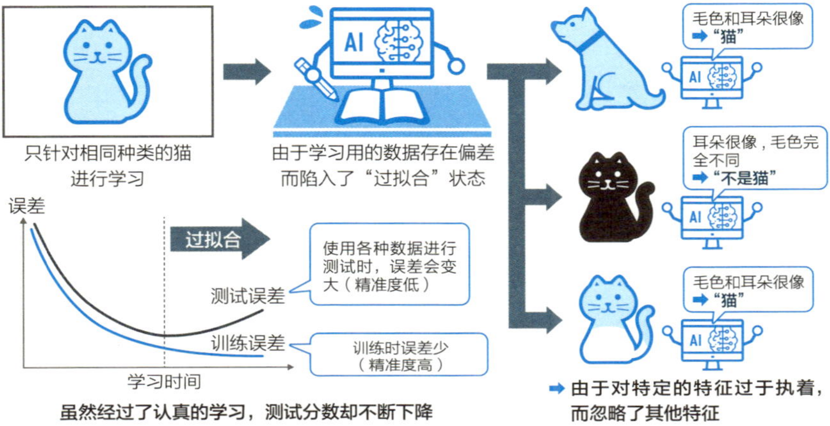

图4-21 过拟合所引起的问题

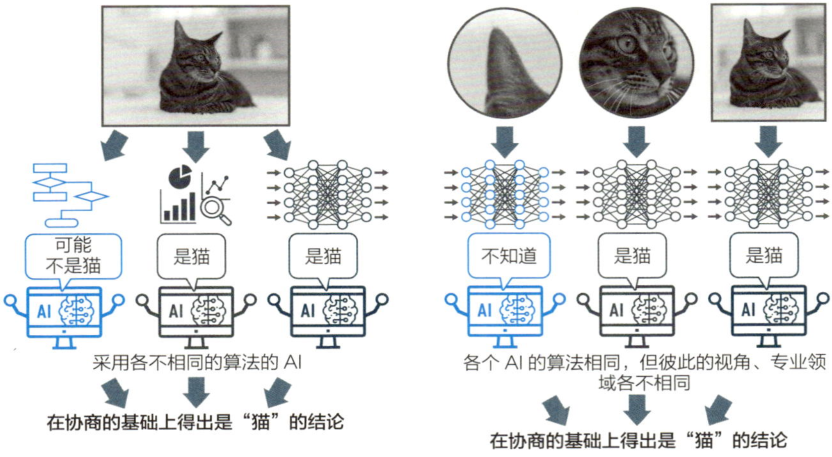

图4-22 集成学习示意图

要点

- 在机器学习中，使用存在偏差的数据、学习方法的时候，会产生过拟合。
- 在发生过拟合的时候，虽然使用训练数据可以取得好成绩，但是一到正式场合就会错误频出。
- 集成学习采用的是多个 AI 协商决定的方式。
- 要想规避过拟合，就需要引入多种多样的数据和思维方法。

试一试

尝试思考一下强化学习的结构吧

强化学习在机器学习中发挥着极其重要的作用。强化学习的基本概念与人类经常进行的试错相似，想必人们对其机制很容易做出想象，这是它的一个特征。

让我们以熟悉的游戏和体育运动为例，尝试一下对合理的奖赏设定和参数设定的思考、对强化学习的基本设计吧。尝试的重点在于奖赏和可变因素的设定。我们通过思考设定什么样的奖赏，如何调整奖赏来不断地进行试错，探索有效的强化学习的方法。

具体实例：弹珠游戏中的强化学习

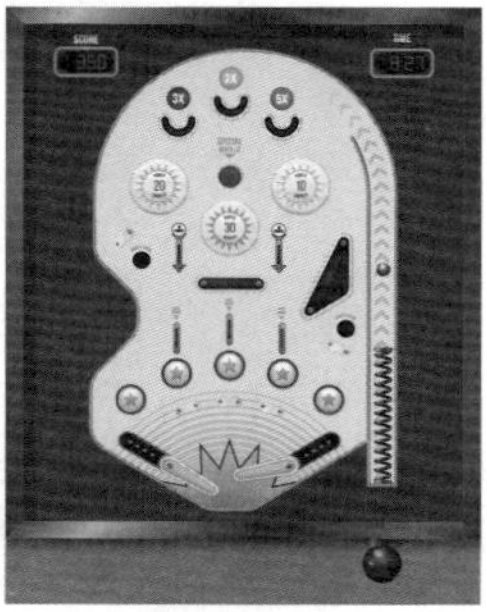

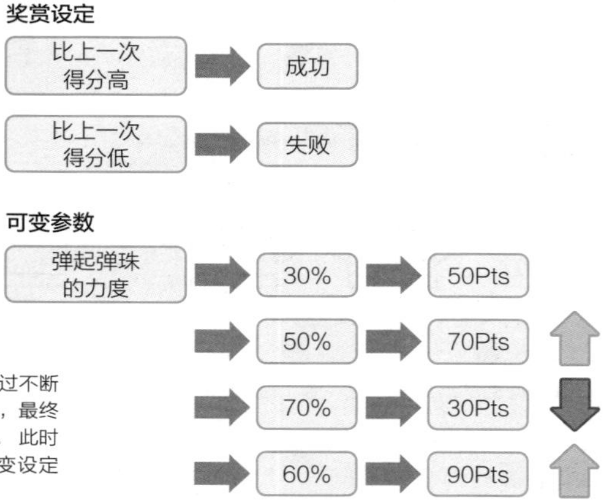

在针对弹珠游戏的强化学习中，AI 会通过不断改变弹起弹珠的力度来观察得分的变化，最终发现能够取得最高得分的力度设定方法。此时需要 AI 做的不是计算，而是细微地改变设定不断进行试错。

像弹珠游戏这样的简单游戏，因为只有一个可变因素，所以针对它的强化学习很简单。但是如果是需要进行更多操作的电视游戏、体育运动，强化学习的难度就会提高。

另外，虽然人们在自动驾驶系统中也使用了强化学习，但是这个和游戏不同，操作很简单，但奖赏设定却很难。针对什么样的驾驶才可以称之为“最佳驾驶”，想必只设定一个或两个奖赏是不够的。

第5章

深度学习

~面向新时代的高通用性机器学习~

何谓神经网络

神经网络的基础知识

深度学习（Deep Learning，DL）是神经网络中的一种学习方法。神经网络是参考人类神经细胞的工作机制开发出来的算法，**这是一种掀起了被称为“连接主义”的智能应用潮流的技术。**其特征是通过算法再现神经细胞所拥有的**神经键**的学习能力。神经键在反复传递信息的过程中，传递能力会不断增强。

在神经网络中，人们将人造神经元之间的连接部视为神经键，以**权重**数值来表示连接部的信息传递能力，通过不断调整数值的方式寻求构建最适合任务的信息传递网络，获得学习能力（图 5-1）。根据网络连接方法、结构、学习时的算法等的不同，神经网络可以分为许多种，深度学习就是其中的一种技术。

权重分配与学习能力

神经网络的学习能力完全取决于调整权重数值的**权重分配**的准确性。这个权重数值调整即使是随机进行的也可以。那是因为虽说是依靠随机调整，但只要能够无数次地随机变更数值，最终是可以得到理想的权重数值的。实际上，早期的神经网络就是随机进行权重分配的。

但是，伴随人工神经元的数量增加，加权连接的数量就会增加，找到最优权重需要花费的时间就会变得更长，如此一来，随机权重分配就变得不实用了。于是，人们开始着手开发能够提高权重分配效率的算法和公式（图 5-2）。结果，**人们开始着重选择根据任务选择最优权重的方法。**这个权重分配方法的开发相当困难，这也是导致长期以来神经网络不温不火的原因。

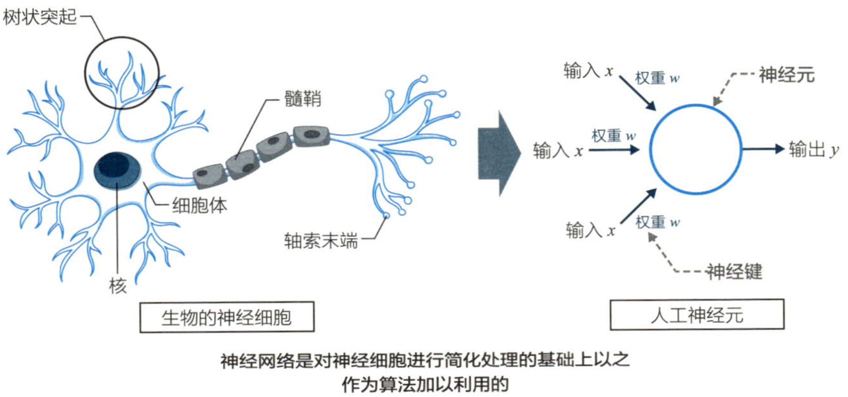

图5-1 神经细胞与人工神经元

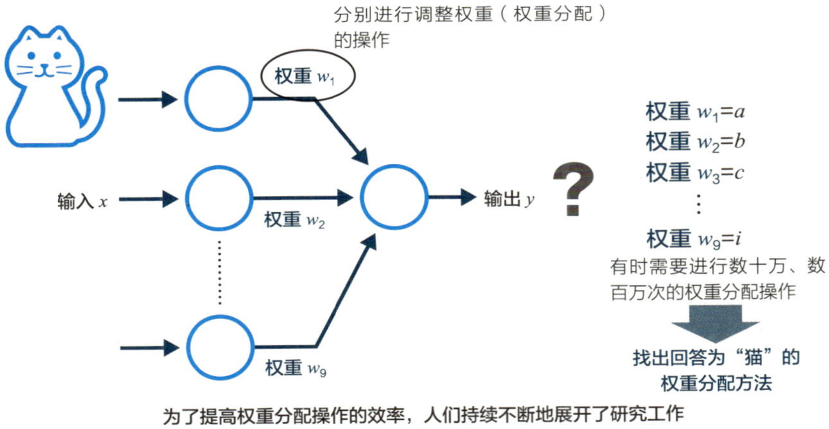

图5-2 权重分配是什么

要点

- 人们在参考神经细胞的基础上开发出了神经网络。
- 基于神经细胞的方法被称为“连接主义”。
- 人们将网络连接的强弱程度称为“权重”。
- 人们将调整权重的操作称为“权重分配”。

深度学习的途径

网络的多层化

和生物的大脑一样，神经网络复杂而巨大，可以处理各种信息。神经网络分为由用于输入数据的人工神经元排列而成的**输入层**和由用于输出答案的人工神经元排列而成的**输出层**。人们仅利用这两层就可以进行一定程度的信息处理。人们通过在这两层之间添加**中间层**（隐层），使神经网络具备了更为复杂的信息处理能力。

人们可以添加许多中间层，神经网络的分层叠加被称为**多层化**或**深层化**（图 5-3）。深度学习的叫法就是源于多层化的神经网络（深度神经网络，Deep Neural Network，DNN）。这种多层化具有非常重要的意义。通过多层化，只能理解“一条线”的网络通过层的叠加可以识别平面，通过进一步叠加可以理解立体世界。如此，随着能够进行处理的维度的增加，可以解决的问题也会大幅增加。

误差反向传播法

连接变得复杂的话，加权也会变得复杂，于是，人们开发出了**误差反向传播法**。这是为了修正神经网络给出的回答和理想答案的差异而进行加权的算法，是一种监督学习的方法。这个方法会从接近答案的输出层到问题部分的输入层依次修改权重。因为解决问题时信息会向相反的方向流动，所以这种方法被称为“逆传播”（图 5-4）。

这种方法对于三层左右的结构比较有效，随着层数的增加，接近输入层部分的错误修正效果会逐渐消失。这个问题虽说可以通过深度学习和加权算法的改良来解决，但也是导致长期以来神经网络未能取得成果的原因之一。

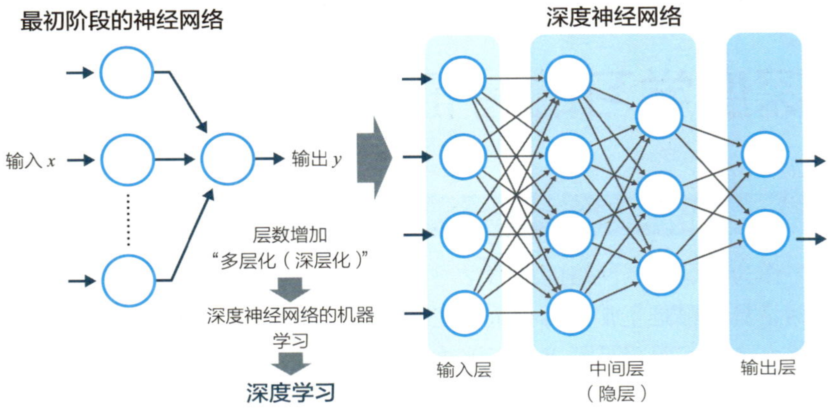

图5-3 神经网络的多层化

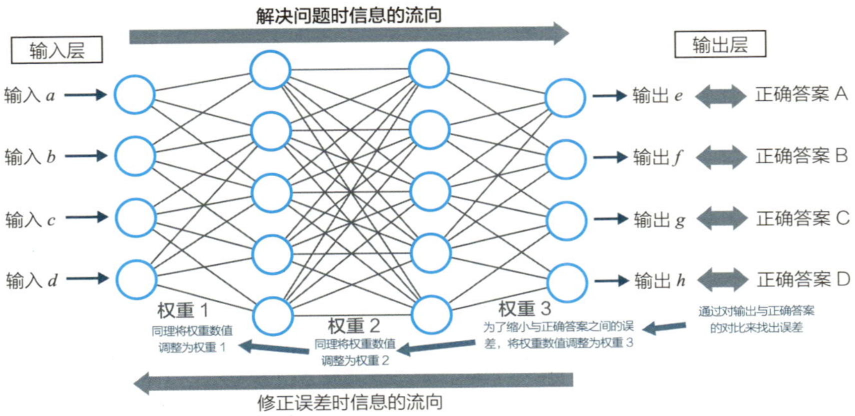

接近输出层的时候，能够做出正确的权重调整；远离输出层的时候，调整难度会提高

图5-4 误差反向传播法示意图

要点

- 人们可以通过对神经网络进行分层来提升其性能。
- 伴随层数的增加，需要加以调整的“权重”会增加，权重分配的难度会越来越高。
- 误差反向传播法是按照从输出层到输入层的顺序修正误差的。
- 针对一定程度的分层结构，误差反向传播法是有效的。

深度学习的特征提取能力

自编码器

作为多层神经网络的机器学习方法，深度学习备受瞩目。多层次神经网络具有很难正常进行权重分配，也很难用误差反向传播法修正误差的缺点。**自编码器**是可以用于解决这些问题的一种方法。自编码器是预训练的一种。具体做法是先取出多层神经网络的一部分，进行特殊学习，然后再嵌入神经网络。虽然预训练本身也是常用的方法，但是自编码器略有不同。**其做法是对取出的神经网络进行教育，使输入和输出相同**（图 5–5）。

在这种预训练中想要教给机器的是信息的特征。在自编码器中，相比输入和输出的神经元，中间层的神经元很少，所以需要对信息进行压缩处理。要想进行这种压缩处理就必须了解信息的特征（图 5–6）。

特征提取能力

在神经网络中，能够发现信息特征的特征提取能力尤为引人注目。如果用自编码器事先传授简单特征的话，多层神经网络在处理复杂的信息时就不会因为初级问题而遭遇挫折。还有，**在利用误差反向传播法修正误差时，也可以以理解了初级特征为前提进行权重分配的修正。**如此，在原本很难的多层神经网络中，采用误差反向传播法的学习也变得顺利了。

相比其他算法，深度学习的方法本身并不是什么特别高效的方法。不过，这种通过学习提取特征、分析特征来解决问题的方法的应用范围很广，对于解决以往无法解决的各种问题确实发挥了作用。

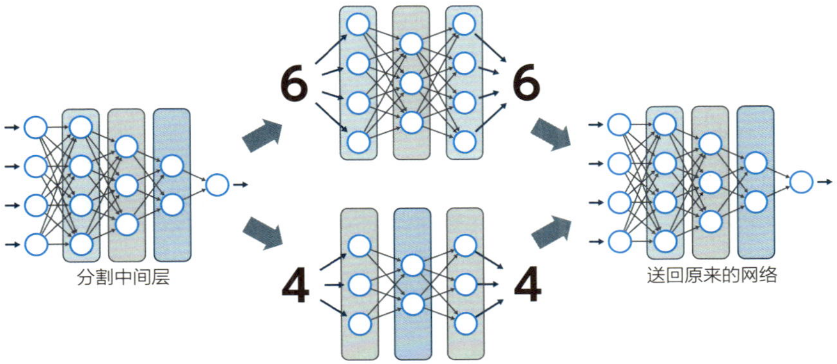

这项操作看似简单，但如果没有把握信息的特征是无法完成的

图5-5 自编码器

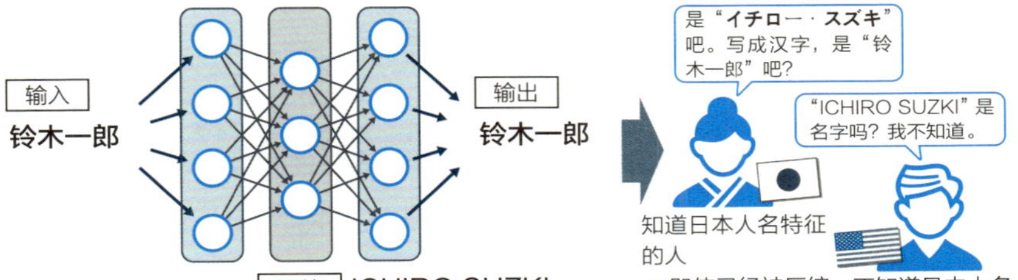

输入“铃木一郎”这个名字，进行压缩处理之后，让其复原出“铃木一郎”这个名字

针对压缩信息能够正确进行复原，说明其已经把握了其特征

“把握信息的特征”
是指仅通过特征信息就能把握信息的本质

图5-6 什么是“理解了特征”

要点

- 使用了自编码器，才能在真正意义上实现深度学习。
- 自编码器是使用相同的输入数值、输出数值的预训练方法。
- 自编码器在把握了特征之后才能对信息进行压缩。
- 具备特征提取能力是神经网络的优势所在。

擅长图像识别、语音识别的深度神经网络

卷积神经网络

在用于深度学习的多层神经网络的学习方法中，备受瞩目的神经网络是**卷积神经网络**（Convolutional Neural Network，CNN）。在卷积神经网络中，通过采用针对特征进行切分、合成的**卷积**与对信息进行简化处理的**池化**过程，可使图像的特征提取变得更为容易（图 5–7）。

卷积神经网络除了用于图像识别，还可以用于语音识别，如果使用方法得当，还可用于语言处理。因此，卷积神经网络可以说是一种通用性很强的方法。因此，针对卷积神经网络的研究开发工作非常活跃，迄今为止人们已经开发出了各种各样的派生类型。

在强调特征方面的研究开发

卷积处理可能更接近“用肖像画强调特征”的感觉。系统会熟练地提取识别对象的轮廓、色调、质感等特征，仅仅根据这些特征进行分析。对于卷积处理而言，识别对象所需要的不是真实的信息，而是“仅把握特征就足够”。但是，根据采用的特征提取方法不同，有时可能也会得到很多细节信息。虽说区分对象需要把握必要的特征，但是如果详细的信息过多，分析起来也会很麻烦。

于是，人们采用池化的方法来粗略地处理信息，使其不会被细微的不同特征所左右。通过这两种处理方法，人们只提取图像中分析、识别所需的重要特征，就可以简单地完成各种任务（图 5–8）。强调特征的分析方法在图像识别以外的领域也有用武之地。运用卷积神经网络分析卷积数据库的 GraphCNN 已经问世，并且在不断拓展应用的领域。

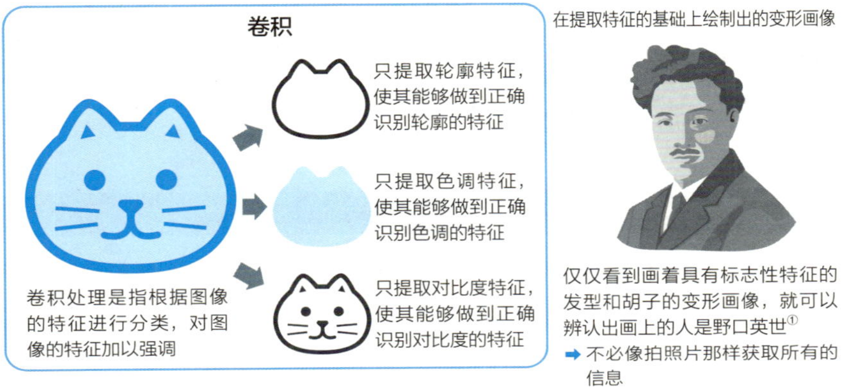

人们会针对各种特征进行卷积处理，具体会使用哪种特征取决于神经网络的学习过程

图5-7 卷积处理示意图

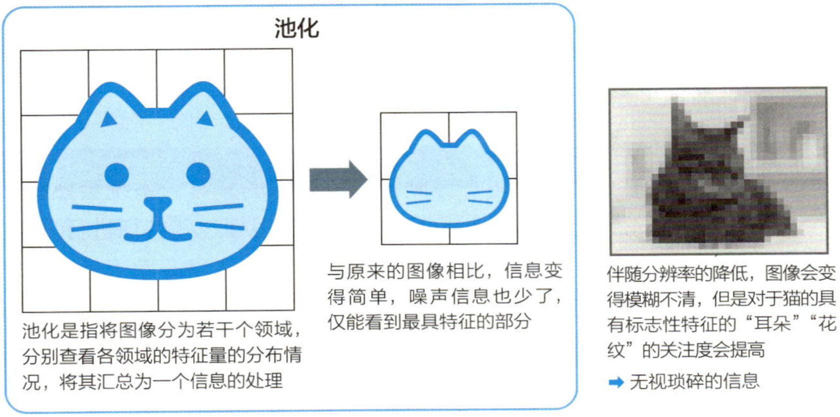

图5-8 池化示意图

要点

- 卷积神经网络擅长图像识别。
- 卷积处理能够提取信息的各种特征。
- 池化处理是一种舍弃细节信息、粗略处理信息的方法。
- 卷积神经网络专门用于捕捉信息的特征。

① 日本细菌学家、生物学家。——编者注

擅长语言处理、时间序列处理的深度神经网络

循环神经网络

循环神经网络（Recurrent Neural Network，RNN）与卷积神经网络一样是一种非常常用的神经网络。“Recurrent”具有类似“循环、环状”的含义，表示事物的结果会成为其原因，连锁地发生同样现象的状态（图 5-9）。

例如“鸡生鸡蛋，鸡蛋变成鸡再生鸡蛋”可以说就属于这种现象。但是，后生出来的鸡蛋和鸡与之前的鸡蛋和鸡并不是完全一样的。由于营养状态的不同、基因的变异，后出生的个体与之前的个体会略有不同。**循环现象或多或少包含了之后的信息在之前信息的基础上发生了变化的因素，这部分在程序中发挥着特征的作用。**

具有记忆力的网络

输出的信息每次进行循环时，信息都会发生少许变化。**变化是过去信息的痕迹，从某种意义上来说类似于记忆。**这种作用有助于处理人类的自然语言。人类的语言中有很多模棱两可的部分，根据主语、谓语、修饰语等的不同，所使用的单词的意思会不同，根据上下文，句子的意思也会发生变化。因此，仅仅采取按照语法简单地翻译单词的方法是无法做出流畅的翻译结果的。机器翻译时必须根据上下文和意思的变化做出应对。

此时，循环神经网络可以有效地发挥作用。在从前面的句子向后一个句子或者单词的阅读过程中，前面的单词和句子的信息也会在神经网络中进行循环，得到保留，神经网络会在此基础上进行处理（图 5-10）。因此，即使根据上下文，单词或句子的意思发生了变化，神经网络在一定程度上也能够做出应对。这个方法对于处理视频和音频那样的时间序列数据非常有效，目前通过与其他方法组合的形式正得到广泛使用。

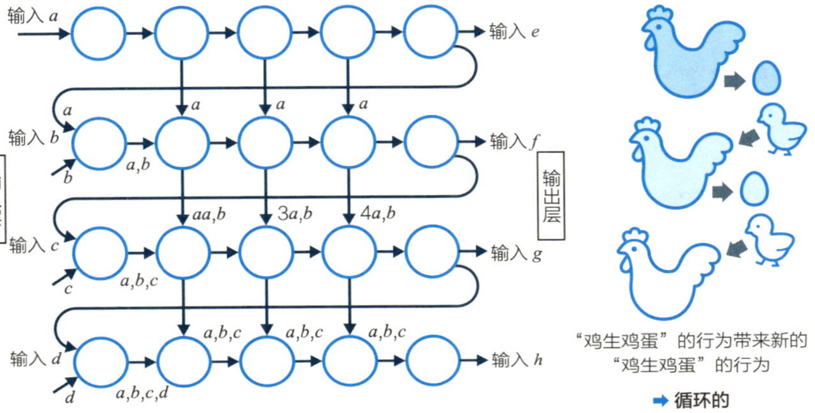

最初输入的信息反复出现，各自的状态都会略有不同。
系统会通过权重分配对这样的信息进一步做出调整

图5-9 循环神经网络示意图

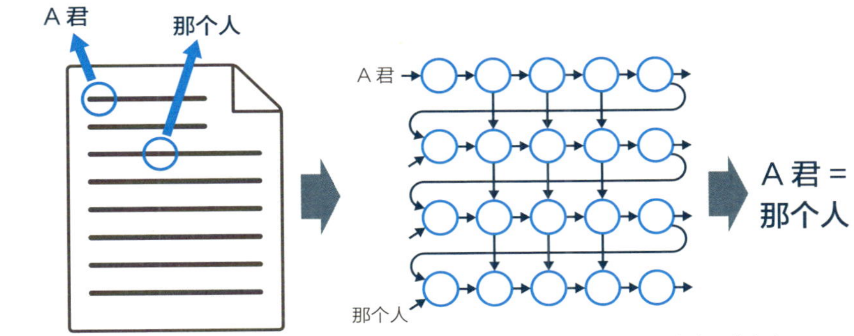

要想理解一个句子的意思，就需要把握这个句子与之前的单词、句子之间的关系

“A 君”的信息总是会留存在网络之中，与之后输入的“那个人”相关联

图5-10 擅长处理时间序列信息

要点

- 在循环神经网络中会产生信息的循环现象。
- 在循环神经系统内部循环的信息如同人类的记忆。
- 循环神经系统擅长语言、时间序列信息的处理。

循环神经网络的应用

具有很高记忆保持能力的算法

在循环神经网络的应用系统中，有一种叫作 LSTM（Long Short Term Memory）的算法。LSTM 通常被译为“长短期记忆网络”，其特征是相比一般的循环神经网络具有更高的记忆保持能力。普通的循环神经网络的记忆保持能力有限，具有会忘记重要信息等重大缺点。人们通过在 LSTM 中构建专门用于处理记忆的、具有灵活性的模块，克服了这样的缺点（图 5–11）。

目前，LSTM 广泛应用于语言处理领域，以至于在语言处理领域中，人们有时甚至用“循环神经网络”的称呼来代指 LSTM。由此可见在这个领域，LSTM 应用之广泛。

关注部分信息的 Attention

Attention 是一种经常与 LSTM 一起用于自然语言处理的方法。Attention 采用的是一种独特的方法，即不是关注整个文章，而是思考“关注文章中哪个部分”（图 5–12）。这类似于卷积神经网络的强调特征的处理方式。这种方法是基于在文章中，对于理解意思具有重要意义的部分是比较有限的思维。这种方法的做法是对词语的重要度逐一做出判定，以重要词语为中心展开语言处理。

采用 Attention 的机器翻译系统会做只关注重要部分的翻译，对于重要程度低的部分不做翻译。虽说有一些未翻译的部分，但是系统能够把握文章的含义，从整体上能够做出流畅的翻译结果。这种做法类似于人类的扫读方法。不可否认，这是一种只能得 70 分的方法，虽然不如那些取得更高成绩的做法，但是已经远远高于平均分。人们可以进一步提高 LSTM 等方法的效率，来提升平均分。这本身并不是循环神经网络，但可以说这是人们为了提高循环神经网络的平均分而经常使用的方法。

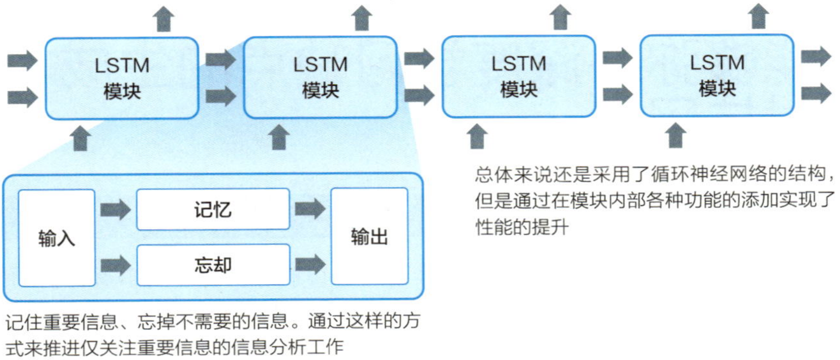

图5-11 LSTM 示意图

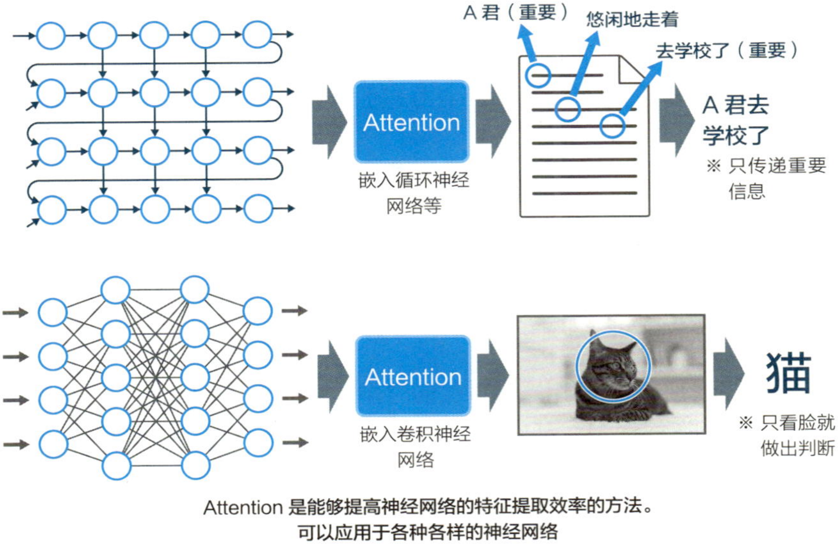

图5-12 Attention 的使用方法

要点

- LSTM 是针对记忆保持能力加以强化了的循环神经网络。
- Attention 是一种缩小关注领域的机器学习方法。
- Attention 通常是通过与其他方法相结合的方式来发挥其真正价值的。

能够弥补深度学习缺点的生成对抗网络

制作虚拟数据的课题

对于深度学习而言，大量的训练数据是必不可少的。出于这种目的，人们会使用**虚拟数据**。但是，如何制作虚拟数据呢？这成了一个课题。如果可以通过简单地生成随机数值或者针对真实数据稍作加工的方式就能得到所需的虚拟数据，那固然很好，但是有时仅仅这样做还不够，那就会比较棘手（图 5-13）。

在机器学习中，生成用于训练的虚拟数据与机器学习本身具有同等重要的意义。在许多情况下，**人们会创建一个单独的程序来制作虚拟数据，创建这样的程序是一项相当费力的工作。**

生成对抗网络

生成对抗网络（Generative Adversarial Network，GAN）是一种制作虚拟数据的方法。它由创建数据的 AI 和检测数据真实性的 AI 两部分构成。其特点是这两部分会以“学习如何创建数据”“学习如何识别假数据”为目的相互竞争，共同成长。

在人脸识别领域采用这种方法的时候，AI 会分为制作假脸的造假 AI 和检测假脸的判断 AI，其中造假 AI 会不停地制作假的人脸图像，判断 AI 会针对给出的真脸和假脸的图像持续进行识别。其中，造假 AI 试图通过参考那些未被识破的假脸的图像，努力制作更为逼真的图像。而判断 AI 也不会闲着，它会将那些未能识破的假脸的图像与真脸的图像进行比较，不断提高判断的精准度（图 5-14）。最终，这将是一场造假 AI 与判断 AI 之间的捉迷藏游戏。**如此，具有优秀的造假性能的造假 AI 将变身为出色的“虚拟数据生成 AI”。**判断 AI 也将作为可以识别假脸的 AI 在互联网上从事图像判断工作。

使用这种对抗生成网络的虚拟数据生成方式具有广泛的用途，从处理个人信息的人脸识别、医疗保健到数据稀缺的特殊工业领域，其应用的范围正不断扩大。

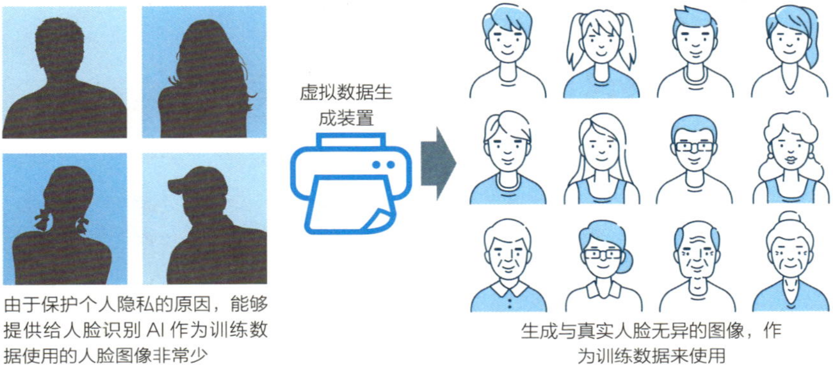

图5-13 如何制作人脸识别 AI 用的训练数据

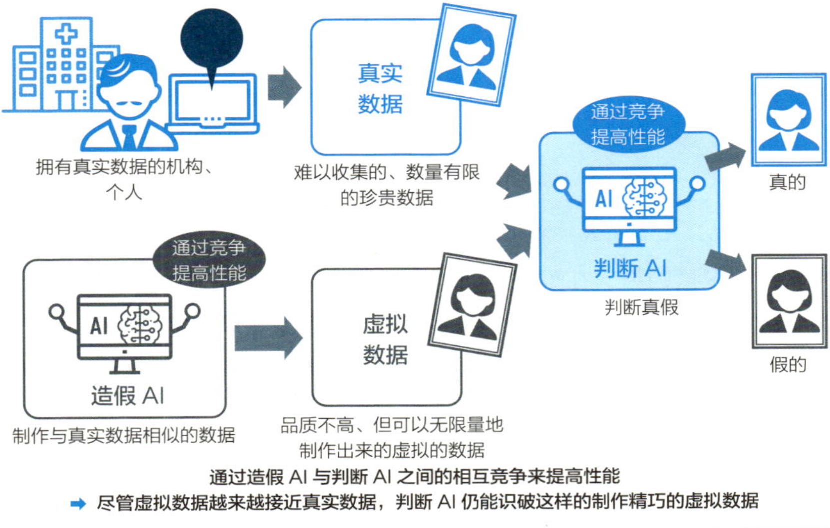

图5-14 生成对抗网络的机制

要点

- 人们会开发一款专门的程序来制作用于学习的虚拟数据。
- 生成对抗网络由负责制作假货的 AI 和负责识别假货的 AI 构成，这两个 AI 相互竞争，共同成长。
- 生成对抗网络具有非常高的通用性，用途非常广泛。

神经网络所处理的信息

用于处理多个数值的张量是什么

在神经网络中，数量庞大的数值充满网络内部。人们会用**张量**（Tensor）这一概念来表示这些数值。张量是一个数学术语，非常难以解释清楚。简单来说，张量就是指用多个数字来表示一条信息（图 5-15）。

感觉上，张量与游戏中的角色的作用没有什么不同。类似于"如果你有很强的臂力和体力，你就是战士""如果你具备很高的智力和魔法，你就是魔术师"那样，能够通过多个参数的平衡来传递一条信息是张量的特征。用于简单地表示张量的方法有**向量**（Vector）、**行列**（Matrix）。张量不指定参数的数量（维度），而向量则被指定为一维，行列被指定为二维。

处理张量的难度

由于张量的格式在世界上是通用的，即使对于内含图像、统计数据那样的庞大数量的数值的复杂信息，人们只要指定张量的参数数量（维数），确定张量的形式，就可以很方便地使用神经网络进行计算，创建相关程序。然而，张量本身是一个计算和处理起来非常麻烦的概念，没有接受过一定的数学教育的人，很难理解其内部处理机制。对于计算机而言，并行处理是必不可少的，由于并行处理并不擅长处理张量，所以在处理张量时会痛苦不堪。为了应对深度学习的处理，人们常常使用专门用于并行处理的图像处理用的 GPU 来代替常规 CPU（图 5-16）。

随着深度学习的普及与复杂化，人们开发出了专门用于处理张量的计算机和框架。与此同时，张量本身也越来越受到人们的关注。各位如果能够针对张量有一个概括的理解，想必理解我所讲述的内容就容易多了。

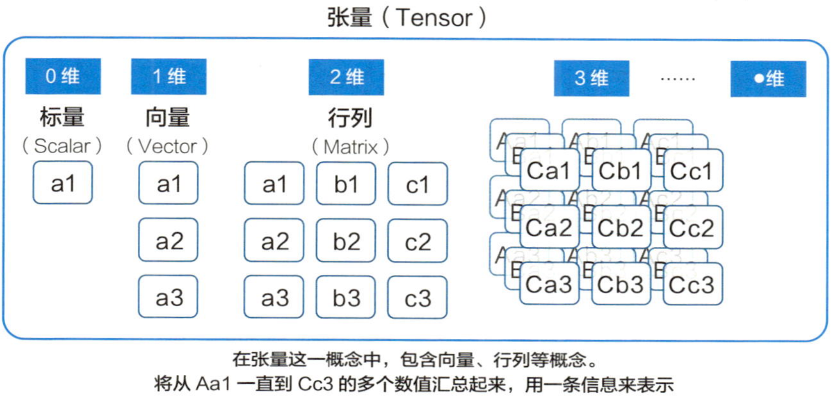

图5-15 张量是什么

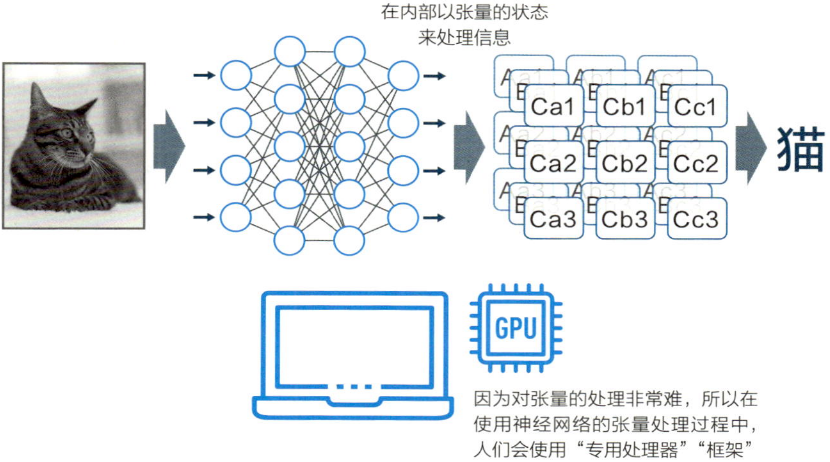

图5-16 专门用于处理张量的系统

要点

- 在深度学习中会用到张量这个信息。
- 张量是一个拥有多个维度的信息的概念。
- 张量计算非常难，需要使用专用的系统。

用数值表达语言的含义的方法

词向量的思维方式

使用张量那样的概念，用多个数值来表示一条信息的情况不仅仅存在于神经网络的内部。这是一个可以更多地用于数据处理的表层部分的思维方法。其中，名为“词向量”（Word to Vector）的方法是一种用向量来表示语言的方法。向量是张量的一种，它是张量概念中最为简单的一维表示方法，可用于表示单词和句子的参数。

这种方法也是一种强调特征的方法。在神经网络中，信息是基于具有更复杂维度的张量来处理的。但是，由于很难了解什么才是重要数值，所以人们为词语提供了更简单的向量参数，以便更容易理解词语的特征（图 5–17）。

让数值与意思一致

伴随词语的参数化，机器针对句子的理解能力不断加强。例如，如果假定国王的参数为（权力 1，男性 1），女王为（权力 1，女性 1），伊丽莎白为（女性 1）。在“国王乔治的女儿伊丽莎白被选定为他的继承人”的句子中，伊丽莎白的参数就从（女性 1）变为（权力 1，女性 1）。如果事先赋予“继承人”“女儿”（属性 1，继承 1）、（孩子 1，女性 1）等参数。设定出能够很好地处理参数的机制，我们即使不做明确说明，机器也可以做出“伊丽莎白已经成为女王”的理解（图 5–18）。

通过这种方法的运用，自然语言处理领域取得了大发展。值得一提的是，机器翻译的任务实际上已经变成了“使句子的参数更接近”的简单任务。使用词向量的时候，即使词语之间的含义只有细微差别，也能做到“参数越接近，含义越接近”，因此就不会再出现那种仅仅通过照搬字典上的意思而做出的奇怪的表达了。

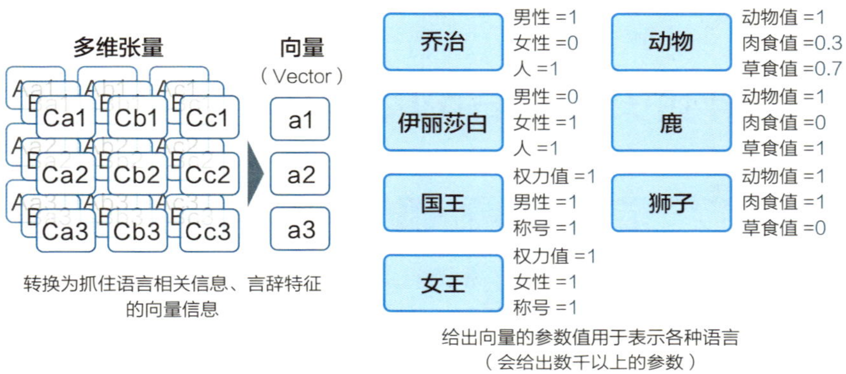

图5-17 对语言进行量化的词向量

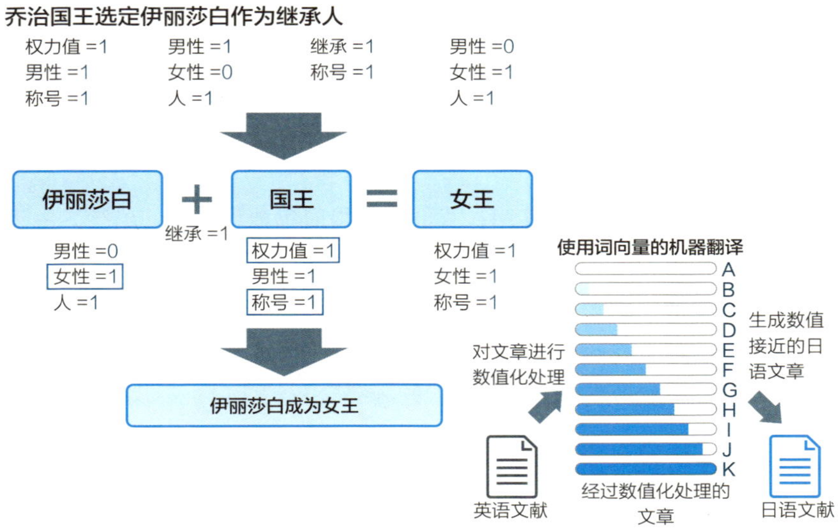

图5-18 词向量的含义理解与机器翻译

要点

- 人们可以采用词向量方法以向量的数值来表示语言。
- AI 可以通过文章数值的变化来理解文章的意思。
- 从理论的角度来说，通过使文章数值接近的方式可以得到用其他语言表示的相同意思的文章。

理解神经网络的思维

神经网络的可解释性

神经网络所处理的信息非常复杂，而且加权的参数是通过机械学习自动确定的。因此，即使是开发人员也并不理解每个数值、每个连接的含义。在某些情况下，数值可能会随机变化，偶然间出现的某个数值可能会带来很好的效果。由于这与根据经验和直觉执行任务的人没有什么不同，因此在被要求“解释一下原因”时，当然难以很好地做出解释。

人们将 AI 思维的易懂性称为**可解释性**。**对于可解释性低的 AI，由于不明白其判断的依据，难以弄清其具有可靠性或者存在缺陷的原因，所以难以被用于具有极高风险的用途。**因此，在神经网络的研究中，作为一个新的课题，创建可解释性高的 AI 已经引起了人们的关注（图 5-19）。

然而，对于基于规则的 AI，我们可以很简单地理解它的思维。由于人们向算法中添加了各种条件，在观察过程中，我们就会知道“对于这个条件，AI 会做出这样的反应”。

把握 AI 的思维

在神经网络中，对于网络反应的条件并没有逐一做出记录。目前，为了便于理解 AI 的思维，人们正在对使用“能够对网络的反应做出解释的可解释 AI”的方法展开研究。

这种可解释 AI 会在观察神经网络反应的同时检查“做出此决定时引起了什么样的信息流动”，从而找出其在网络中的作用和机制，最终根据这些信息揭示网络判断的根据（图 5-20）。可以说，可解释 AI 就是用于分析 AI 思维的 AI。可解释 AI 的工作过程就好像我们人类客观地进行自我分析的过程。

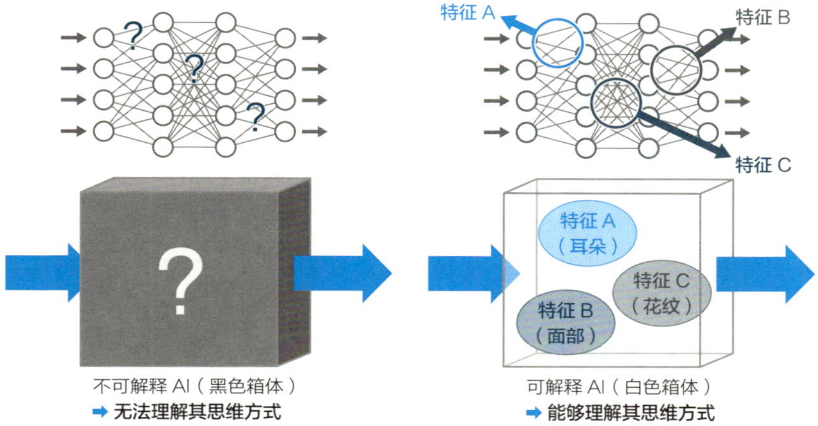

图5-19 AI 的可解释性

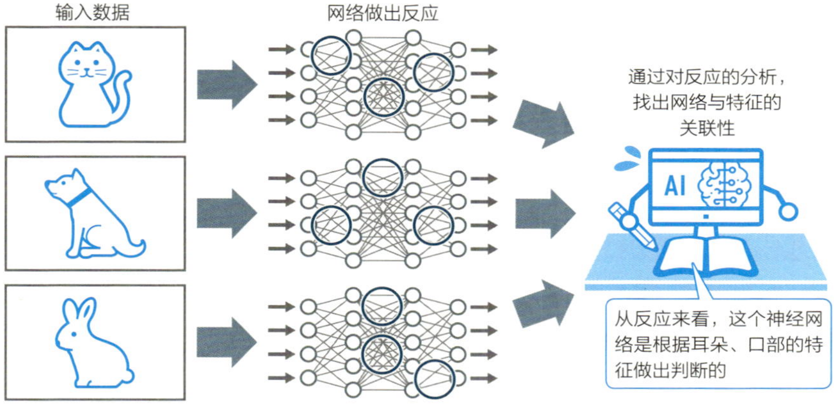

通过使用用于分析 AI 的 AI，弄清神经网络工作的依据

图5-20 能够对神经网络的思维方式做出解释的 AI

要点

- 神经网络中的思维非常难以理解。
- AI 思维的易懂性被称为“AI 的可解释性”。
- 人们为了把握神经网络的思维，正在研究开发“用于分析 AI 的 AI”。

逐步确立的深度学习的环境

平台的普及

针对深度学习，即使是让工程师从头开始学习、使用也是一件辛苦的事。如今，迁移学习和预训练在神经网络中非常流行，类似的机器学习过程应用于不同任务的情形也不少见。作为结果，各种机器学习平台相继问世，这些平台都是基于云端的，非常便于使用。

目前，主要的机器学习平台有由大型企业推出的 Google Cloud、Microsoft Azure、Amazon ML 和 IBM Watson 等。利用这些平台，人们可以使用引入的训练数据轻松地进行机器学习。此外，大型企业还提供了用于创建深度学习 AI 的 TensorFlow、PyTorch 之类的框架。人们使用这些框架，可以轻松地自行创建 AI（图 5–21）。各个政府、大学和公司也纷纷以收费、免费的方式，向人们提供用于学习的数据。可以说，个人开发 AI 的环境已经构建完成。

学习环境的普及

除了平台和框架之外，面向那些从头开始学习深度学习、机器学习的人们的学习环境也日益完备。除了书籍和个人网站外，Udemy 和 AI Academy 等在线学习服务也相继问世。如此，人们更容易把握学习方法和学习目标了（图 5–22）。然而，深度学习和机器学习技术本身发展非常迅速，以至于我们在学校获得的知识、通过资格考试复习获得的知识只能使用很短的时间。所以，奋斗在第一线的人们需要保持不断自学的态度、努力学习新技能。

尽管如此，人们利用这样的学习环境，可以获得基础知识是不言而喻的。面向负责管理工作的工程师、从事具体服务工作的人们的学习深度学习的良好环境已经构建完成。

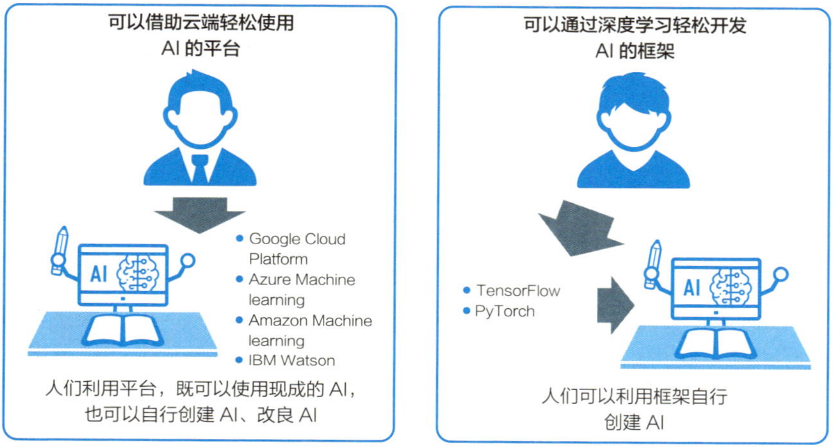

图5-21 平台与框架

图5-22 针对深度学习的学习

要点

- 人们在 AI 云端平台上，既可以运行高性能 AI，也可以开展各种开发工作。
- 人们可以利用 AI 框架开发基于深度学习的 AI。
- 人们已经能够通过利用培训服务、资格考试来获得基本的 AI 技能。

深度学习改变了机器学习的理想状态

深度学习的通用性与发展性

到目前为止，我给各位介绍的神经网络和深度学习的特性都只是基本功能而已。其所带来的高通用性才具有重要的意义。人类主要是通过视觉和听觉获得信息，通过语言进行信息交换的。**深度学习使机器拥有了处理视频、音频和语言的能力，这意味着机器现在已经具备处理人类所处理的绝大部分信息的能力。**

这正是深度学习如此备受瞩目的原因所在。由于人类大部分的信息活动都集中在图像识别、语音识别以及语言处理这三个方面，以至于有人吹捧 AI 可以取代人类。关于深度学习，之前一直都是处于针对**图像**、**语音**、**语言**单独进行处理的状态，现在终于进入了可以复杂处理的阶段。这样的 AI 被称为多模态 AI。AI 只有具备可以处理图像、语音、语言的综合处理能力之后，才有可能和人类同台竞技（图 5–23）。

未解决课题

然而，这并不意味着 AI 可以取代人类。即使 AI 可以运用眼睛、耳朵和语言，也不会拥有人类的思想。AI 即使能够看到图像，听到声音，对语言做出应对，也不能像人类那样理解事物的含义，也不会以与人类相同的方式做出反应。

虽说 AI 也拥有某种思维方式，但是其机制与人类完全不同。即使 AI 可以做和人类一样的事情，也不会以与人类相同的方式思考或者行事。如果只是简单地完成一项任务，AI 就没有必要采取与人类相同的做法。可以说，**仅仅依靠深度学习不足以创造一个从本质上可以取代人类的 AI。**深度学习确实为 AI 开发带来了突破，但这并不是最后的突破（图 5–24）。

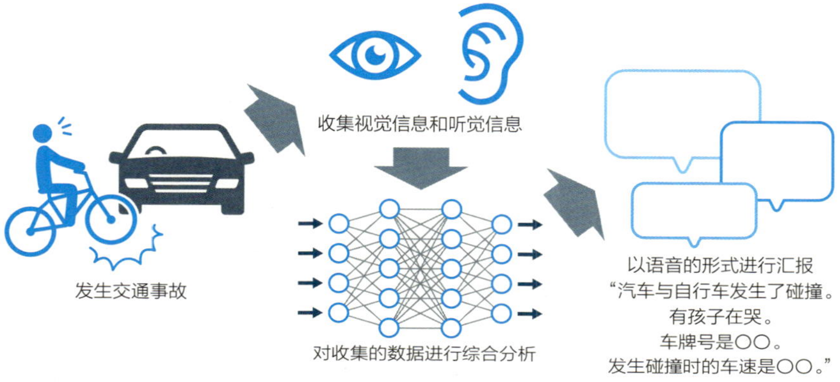

图5-23 多模态 AI

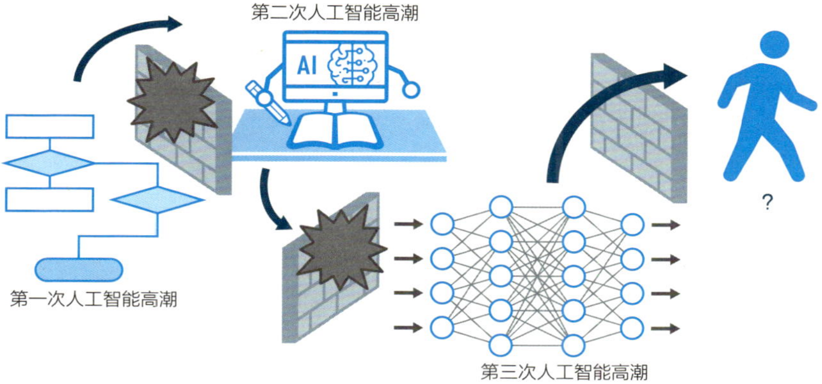

图5-24 AI 取代人类的前景如何?

要点

- 深度学习在视觉、听觉、语言等方面具备优势。
- 多模态 AI 是一种具备综合处理多种信息的能力的 AI。
- 仅仅依靠深度学习，AI 无法达到取代人类的水平。

试 一 试

尝试一下使用 AI 文章生成器吧

每年都会有采用深度学习方法的 AI 文章生成器推出。特别是伴随着基于 Attention 的 Transformer 和基于大数据的 GPT-3 的问世，用于处理语言的 AI 水平得到了显著提升。

近年来，随着 AI Berisuto 这样的日语对应模式的出现，任何人都可以简单地使用文章生成工具了。在此，让我们实际使用一下 AI 文章生成器，感受一下它高超的技术水平吧。

输入的句子	生成的句子
本书前言的第一行 伴随着深度学习的出现，人工智能（AI）迎来了第三次高潮……	**AI Berisuto 续写的句子** 人工智能的学习能力得到了显著提高，现在已经达到匹敌人类的水平。也就是说，人类迎来了“奇点”。我们要想理解这个“奇点”的含义，首先必须掌握“量子计算机”的相关知识。

我们在“本书前言的第一行”输入内容之后，AI 为我们生成了“迎来奇点之后的世界”的句子，描述的是量子计算机给世界带来的影响、奇点到来的内容。开发人员面向生成小说的场景，进行了如此的设定的。这样的生成器还没有达到商用水平。不过，通过这次尝试，想必各位已经初步了解了 AI 的使用方法了吧。

第6章

各种各样的AI及其应用

～应用技术的推广为AI与人类带来的可能性～

从图像到影像的影像识别的发展

图像识别与影像识别的差异

现实世界并不是时间处于停止状态的静止图像，而是由随时间变化而变化的影像构成的。因此，识别技术从“图像”向“影像”进化是一个理想的选择。于是，将擅长图像识别的“卷积神经网络”与擅长处理时间序列信息的“循环神经网络”相结合的影像信息识别方法问世了。其做法如同一帧一帧地制作影像时的逆向操作。首先以帧为单位将影像分解，然后添加时间序列信息，再按照时间顺序观察影像中发生的变化（图 6-1）。对影像中的变化所包含的含义进行判断的技术就是**影像识别**技术。

运用影像识别技术可以做些什么

例如，在体育运动中，人体四肢的倾斜度、位置会按照一定的规律发生变化；在交通事故中，汽车的车身、侧面会发生接触、变形。这就是影像识别所捕捉到的“变化”。

对人类来说，能够通过结合时间的概念来识别“状态变化”具有重大意义。使用影像识别，除了可以用于预测行为、动作外，还可以为“自动创建摘要”“借助监控摄像机进行自动通知”“检测故障，确定原因”“事先发现缺陷、隐患”“自动驾驶时进行情境判断”等提供帮助（图 6-2）。如果想要达到仅仅查看影像就能做出判断的水平，那不仅需要对已经出现过的现象有充分的了解，还需要足够多的影像资料。未来，需要由人先用眼睛观察再做判断的许多工作将会实现自动化。不过，与图像不同，影像展现的是一系列的动作，是一个数据，不能从其他影像中截取一些图像来充数。所以，在固定地点长时间拍摄的监控录像、体育赛事录像将会成为影像识别的主要学习材料。想必未来人们可以利用来自自动驾驶汽车、无人驾驶飞机等设备的信息进行更广泛的影像识别实践。

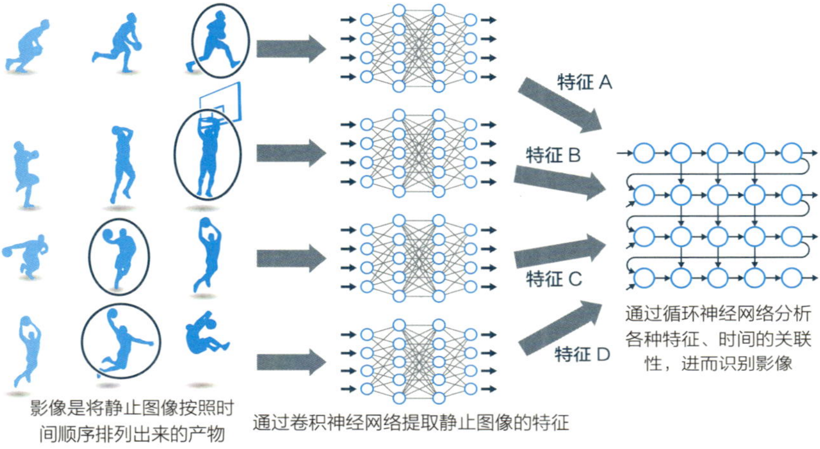

图6-1 基于深度学习的影像识别示意图

图6-2 影像识别的广泛应用

要点

- 人们通过将卷积神经网络与循环神经网络相结合的方法可以提高影像识别的精准度。
- 如果 AI 能够达到识别时间变化的水平，那么它不仅可以把握物体，还可以把握现象。
- 相比收集学习用的图像，收集学习用的影像更加困难。

AI在交流中的思维

基于规则的交流

AI 可以通过多种方式处理**自然语言**，并与人类进行交流。其中，“别人说 A 时就回答 B”是一种具有悠久历史的、至今仍被人们广泛使用的、简单的**基于规则**的通信方法（图 6-3）。

辅助 AI 用途广泛且易于开发，最先进的辅助 AI 也是基于简单的规则的。然而，由于**使用深度学习的语音识别的精准度以及利用庞大数据库的规则的规模和规则的复杂性已经无法与传统的基于规则的 AI 相提并论，**因此该方法即使在简单的情况下也可以实现高级通信功能。

基于统计的交流

除了基于规则的交流方法外，一种以机器学习为中心发展起来的**基于统计**的交流方法正在兴起。采用这种方法的 AI 针对人类的提问，会做“针对这个问题，人类会倾向于做出怎样的回答呢？”的思考。AI 会针对当听到对方说“我感觉不舒服”时，就会做出“您还好吗？”之类的对话场景进行学习。如此，AI 就可以如同人类一样做出应答（图 6-4）。这宛如模仿人类行为的猴子。AI 并不知道各种表达的含义，但可以通过与人类对话的过程充实对话模式。这是这种做法的一个好处。但是，由于 AI 什么都会学，**万一学会了歧视性的表达，它在日后的对话中也有可能发出歧视性言论。所以，人们需要构建某种禁止规则。**

相反，通过优秀的对话模式的规则化，人们可以基于统计创建基于规则的对话 AI。可以从统计的角度，提取人们常用的对话模式，如能确定这样的模式没有问题，就将其并入对话模式中，创建新规则。这样就可以轻松地增加对话模式。在当代的辅助 AI 中，人们运用了规则和统计两种方法从而实现了更人性化、更自然的交流。

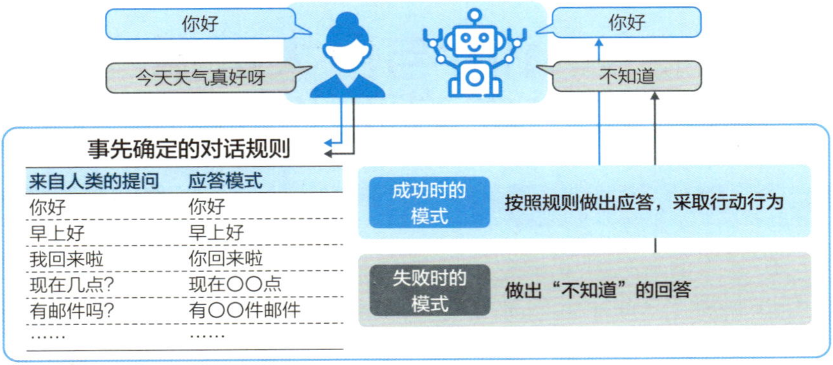

对话模式是固定的。虽然通过规则的设定 AI 有可能做出更接近人类的回答、专业的回答，但是由于增加对话模式比较困难，造成其用途上的局限性

图6-3 基于规则的概念图

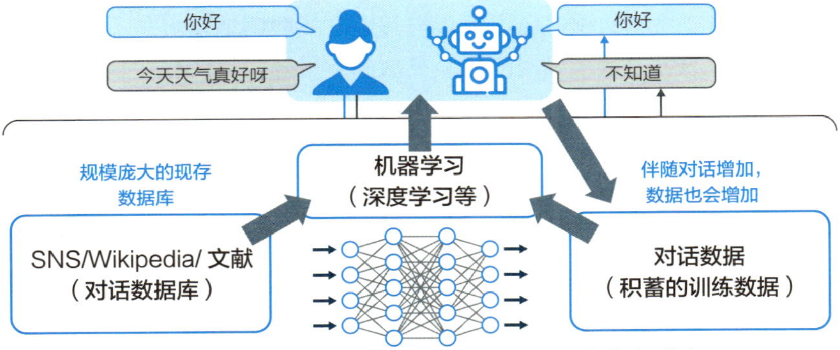

不是原封不动地使用数据库中的信息，而是自觉学习新的对话模式

图6-4 基于统计的概念图

要点

- 在对话 AI 中，既有基于规则的 AI，也有基于统计的 AI。
- 在基于规则的对话 AI 中，对话模式是固定的。
- 基于统计的对话 AI 会根据人类的对话数据学习人类的对话模式。
- 通过在区分良莠的基础上针对对话数据进行规则化处理，就可以创建出兼具两者之长的 AI。

Transformer与巨大数据库带来文章生成的变化

能够有效利用 Attention 的 Transformer 的问世

在自然语言处理领域，特别是在文章生成领域取得巨大成果的是有效利用了 Attention 的被称为 Transformer 的自然语言技术。以前，在各种用法中，Attention 一直都只是发挥辅助作用而已，但是在 Transformer 中，大部分的处理都是由 Attention 完成的。

Transformer 中几乎不使用迄今为止在自然语言处理中常用的卷积和回归处理方法，具有轻巧、高效的特点。与以往的自然语言处理工具相比，其需要的机器处理能力较少，在构建大规模系统的基础上，可以同时针对数量庞大的数据进行学习。与其说它能聪明地学习，不如说它能在短时间内通过大量学习提高成绩更准确。另外，目前它在自然语言处理以外的领域也得到了广泛应用。

利用巨大的数据库取得成果的 GPT-3

Transformer 从问世开始就在谷歌开发的 BERT 等中使用，备受瞩目，使用巨大数据库的 GPT-3 令其发挥了真正的价值。GPT-3 能够完成写报道、回答问题、写文章摘要、编码、小说写作、机器翻译、生成音乐等多种多样的任务。阅读了 GPT-3 写的报道的读者大多没有发现文章的作者其实是 AI，GPT-3 写的博客甚至能够高居博客排行榜前列（图 6-5）。实际上，它是专门生成自然文章和文本的 AI，它并不理解所生成的文章的意思，却能给人一种非常有灵性的感觉。

我们如果将报告录入系统，在文件的标题上写上“报告的摘要”，AI 就会按照我们的要求，生成出具有很强关联性的摘要。如果让 AI 对数据进行彻底分析，将具有很高关联性的句子和词语连接起来的话，就能创作出自然的文章。可以说这是一种数据分析技能已经达到登峰造极水平的 AI（图 6-6）。

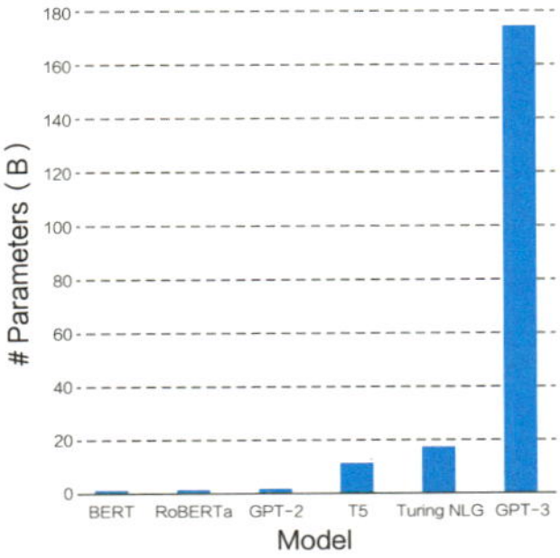

使用 Transformer 的 AI 的数据所包含的参数的数量

➡ **取得重大成功的“GPT-3”具有压倒性的规模**

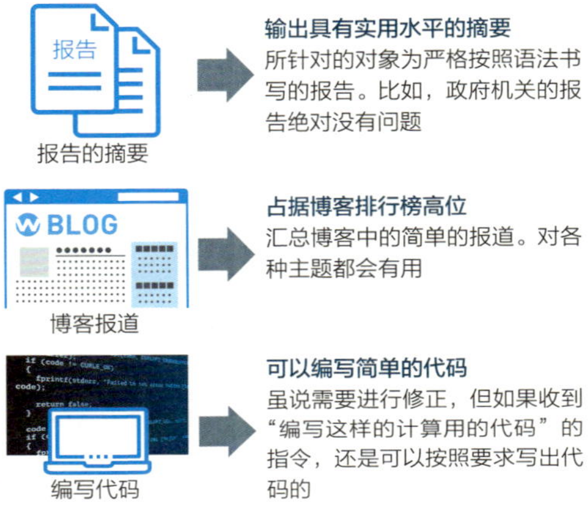

图6-5 凭借具有压倒性的参数数量取得显著成果的 GPT-3

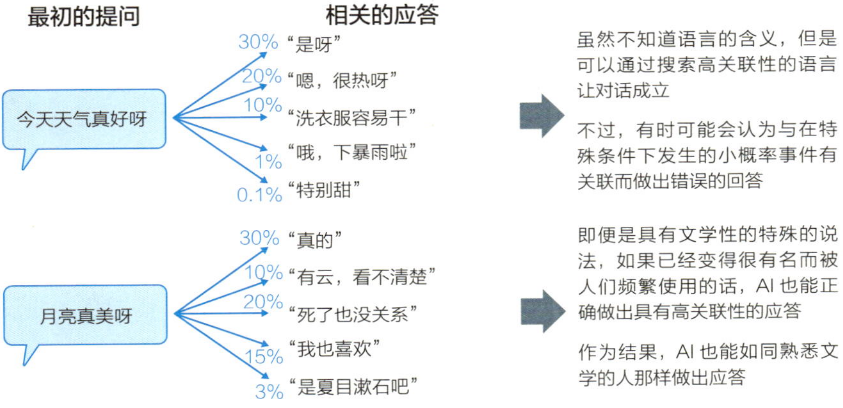

AI 文章生成器的本质在于针对提问，制作具有高关联性的内容

图6-6 自然语言处理 AI 的机制

要点

- 能够巧妙利用 Attention 的 Transformer 问世了。
- GPT-3 通过对数量庞大的数据进行学习，已经取得了显著成果。
- AI 文章生成器的特征在于输出有关联性的内容。
- 即使是优秀的 AI 也并不理解句子、词语的含义。

语音转文字技术

能够提高语音识别效果的自然语言处理

语音识别技术对于对话 AI 来说是一项非常重要的技术。然而，要想识别人类语言，仅仅捕捉人类发出的语音是不够的。这是因为人类说的话比较杂乱，声音有时会中断，有时会破音，甚至有时一个词听起来很像另一个词。然而，人类之所以能听懂语言，那是因为人类会对没能听到的语音在大脑中做补充处理。事实上，并不是所有的语音都能听得那么清楚。

此时，人们会采用**自然语言处理**技术。在运用自然语言处理技术时，AI 会从统计的角度学习人类使用的词语和句子，并在对话中学习“自然的人类语言”。通过将该技术与语音识别相结合，可以对“没能听到的语音”进行推测、补充，从而实现语音识别（图 6–7）。

语音转文字

将语音识别和自然语言处理完美结合在一起的就是将会议中人们的发言、通话等转文字、同声传译。如果只是识别简单的语音指令，并没有难度，但是如果需要将实际的对话内容完完全全地转化为文字，难度就会飙升。此时，不仅需要对没有听到的语音进行补充，还要对没有实际意义的“啊”和“哎”等词语进行替换、修改。甚至在一些语音中，如果不能正确把握其中词语、数字所处的语境就不能将语音转化为文章。同声传译的过程就是将语音转换为文字后，再对文字进行翻译。高精准度的同声传译是一项相当尖端的技术（图 6–8）。

对于需要在现场进行语音转文字的速记、同声传译等技术，连人类都很难掌握，对于 AI 而言也是具有相当难度的技术。然而，与人类不同的是，随着语音识别、自然语言处理和机器翻译等技术的精准度的提高，基于 AI 的语音转文字、同声传译的水平自然也会得到提高。目前，用于英文、中文等语音转文字的、同声传译的、已达到实用水平的 AI 已经问世。

如果将对话中听到的语音原封不动地转化为文字……可能会产生意思含混不清的句子

听到的声音	分解	推测
そおや	sooya	Souieba（如此说来）
おないだのしょりい	Onaidanosyorii	Konoaidanoshiryou（上回的资料）
ろなつた	Ronatta	Donatta（怎么样了）
あたしあ	Atashia	Watashiwa（我）
きてあせんけど	kiteasenkedo	Kiitemasenkedo（我没听说）

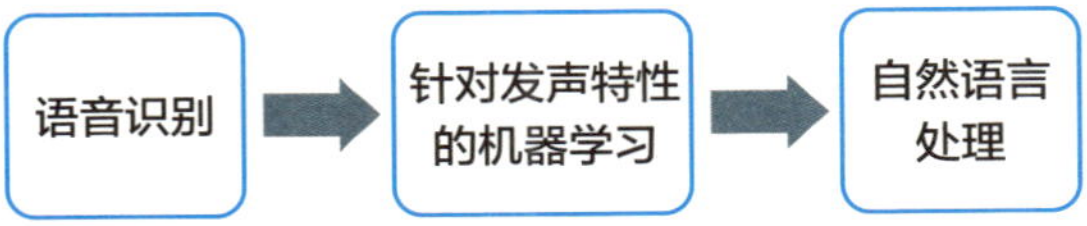

根据词语的联系、语音的特点不同，人类的语音会不同。AI 能够基于这种认知，通过自然语言处理，将语音准确地转化为书面文字

图6-7 如何将人类的语言转化为文字

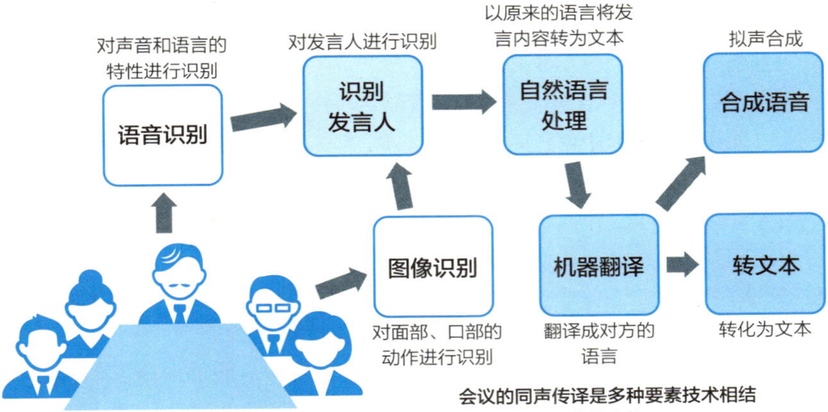

会议的同声传译是多种要素技术相结合的产物

图6-8 会议的自动翻译流程

要点

- 人类在对话的过程中，会在大脑中对缺失的语音进行补充。
- 止步于仅仅获取声音的语音识别无法理解人类的对话内容。
- 要想将对话的内容转化为文字，可以采取语音识别与自然语言处理相结合的方法。
- 会议的同声传译是多种要素技术相结合的产物。

综合影像、语音、多种信息的数据分析

能够综合处理多种信息的多模态 AI

以往，影像、语音、语言、统计等信息等都是被单独处理的，仅凭这些信息可以判断的事件是很有限的。与此不同，**多模态 AI** 是一种可以综合处理多种类型信息的 AI，具备把握更复杂的现象和概念的功能。一个很好的例子就是基于影像和语音的情境判断。如果看到一段显示一个人的嘴在动的影像时，我们只知道他是在“说着什么”，但如果加上对话的“语音信息”，我们就可以了解这个人“表达的内容”和“说话的原因”。如果再考虑一下周围的情况，我们甚至可以知道此时的状况“正常”还是“异常”（图 6–9）。

此外，多模态 AI 还可以将语言转换为影像和语音。这并不意味着找到与词语匹配的图像，而是查找、创建与句子相匹配的影像、语音。比如，AI 可以根据句子“一只黄嘴的白鸟栖息在树枝上”合成符合这种场景的图像（图 6–10）。

多模态 AI 带来的重大进步

伴随这种具备综合信息处理能力的 AI 的问世，能够对现实社会产生直接影响的自动驾驶技术、机器人技术将会取得重大进步。在互联网等数字世界中，人们不借助多模态 AI 就可以将信息以易于理解的形式分离并加以处理。然而，**在现实世界中，还是有不少难以进行分离的信息，如果没有像人类那样的五感就无法圆满完成任务的情况也并不少见。**

驾驶汽车时，人类能够从视觉和听觉上识别危险情况，可以通过嗅觉觉察到汽油泄漏等问题。如果 AI 能够做出这种类似人类的情境判断，无人驾驶飞机和步行机器人的普及将会加速。无论是搬运行李、做家务还是照顾孩子，多模态 AI 能够大显神通的领域将会进一步扩大。

图6-9 结合影像和语音的情境判断

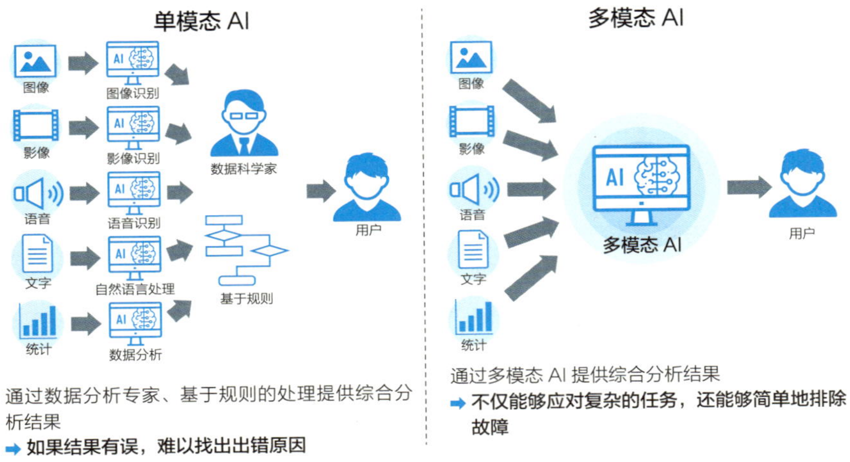

图6-10 能够综合处理信息的多模态 AI

要点

- 多模态 AI 具有综合处理多种信息的能力。
- 多模态 AI 具有高度的社会、环境理解能力，对于影像、语言不是作为单独的信息，而是作为彼此具有关联性的信息来理解的。
- 多模态 AI 的问世有可能使 AI 的信息认知水平达到接近人类的水平。

学习人类的具有创造性的手法

能够理解艺术的 AI

多模态 AI 的问世使 AI 拥有了接近人类的信息处理能力。AI 通过增强学习能力已经达到了足以应对创造性任务的水平。过去，人们一直认为 AI 难以完成这样的任务。绘画、音乐、小说等**创造性领域**即使对人类来说也都是有相当难度的领域。然而，AI 可以通过对优秀创作者的作品的学习来找出优秀作品的特征，进而在将多个作品的元素相结合的基础上利用生成对抗网络等方式进行模仿，创作出以往没有的新作品（图 6-11）。

以这种方式创作出的作品只是结合了现有作品的特点而已，并不是从零开始创作的新作品。不过，人类在创作作品时，也都会受到各种作品的启发。从这个意义来看，或许 AI 已经达到了以接近人类的创作方式来创作作品的水平了。

创造性 AI 给商务领域带来变化

创造性 AI 不仅给艺术领域，也给商业领域带来了重大影响。在商品策划、包装设计、市场营销等领域，AI 已经学会了人类的做法，能够对策划做出评价，提出建议（图 6-12）。如此一来，人类好像要面临失业问题了。事实上，人类是难以把所有创造性任务都委托给 AI 来做的。各位回想一下 AI 的搜索、翻译功能，就可以很容易地理解这一点。通常，AI 为我们呈现的结果的 90% 都很不错，但剩下的大约 10% 中总是会有一些荒谬的内容。

某些致命的误判可能发生在任何 AI 身上，并且在没有明确答案的创造性任务中这种情况会更加明显。事实上，创造绘画的 AI 有时会创造出令人毛骨悚然的作品。我们姑且可以把它看作是一种艺术，但是无法感知绘画中包含的信息。在创造性任务中，人类只有和 AI 共同合作才能真正发挥 AI 的价值。

● DeepArt

并非从零开始创作作品，而是结合现有作品创作全新作品

图6-11 通过作品要素的合成创作全新作品

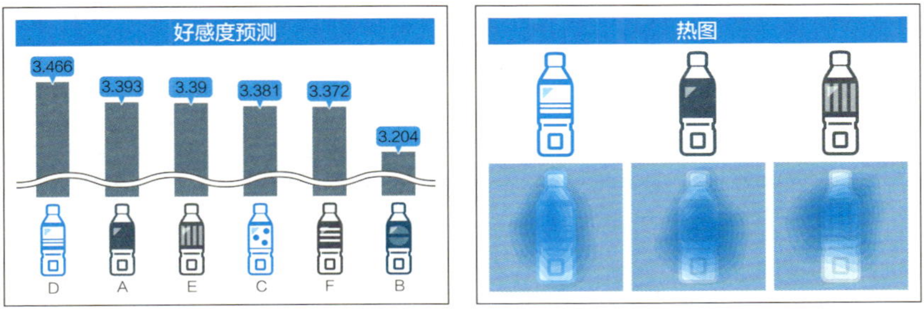

针对包装设计做出评分

➡ **AI 对优秀的设计做出评判**

对设计的视觉效果、吸引力做出评判

➡ **针对设计给用户带来的影响进行数值化处理**

如果将针对人类的感性的影响进行数值化处理，
AI 也能对设计、艺术性的优劣做出评判

图6-12 AI 针对商品的策划、设计做出评价

要点

- AI 的应用已经拓展到艺术、设计领域。
- AI 可以以现有作品为基础创作全新的作品。
- AI 能够针对设计给人类的感性带来的影响做出评价。
- 通过人类的感性与 AI 学习能力相结合来发挥 AI 真正的价值。

学习人类身体的用法

模仿人类行为的机器人

没有身体的 AI 只能在视觉和听觉等可以进行数字转换的认知领域发挥其能力。然而，如果将 AI 安装在机器人中，它也能够针对人类的**身体领域**进行学习。即使是对于灵活、复杂的手部动作，AI 也可以通过复制了人手的机器人学习人类的动作，进而做出相同的动作（图 6–13）。

机器人已经可以利用手臂做饭和做家务，在工厂代替人类工作了。如果机器人知道人类是如何使用手臂的话，人类就可以把工作委托给它们。特别是工厂那样的工作环境、工作内容相对固定的场所，机器人可以胜任与人类几乎相同的工作。然而，在工厂中使用专用的机器人时，在多数情况下，让机器人运用自己的手臂以机器人特有的动作来从事工作，效率会更高，此时模仿人类未必是最佳解决方案。

利用虚拟空间学习最优行为的机器人

如果只是让机器人模仿人类的话，人类做事的效率往往会更高，此时用机器代替人类工作并不是一件容易的事。然而，如果我们通过模仿动物的动作或者利用机器人独特的结构，机器就有可能比人类表现得更为出色（图 6–14）。当利用机器人特有的身体结构时，未必模仿生物就是正确的选择。此时，强化学习和虚拟空间就有了用武之地。强化学习是通过反复试错进行学习的，但拥有身体的机器人不能像 AI 那样轻松地进行数万次的试验。

因此，我们可以模仿现实世界构建一个虚拟空间，让机器人在虚拟空间中学习机器人的各种使用身体的方法。首先，作为基础，让机器人学习人类和动物的方法，然后让它学习适合机器人身体结构的使用方法。如此，通过学习完成积累的机器人可以通过与人类和动物略有不同的身体用法，展现出超越人类和动物的良好表现。

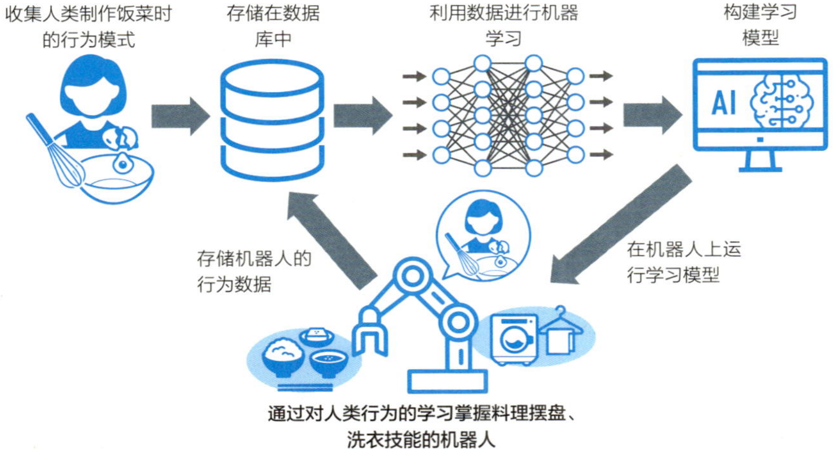

图6-13 学习执行人类任务的机器人

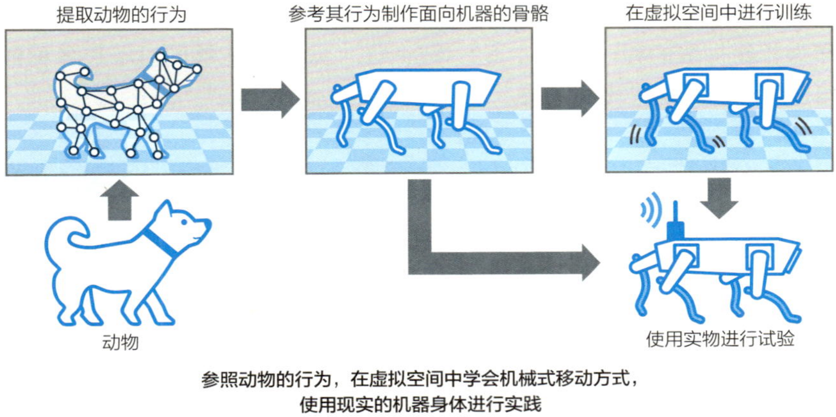

图6-14 参照生物学会机器自己的行为方式的机器人

要点

- 单个 AI 只能处理影像、语音、文本之类的数据。
- 通过将 AI 嵌入机器人中，可以让机器人在现实世界中做出各种行为。
- 让 AI 学习人类、动物的行为方式，在机器人中进行实践。
- 人类可以通过将 AI 嵌入机器之中，拓展 AI 的应用范围。

平台化的AI

服务器的集中管理

AI 技术本身是非常复杂的尖端技术，因此，即使是拥有优秀工程师的信息技术公司要从零开始开发 AI 也并不容易。能够处理对于机器学习而言必不可少的大规模数据的公司相当有限。此外，即使人们开发出了 AI，也需要不断学习和调整以提高其性能。为此，人们在将 AI 提供给顾客之后，还必须收集 AI 的运行数据。于是，在云端运行的**云端 AI** 就应运而生了（图 6–15）。

由于云端 AI 运行于拥有充足数据的云端，因此不需要用户大规模地提供数据。由于用户是在云端使用 AI，提供方当场就能获得运行数据。作为相比一般的程序更为注重数据的 AI，云端 AI 能够同时解决各种问题，堪称一种划时代的方法。

成长为巨大平台的 AI

随着云端 AI 的广泛应用，与利用 AI 服务相关的数据库将会连接云端 AI，变成一个巨大的平台。如果云端 AI 成了一个巨大的平台，用户数量和数据规模也会变得巨大，**积累了学习能力的 AI 的性能将达到无与伦比的水平**（图 6–16）。

AI 的性能越高，用户数量就会越多，能够收集到的数据也会越多，AI 性能会得到进一步提高。如此就能形成一个良性循环。未来，在 AI 市场，构建了如此巨大平台的企业将会拥有强大的影响力，发挥主导作用。然而，这未必意味着 AI 就会丧失多样性。从中小型企业到个人，各种用户能够利用大企业提供的 AI 服务，定制、使用符合自己的需求的 AI。AI 的应用将会变得廉价且便捷，作为结果，AI 将会实现进一步的商品化。

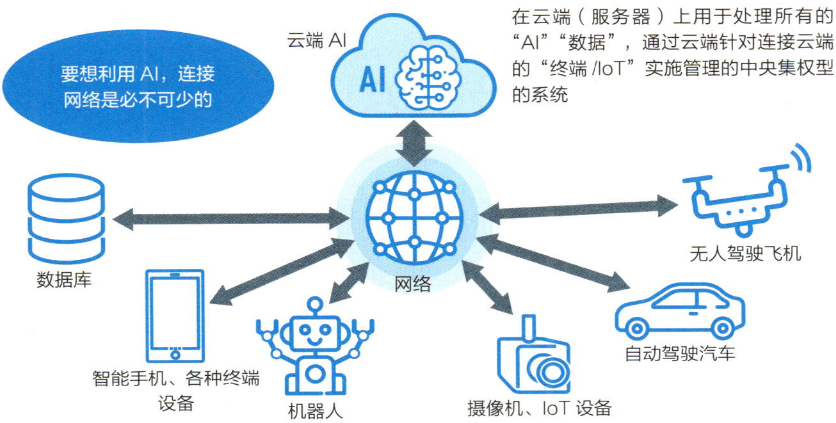

图6-15 中央集权型云端 AI

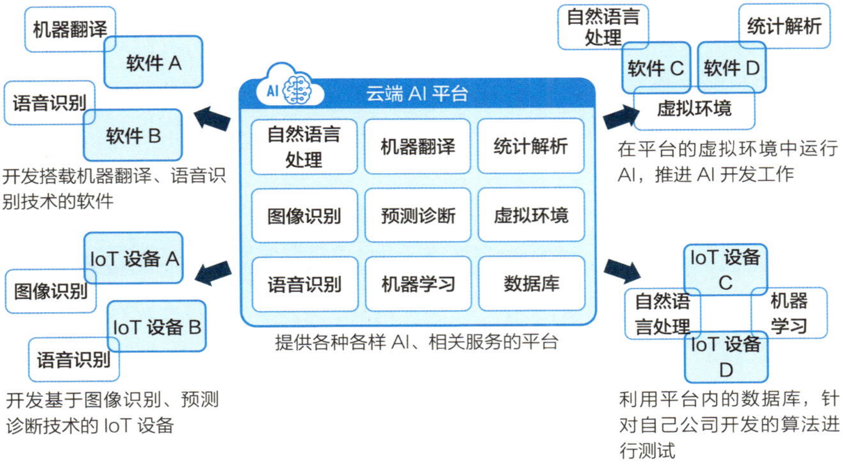

图6-16 立足于云端 AI 的 AI 应用程序

要点

- 云端 AI 可以在服务器上处理所有的数据。
- 在云端，AI 运营商能够收集更多数据，用户能够以低成本使用 AI。
- 巨大规模的云端 AI 发挥着平台的作用，这样的 AI 可以降低使用 AI 的门槛，有利于促进 AI 的商业化。

不断得到普及的AI

从服务器到终端（边缘）

随着云端 AI 的普及、AI 的广泛使用，服务器和网络所承受的负担加重，这也导致 AI 运行不稳定问题的发生。为了避免这种情况的发生，作为AI的新用法，人们开发出了**边缘 AI**。边缘AI是一种“分布式计算”的方法。采用这种方法时，AI 并不搭载于云端而是搭载于终端一侧进行信息处理。这样做能够分散数据处理的负担（图 6–17）。搭载在监控摄像机、工业用机器人、智能手机等设备上的 AI 无须通过网络就可以现场进行数据分析。

此外，由于只有小型处理设备的边缘 AI 的处理能力有限，因此在多数情况下，它会与云端 AI 配合，将分析结果、收集到的部分数据传输到云端 AI。云端 AI 将基于综合分析和学习的反馈返回给边缘 AI，并用于提升边缘 AI 的性能。

伴随网络的革新，潜力在不断扩大

边缘 AI 的优势在于高速、安全、可靠。由于它不通过互联网，因此不依赖线路环境，可以在保持高度的可靠性的同时进行无延迟的高速处理。此外，由于负担已被分散，所以它具有稳定性。由于信息处理仅在边缘端进行，所以它在安全保障方面具有安全性。这一优势与可以在边缘端进行数据处理的下一代网络既有高度的兼容性，又将 5G 和边缘 AI 相结合，几乎可以实现信息的实时处理。此外，无人驾驶飞机、自动驾驶汽车和工业机器人的性能大幅提升也是可期的。

此外，由于边缘 AI 是一种终端技术，不太容易受到巨大平台的影响。因此具有硬件优势的公司还有展示自己优势的机会，边缘 AI 的多样性、可扩展性值得我们关注。与已经处于寡占状态的云端 AI 平台相比，各个行业都有不同需求的边缘 AI 市场还存在竞争的余地（图 6–18）。

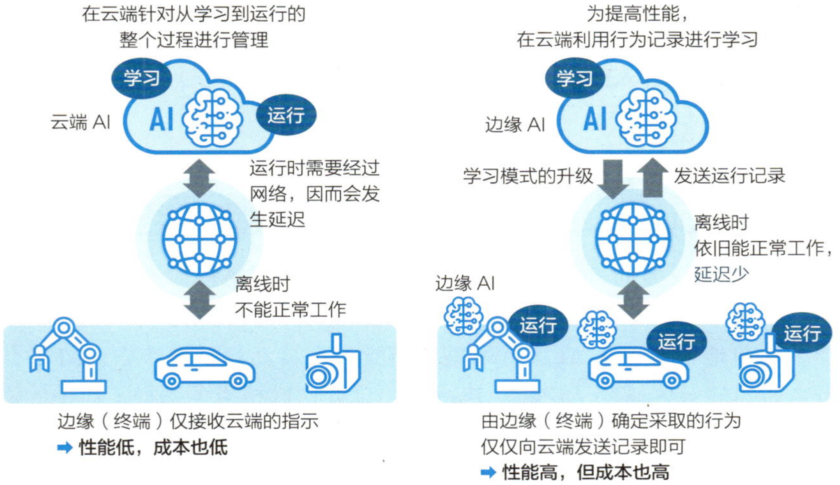

图6-17 能够分散负担的边缘 AI

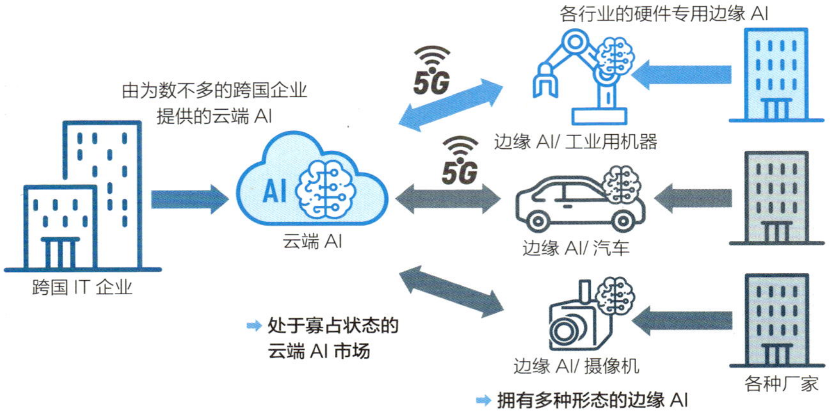

图6-18 边缘 AI 市场的多样性

要点

- 相比云端 AI，边缘 AI 能够分散服务器的负担。
- 如果利用 5G 那样的高速通信技术，在边缘端进行处理，就可以实现高速、低延迟的 AI 处理。
- 针对各种硬件的优化处理可以催生多样性。

执行给定的任务①：自动驾驶汽车的感知

从 AI 的情境感知到执行

AI 执行任务的方法堪称多种多样，我们要想掌握所有方法绝非易事。不过，我们可以通过观察在现实世界中 AI 执行驾驶、操纵任务的情形，简单地了解一下 AI 运行的整体感觉。在自动驾驶汽车中，AI 的任务大致可以分为**感知**、**决策**、**执行**三个过程。这相当于编程工作中的输入、处理、输出；就人类而言，这相当于认知、决策、操作（图 6–19）。

这三个过程之间并没有清晰的界线，它们彼此交织在一起，大任务的感知过程又会包括各种小任务。无论有多少小任务，都必须经过感知、决策、执行三个过程。如果能理解这三个过程，想必我们就能比较容易地掌握 AI 执行任务的整体感觉了。

“感知”是一切的开始

在自动驾驶过程中，基于图像识别、语音识别等技术的感知（识别）过程非常重要。自动驾驶汽车会使用视觉影像、雷达、声呐和全球定位系统（GPS）来识别周围环境，通过对统计数据的分类、收集来执行数据分析等预测任务（图 6–20）。目前，识别是 AI 的擅长领域。AI 通过深度学习和针对统计数据的分析，更容易准确识别给定的信息。需要人类执行的任务中的识别环节的工作，AI 大多都可以胜任。

AI 能够识别的信息的数量、丰富程度是人类无法比拟的。在自动驾驶汽车中，AI 不仅可以通过使用安装在自己车辆中的多种类型的传感器，还可以通过使用其他车辆、道路上的传感器获得信息进行情境感知。汽车上的边缘 AI 会不断向云端 AI 发送信息并共享云端 AI 收集的信息，如此自动驾驶汽车就可以立刻感知周围所有车辆的车速与位置、行人与道路的状况。

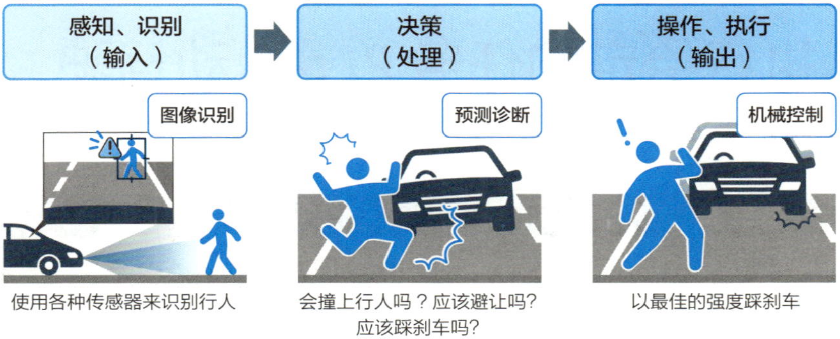

图6-19 自动驾驶必须具备的三种功能：感知、决策、执行

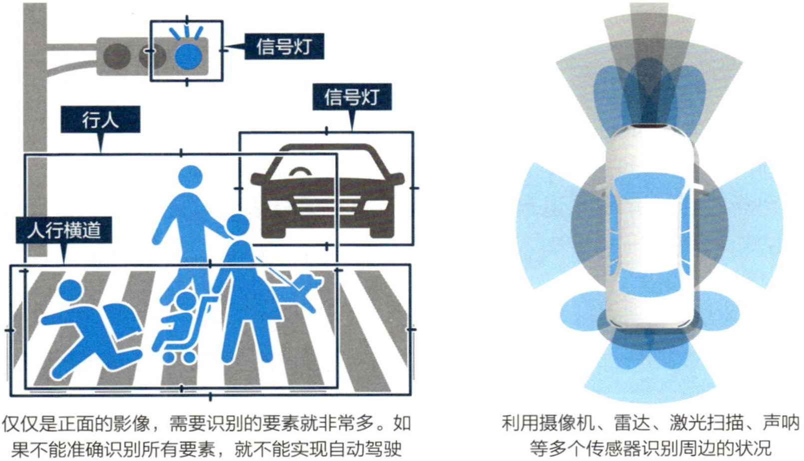

图6-20 自动驾驶汽车的情境感知

要点

- 自动驾驶汽车的任务分为感知、决策、执行三种。
- 执行任务的过程就是类似的过程不断重复的过程。
- 在自动驾驶汽车上，除了图像识别技术外，还有无数个传感器支撑着情境感知功能。
- 边缘 AI 的搭载有助于自动驾驶汽车安全性的进一步提升。

执行给定的任务②：自动驾驶汽车的决策与操作

根据获得的信息对状况、行为做出“判断”

在许多情况下，AI 的任务只是“识别”而已，当它识别出“这是○○”的时候，任务就结束了。然而，对于自动驾驶汽车这样的肩负着复杂任务的 AI 来说，情况并非如此，它需要使用已经获得的信息做出“目前情况如何”“应该如何应对”之类的判断。人们会使用基于规则的各种决策方法、基于经验的机器学习等方法来做出决策，并**构建判断标准**。

这种“判断”对于 AI 来说是最为困难的。即使它能够识别行人和信号灯的信息，也很难对车辆应该如何行驶，周围条件会如何变化等问题做出判断（图 6–21）。其实，这种判断对于人类来说都是很困难的。AI 做出判断之后，并不知道自己的判断所带来的结果是好还是坏，只有通过测试和模拟，针对规则、学习算法和数据进行调整，才能做出更为合理的判断。

根据做出的判断，“执行”任务

一旦人们知道应做的事情、自己所处的状况，剩下的就是采取行动了。对于自动驾驶汽车而言，那就是操作方向盘、油门、发出各种信号。但是，根据路面情况不同，恰当的方向盘操作方式、踩踏油门的力度也会不同。因此，在驾驶车辆的过程中，需要通过“感知、决策”的过程来确定操作是否符合预期，“感知、决策”的过程就会不断得到重复（图 6–22）。

对于无人驾驶飞机和工业用机器人而言，需要根据情况进行非常精细的操作。为此，人们会在这些设备中嵌入基于规则的或者基于状态的，能够快速、准确地输出数据的程序，用于对推力和压力进行调整。搭载于汽车以外的设备上的 AI，在任务“执行”过程中，会进行相比识别、判断略微简单的信息传递、显示、索要等处理。

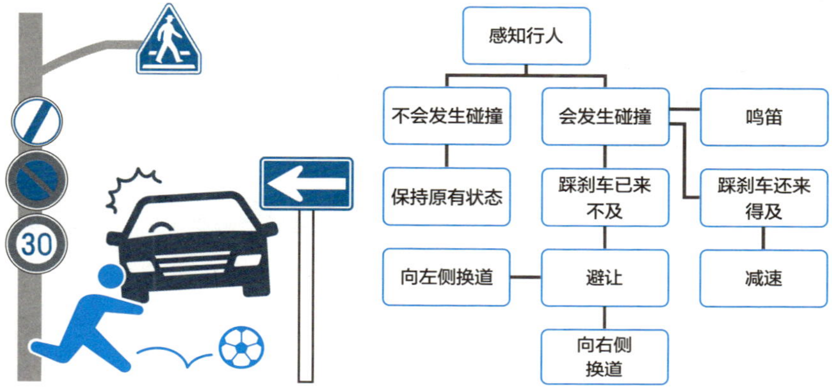

对于标识、行人的识别不是什么高难度的任务
在准确识别标识之后，结合标识、行人的状况做出合理的决策具有一定难度
➡ **或是指定结合各种状况的基于规则的决策标准，或是通过机器学习让 AI 学习合理的决策方法**

图6-21 自动驾驶的难点在于“决策”

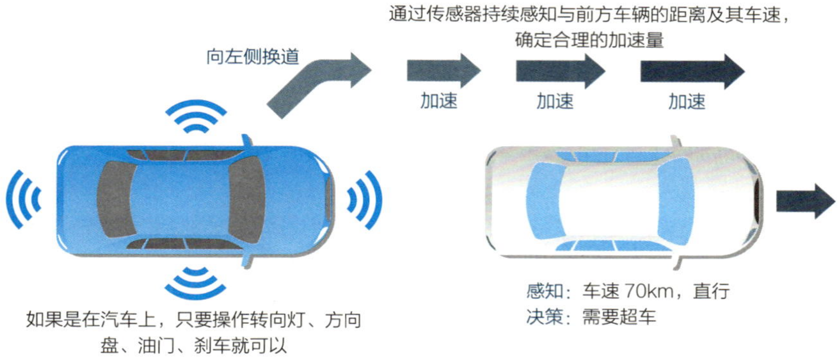

图6-22 感知、决策、执行的示意图

要点

- 在自动驾驶过程中，难度最高的环节就是“决策”。
- AI 会通过决策算法、机器学习来学习决策标准。
- 在多数情况下，决策之后的“执行”过程会比较简单。
- 简单的任务是基于规则、基于状态来完成的。

对AI的进步与发展起到促进作用的游戏AI

游戏 AI 在 AI 研究中发挥的作用

当名为 AlphaGo 的围棋 AI 击败世界冠军时，深度学习的优异性能开始为公众所熟知。在那之前，人们虽然知道 AI 在图像识别方面取得了成功，但是对其重要性并没有什么认知。在国际象棋、智力竞赛等涉及 AI 与人类对抗的游戏中，人们比较容易将 AI 与人类进行比较。于是，“有能力的人类输给了 AI”的耸人听闻的消息一下子席卷了各种媒体（图 6–23）。

然而，宣传报道并不是游戏 AI 的唯一目的。机器学习理论具有“除非尝试让机器进行学习，否则无法了解其优劣”的缺点。在许多情况下，人们会遭遇“让机器学习什么，以什么方式学习”的问题。不过，在游戏的世界中，AI 可以在理想的环境中使用数据进行学习。因此，游戏的世界非常适合进行各种新的机器学习、AI 理论的测试。可以毫不夸张地说，最尖端的 AI 理论都是在游戏和模拟的世界中研究出来的。

如何将游戏 AI 应用于现实世界

在**游戏**和**模拟**中被认为有效的 AI，未必一定适合现实世界。那是因为在现实世界中存在太多的不确定性。此外，我们还不得不考虑错误（bug）和失误以及恶意攻击给现实世界造成的损害。即使一些 AI 在现实世界中呈现出了比人类更好的效果，只要存在责任模糊、脆弱等缺点，其还是无法得到应用。

即便如此，来自自动驾驶汽车、无人驾驶飞机和监控摄像机的影像还是通过游戏和模拟被传递到现实世界之中。虽然游戏的算法不能照搬，但是人们可以通过游戏证明新方法的有效性，也可以将其用于游戏内的“预训练”。这是将其应用于现实世界之前的一个必要的过程。虽然 AI 在游戏和模拟中展现的结果属于在虚拟空间中的结果，但是可以说对于预测未来 AI 的发展趋势而言，游戏 AI 是必不可少的（图 6–24）。

AI 名称	开发者	对战对手及结果
DeepBlue	IBM	**国际象棋的世界冠军** IBM 开发的 DeepBlue 战胜了国际象棋的世界冠军
Watson	IBM	**电视智力竞赛节目“Jeopardy！”（危险边缘）** IBM 开发的 Watson 在电视智力竞赛节目 “Jeopardy！”中战胜了人类
AlphaGo	谷歌	**顶尖围棋选手** 谷歌开发的 AlphaGo 战胜顶尖围棋选手

➡ AI 的进步为世人所知的瞬间，总有游戏 AI 的参与

图6-23 作为展示 AI 进步的晴雨表的游戏 AI

人们针对在有许多汽车行驶的道路上自动驾驶汽车的程序的运行状况进行模拟

人们使用类似游戏的模拟器，针对辅助驾驶 AI 如何通过对人类驾驶的干预实现安全驾驶进行测试

人们可以通过向汽车中的各种传感器提供模仿人类、障碍物的模拟信号，检测传感器和 AI 做出的反应

➡ 所有 AI 都是在游戏那样的虚拟空间中经过充分的测试之后才进入现实世界中的测试阶段的

图6-24 使用模拟器测试 AI

要点

- 游戏 AI 促进了世人对 AI 进步的广泛认知。
- 游戏等虚拟空间是用于测试 AI 的最佳场所。
- 人们会利用游戏、模拟器进行最尖端的理论构建、研究。
- 游戏 AI 是确认 AI 进步的晴雨表。

根据可视信息而改变的战略

所有信息都处于公开状态的完全信息游戏

对于游戏 AI 而言，区分**完全信息游戏**和**不完全信息游戏**具有重要意义。完全信息游戏是指自己和他人的所有的牌、可以做出的选择都已明确的游戏，如围棋和国际象棋等对于可以做出的选项和棋子不进行遮挡的棋盘游戏都属于这类游戏（图 6–25）。由于所有的可能性都是显而易见的，因此理论上可以通过对所有招数的搜索找出“最优选择”。不过，在围棋和日本象棋中可以做出的选项太多，即便是用机器也无法进行彻底地搜索。

此时人们会使用采取“战术预测”和“棋盘分析”等数据分析方法的 AI，这样的 AI 能够从统计的角度对局面是否对自己有利，对手所采用的招数对自己有利还是不利进行研究。深度学习非常擅长这种统计分析，从很早的时候就开始显示出了它的优势。

存在不确定因素的不完全信息游戏

与完全信息游戏不同，不完全信息游戏是存在牌被隐藏起来的不确定因素的游戏，人们在这种游戏中的输赢在某种程度上与运气有关。大多数的麻将、扑克、数字游戏都属于这种游戏（图 6–26）。此外，汽车驾驶等人们在现实世界中的活动也可以被看作是为达成某种目的的不完全信息游戏。对于游戏 AI 而言，不完全信息游戏是一个它不擅长的领域。即便如此，在这里，机器学习的基于统计的方法还是可以发挥作用的。事实上，超越麻将和扑克专业人士的游戏 AI 已经出现，并且正在不断克服其弱点。

为了促进这些游戏 AI 实现目标，人们让其使用深度强化学习和逆强化学习的方法，学习人类的思维和心理学。在学习过程中，通过从麻将中的弃牌、扑克中的投注倾向和对手的心理、经济学中的资金动向等无数个元素中选择关注点的做法，使游戏 AI 已经达到了在不完全信息游戏中也能发挥其优势的水平。

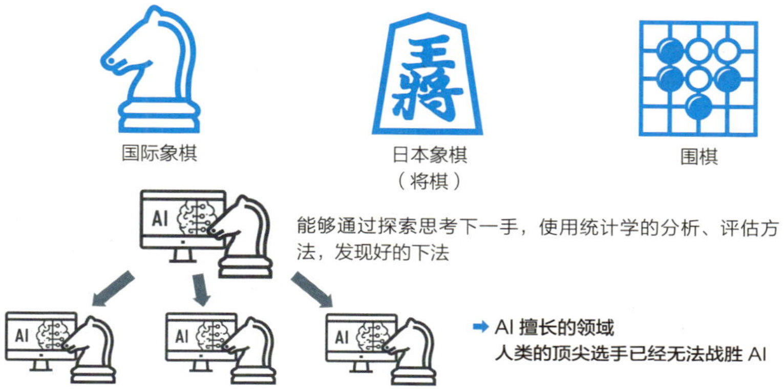

图6-25 完全信息游戏的特征

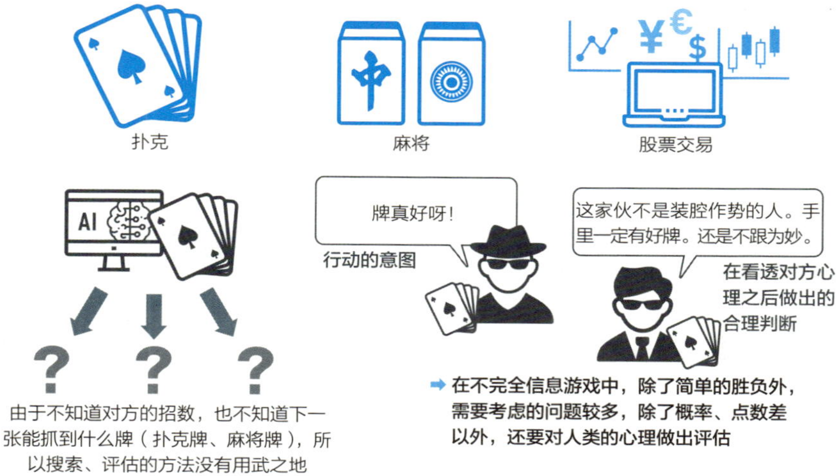

图6-26 不完全信息游戏的特征

要点

- 在能看到所有选项的完全信息游戏中，AI 可以进行简单的搜索、评估，这是 AI 擅长的领域。
- 在看不到所有选项的不完全信息游戏中，人们需要基于概率、对人类心理的评估进行复杂的思考，这是 AI 不擅长的领域。

能够阐明人类判断标准的游戏理论

思考现实社会游戏化的“游戏理论”

在处理现实世界中发生的不完全信息游戏的时候，游戏理论发挥着积极作用。**游戏理论**是一种战略理论，适用于多人旨在通过获得某种利益来获胜的活动。**游戏理论将人类的“追求利益的理性心理”上升到理论层面，将其应用于战略之中。**它除了应用于游戏，还广泛应用于经济学、社会学、心理学、生物学等领域。

游戏理论无疑可以用于游戏 AI。特别是在不完全信息游戏中，由于人们无法看到所有的选项，所以不能通过搜索来发现最佳选项。不过，人们可以通过对人类求胜心理的把握，发现利益、胜率最大化的选项。引入游戏理论的思维方式的扑克 AI 等 AI 已经达到相对于职业玩家具有竞争优势的水平。

在囚徒困境中思考纳什均衡与帕累托最优

人们基于游戏理论进行了各种战略研究，其中重要的概念有**纳什均衡**和**帕累托最优**。**纳什均衡是一种状态，在这种状态下，所有相关人员都做出令自己利益最大化的选择，而不做其他选择。帕累托最优是一种在不牺牲任何人利益的情况下实现所有相关人员整体利益最大化的状态**（图 6–27）。这两种状态要是能够同时达成的话，固然很理想，但是由于多种原因导致这种状态无法实现。在某些情况下，如同**囚徒困境**那样的由于优先考虑个人利益而造成整体利益严重受损的情况也是存在的（图 6–28）。在不能实现个人利益与整体利益同时最大化的时候，根据优先考虑的利益不同，战略思维方式也会不同。

人类会优先考虑自己的利益，因而会很自然地接近纳什均衡，但根据相关人员的利害关系的不同，也存在争取帕累托最优的情况。游戏 AI 通过运用游戏理论将人类的思维方式上升到理论层面，已经达到结合自己自身的状况、目的，在各种游戏中与人类对战时占据优势的水平。

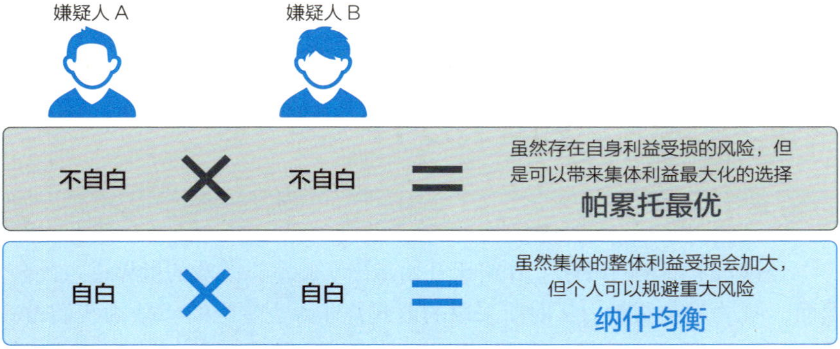

如果基于对集体利益的考虑做出选择（不自白），可以实现集体利益和个人利益的最大化。但是，如果想要最大限度地降低自己受损的风险，则可能造成集体利益受损的选择（自白）就成为最优选择

图6-27 纳什均衡与帕累托最优

嫌疑人 B

嫌疑人 A

不自白	自白	不自白
自白	判处有期徒刑 5 年 纳什均衡	只是 B 被 判处有期徒刑 10 年
不自白	只是 A 被 判处有期徒刑 10 年	判处有期徒刑 2 年 帕累托最优

帕累托最优选择与纳什均衡选择造成重大差异的情形
在个人利益最大化也会带来集体利益的理想社会中，帕累托最优选择与纳什均衡选择所造成的差异会缩小

图6-28 囚徒困境

要点

- 在游戏理论中，人们将人类追求利益的合理心理上升到了理论层面。
- 纳什均衡是每个人追求各自利益最大化的状态。
- 帕累托最优是人们追求整体利益最大化的状态。
- 通过对人类心理的理论化，AI 也能做出最优选择。

在个人生活、商务活动中AI与人类之间的协作

人类对 AI 的工作提供支持

经过六十多年的研究，AI 终于开始走出实验室，游戏的世界进入社会。然而，AI 为社会贡献力量时所采取的形式并非人类梦想的“AI 为我们做一切事情”的形式，而是人类与 AI 协作的形式。这种形式被称为 **AI 协同**。AI 协同大致可以分为两种，其中一种是“人类对 AI 的工作提供支持”。

在理想环境中，实用级别的 AI 比人类更有能力，但现实世界与理想环境相去甚远，会发生许多意想不到的事情。在这个过程中，**人类会通过干预来解决问题，并在必要时通过重新训练与调整来提高 AI 的可靠性**（图 6–29）。在 AI 的引入和操作过程中，人类与 AI 之间的协同工作也很重要。人类并不能够理解 AI 的所有特性，在引入、操作、改进、完善、解释等各个环节中都需要能够理解 AI、对 AI 做出解释的人。

AI 对人类的工作提供支持

另一种 AI 协同是“AI 对人类的工作提供支持”。这是当前的程序功能的拓展，其中包括“针对复杂信息的可视化处理”和“呈现未来的可能性”等任务，目的在于促进人类的决策、活动更加准确、快速。**与传统的程序相比，主要区别在于 AI 能够理解用于人类智能活动的影像、语音、语言。**以往，人类要想让机器执行任务，就必须向机器发出机器能够理解的指令。如今，人类只是用平常所使用的语言、影像、语音等方式就可以简单地向机器传递信息，让机器为人类执行信息分析任务（图 6–30）。

辅助 AI 就是一个很好的例子。当我们发出口头指令时，AI 就会为我们执行任务；当我们拿出某张照片时，AI 就会说出照片上的人和物的名称；当我们指定某个音乐作品时，AI 就会告诉我们该作品的曲名和艺术家的姓名。现在，AI 以这样的方式活跃于医药、制造、物流、经济等各个领域，促进了人类生产力的显著提高。

图6-29 人类与 AI 协作的领域

图6-30 伴随技术进步，协作领域也会不断变化

要点

- AI 与人类的合作方式有两种，即“人类对 AI 的工作提供支持”和“AI 对人类的工作提供支持”。
- 在人类与 AI 之间，需要从事对不够完善的 AI 进行调整等协调工作的人。
- AI 以扩展人类能力的形式帮助人类处理信息。

试一试

尝试一下使用基于深度学习的图像合成吧

伴随图像处理技术的进步，使用照片和绘画生成图像的服务已经问世。图像生成有多种多样的方式，但DeepArt是一种任何人都可以轻松使用、简单把握深度学习的感觉的方式。

这项服务诞生于深度学习的黎明期。使用这种服务时，我们只要准备两张图像，系统就可以帮助我们合成图像。这项服务的基本功能是，将照片与插图组合在一起，使照片呈现插图风格（绘画风格）。

可以对素材进行自由组合

我们尝试图像合成时，不一定非要使用照片，将插图相互组合也没有问题。当然，如果能够按照预期将绘画与风景、动物的图像组合在一起，我们还有可能创作出酷似出于艺术家之手的作品呢。

除了DeepArt外，还有许多其他的图像生成、合成服务。

第7章

在其他领域不断发展的AI

~AI在各个领域大显身手的现状~

医疗AI①：助力医疗第一线

能够协助医师做出诊断的诊断辅助功能

AI 已经进入实际应用阶段，相关的商业服务也问世了。特别是在劳动力严重短缺的医疗领域，AI 取得了显著的成绩。诊断辅助领域尤为引人关注，因为在这个领域，引入 AI 比较容易，效果也非常好。

AI 诊断辅助系统是一种根据患者的症状和检查结果做出合理的诊断，并提供治疗建议的 AI。虽说医师针对疾病掌握着广泛的知识，但是还是存在难以发现超出其专业领域的疾病、罕见疾病的问题，而且他们也不能保证一直都能提出最佳的治疗方法。事实上，**随着 AI 诊断辅助系统的引入，人们已经发现了被医师漏诊的情况，也取得了利用 AI 开出的治疗方案治愈疑难杂症的佳绩。**此外，具备高度技能、能够处理庞大工作量的图像诊断系统也取得了特别显著的成效，这样的系统已经达到能够迅速提出比肩专业医师的诊断结果的水平（图 7–1）。

能够减轻医师工作负担的手术辅助功能

用于嵌入机器人的 **AI 手术辅助系统**也出现了。目前，**AI 手术机器人**已经相当普及。人类可以通过操作这样的手术机器人的机械臂完成精细、复杂的手术。AI 以这种形式参与了手术。

此外，还出现了与机器人一起协助外科手术医师，通过核磁共振成像和超声波等诊断设备对看不到的脏器的状态、区域的信息进行实时分析，从信息方面为医师提供助力的 AI。这样的 AI 除了可以大大减轻医师的工作负担，还可以结合诊断辅助功能准确预测患者术后风险并提出合理的治疗方法。此外，人们还开展了通过准确地掌握医院的手术资源来确保将需要接受手术的急诊患者及时送往相应医院的 AI 的开发工作（图 7–2）。**AI 不仅在手术过程中，在手术前后以及与手术相关的所有场景都发挥着积极的作用。**如果能够将 AI 与远程医疗相结合，还可以起到缩小地区之间医疗水平差距的作用。

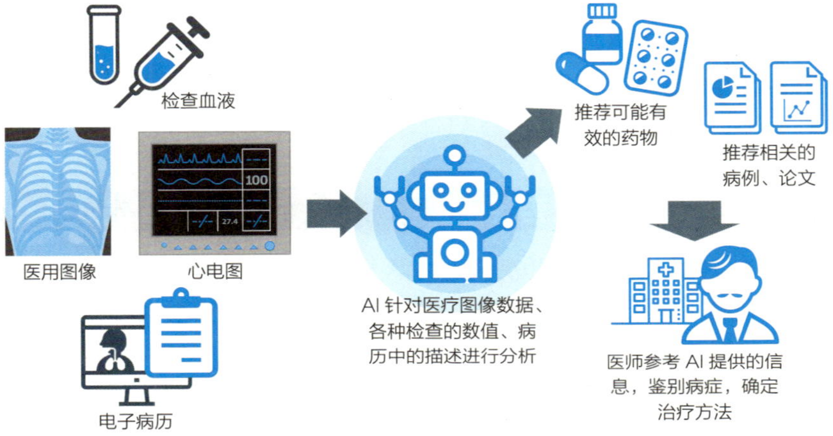

图7-1 通过诊断辅助功能助力医师做出正确判断

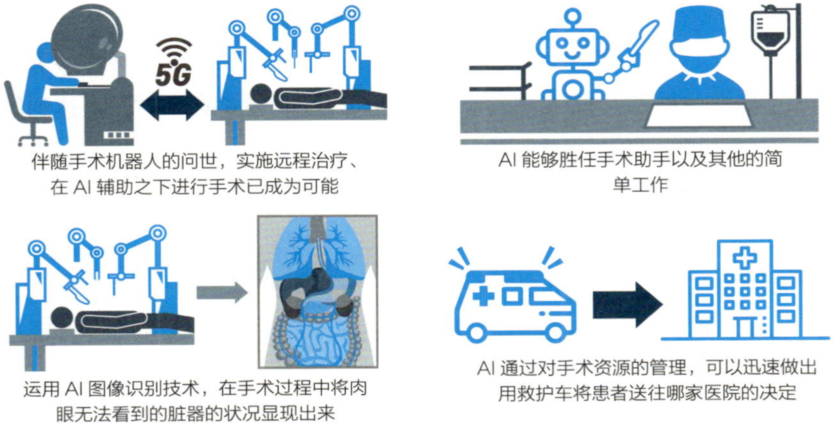

图7-2 直接、间接的手术协助

要点

- 医疗 AI 能够根据症状、检查结果来诊断疾病，提出治疗方案。
- AI 手术辅助系统已经达到能够直接、间接地为手术医师提供帮助的水平。
- AI 既会参与手术前的资源分配，也会参与手术后的风险管理。
- 在医疗领域，AI 在关键时刻扭转乾坤的事例越来越多。

医疗AI②：AI在困难领域的应用

效率大幅提升的医药品开发

基于 AI 的医药品开发领域也取得了进步。药品由无数的化合物组合而成，其中对于疾病有效的成分微乎其微。**医药品开发**就是在这种组合的反复试验的过程中展开的。如果在开发过程中采用 AI 对规律性进行分析，可以提高开发的效率。通过 AI 缩小导致疾病的蛋白质和基因的范围，再准确锁定针对致病部位有效的化合物，**就有可能高效地找出对疾病有效的化合物**（图 7-3）。

此外，**人们可以通过基于 AI 的模拟和合适的受试者的选定，显著缩短医药品的临床试验时间。**在临床试验期间，使用 AI 实时检查患者身体状况的变化，可以准确掌握医药品的效果。AI 已经为治疗各种疾病和感染症的医药品的开发贡献了力量。未来，伴随 AI 在医药品开发领域的应用，医药品的开发时间会不断缩短，开发成本也会不断下降。届时，患者能够以低廉的价格购买药品是可期的。

更快速、详细的染色体组解析

过去，即使使用高性能计算机分析人类基因信息也需要大约花费 10 个小时的时间，如今使用 AI 可以在几十分钟内完成分析工作，而且分析的精准度比以往更高。因此，人类基因信息的使用范围不断扩大。除了用于医药品开发的**基因组分析**外，AI 还**可以对发生基因突变的细胞、容易致病的基因进行分析**（图 7-4）。使用图像诊断 AI 可以识别病变部位、收集细胞，在短时间内通过染色体组解析准确判断其性质属于良性还是恶性。如此一来，既可以尽早发现癌细胞，并给予合理的治疗，还可以识别易患特定疾病的人，实施预防性治疗。此外，如果我们能够缩短基因分析所需时间，降低其成本，那么普通人也可以轻松地接受基因解析，AI 也可以为他们定制药物。目前，从尖端医疗到我们身边的保健领域，AI 都发挥着积极的作用。

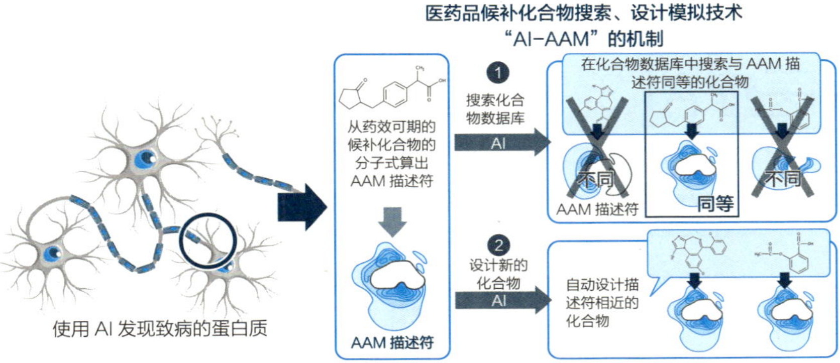

出处：根据奥野恭史的《药品开发中的人工智能应用》制作而成

AI先做出“这种结构的化合物对于某种蛋白质有效”的预测，然后从现有的药品中寻找类似的化合物，如果没有，就自行设计

图7-3 使用AI锁定对疾病有效的化合物

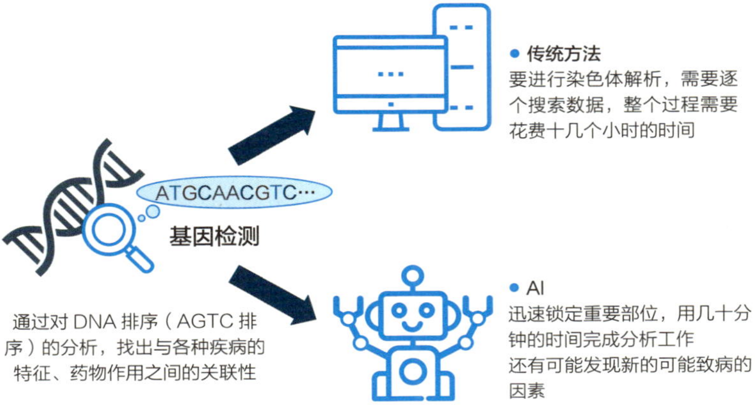

图7-4 AI使基因分析更高效

要点

- 使用AI识别疾病的致病部位，并缩小对该部位有效的化合物的范围。
- 使用AI不仅能够提高医药品开发的效率，还能够提高临床试验的效率。
- 使用AI可以使基因分析更加高效，还可以快速发现恶性肿瘤。
- 通过基因分析预测疾病已经成为可能。

医疗AI③：必要数据的维护

医疗数据库：用于研究

对于医疗 AI 的**研究开发**而言，各种医疗数据是必不可少的。但是，医疗数据在个人信息中属于需要引起注意的门类，是特别难以处理的数据。因此，在发达国家，通常会在对医疗数据进行匿名化处理之后，由获得特别授权的认定运营商来管理数据库。相比一般的学习用数据库，医疗数据库的管理更为严格。

医疗数据是以医学图像数据、血液检查结果、电子病历等各种各样的形式存储起来的。**它仅提供给大学、研究机构、企业，用于医疗领域以研究开发、患者治疗为目的来使用，**也被用于运用图像分析、统计分析、自然语言处理等技术的医疗 AI 的开发（图 7-5）。使用此类数据库进行学习对于使用机器学习开发新的医疗设备和医药品而言是必不可少的。目前，世界各国都正在思考既能确保保护个人隐私，又能提高数据库质量、规模的办法。

医疗数据库：用于临床

医疗数据库中也有面向从事患者治疗工作的**临床机构**的医疗数据库。在这样的数据库中，除病历信息之外，还保存着疾病病例、治疗记录、论文等资料。医师可以将这些数据直接用于诊断、治疗工作中。他们通常会在识别难以判断的疾病、搜索类似疾病的治疗方法时利用这样的数据库（图 7-6）。**面向使用医疗数据库的医师提供支持也是 AI 的一项工作。**AI 会利用自然语言处理、统计分析等方法从患者病历中列举出疾病，利用图像识别方法从图像数据中查找相似的病例和治疗方法。仅仅这些功能就构成了一种 AI 医疗辅助系统。

医学数据库在临床和研究领域都发挥着重要作用。未来，医疗数据库的利用有利于医疗的品质、精准度的提升，其中信息的广泛共享还有利于减轻临床一线人员的负担。

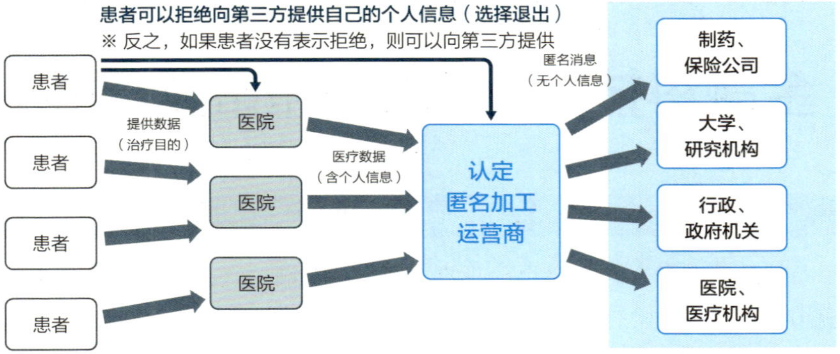

患者只是正常去医院看病。此时，基本上不需要“个人信息的提供承诺”
※ 以前，如果没有得到承诺，即使进行了匿名化处理，也无法使用个人信息

个人信息管理技术、匿名化技术如未达到一定水平，就无法获得认可。由运营商负责信息的匿名加工与提供
※ 如果信息已做匿名化处理，即使没有获得承诺，也能向第三方提供。不过，信息所有者可以加以拒绝

可以获得高品质的医疗数据，可用于研究和分析工作。因为信息已做匿名化处理，所以无法锁定个人。仅仅提供疾病、治疗过程等的信息

图7-5 医疗数据产生过程

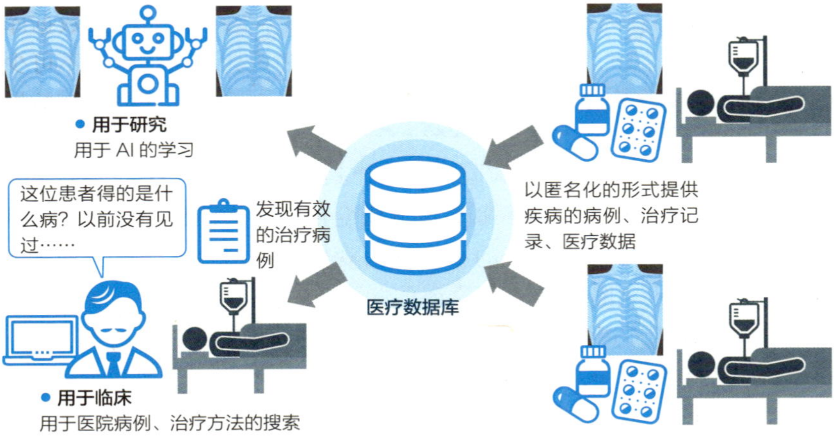

图7-6 医疗数据在临床第一线的有效利用

要点

- 在医疗数据中最难以处理的门类是“需要引起注意门类”。
- 由认定运营商通过匿名处理的方式构建数据库。
- 人们可以出于研究、临床应用的目的利用数据库。

金融科技①：数据分析的自动化

基于 AI 的分析、交易自动化

伴随着席卷金融和保险行业的金融科技浪潮的兴起，AI 技术也开始应用于金融和保险行业。在金融行业中，**资产**的数值参数只有金钱一个。AI 非常擅长金融行业的数据分析工作。AI 可以运用数十年积累的交易数据，对未来的市场变化做出预测（图 7-7）。

此外，资产运作在一定程度上可以按照固定模式进行。通过将其与基于数据分析的预测相结合，编写基于规则的程序，可以实现分析的自动化、交易的自动化。通过结合机器学习，还可以构建新的理论（操作算法）。这样的程序能够察觉到人类无法预知的微观变化、立足于数量庞大的数据的宏观变化，并将其运用于资产运作之中。

基于 AI 的风险评估

在金融和保险行业中，风险评估工作具有特别重要的意义。**风险评估**并不局限于通过观察数字来预测市场变化，还广泛涵盖了从通过观看新闻预测事件对世界经济的影响等宏观风险评估与实际交易时对能否信任顾客做出判断的微观风险评估。因此，用于风险评估的 AI 技术也是多种多样的，通过自然语言处理来收集新闻中出现的关键词，使用摄像机识别可疑的行为，根据病历预测未来的疾病都属于风险评估的范畴（图 7-8）。

除此之外，用于针对纠纷或问题是否会发生等未来风险的评估服务，用于调查纠纷发生时的原因和估算损失金额的服务，用于客户在事故发生后使用智能手机拍照就能计算出合理的保险金额并获得赔偿的服务也都已经问世。与这种纠纷和损害相关的数据可以直接用于对未来的风险评估，构成提高风险评估精准度的基础。

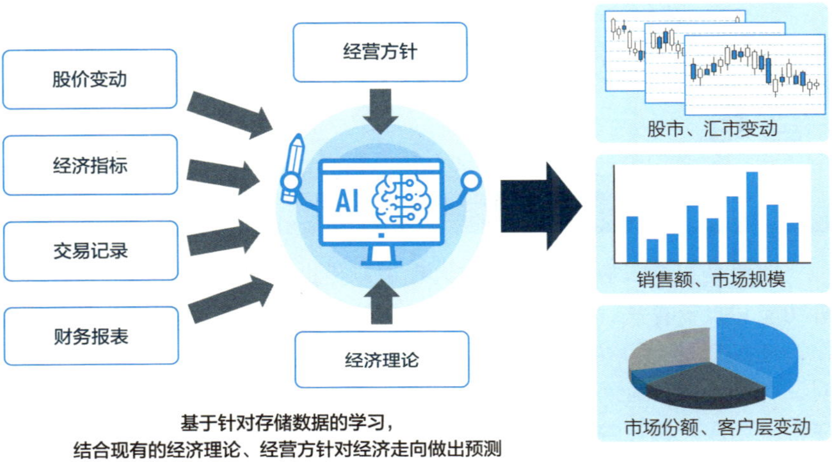

图7-7　基于各种各样的数据对资产的变化做出预测

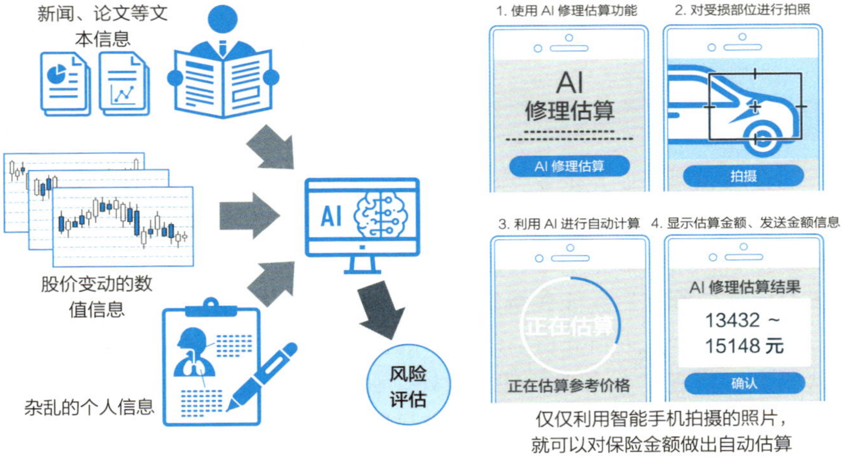

图7-8　AI 根据不确定的风险、损害情况做出量化评估

要点

- AI 擅长处理金融和保险行业中的信息分析工作。
- AI 实现了从交易建议直到系统自动化的全覆盖。
- AI 被运用于风险的事前预测、事后分析。

金融科技②：顾客应对与数据管理

AI 的建议与对话功能

即使是完全没有投资经验的人也可以借助**机器人投资顾问**的数据分析功能和投资算法，简单地进行投资交易。AI 不仅可以自动进行资产运作，还可以对运作方针和交易内容提出建议。另外，AI 还可以应对合同、咨询等窗口业务，AI 代理保险审查和申请的方式也不断得到普及。在金融和保险行业中，作为新顾客最先受到 AI 而非人类顾问接待的情况并不少见（图 7–9）。

如此，企业可以降低人力成本，作为顾客也能轻松地使用 AI 进行交易。可以说 AI 为投资人群的扩大做出了贡献。只有那些 AI 无法应对的任务，人类顾问才会参与，如此，人类顾问可以集中精力提高服务质量。

合同、交易、信息管理的高效化

金融和保险业界企业支出的大部分为人工费。通过使用机器人投资顾问，或多或少可以起到节约人工的作用。今后可以实施自动化的领域依然很多，比如**顾客信息管理**领域。使用人脸、文字识别技术在确认本人身份几分钟之后就能获得贷款的服务已经问世。在这样的服务中，通过智能手机、无人值守窗口的摄像机、扫描机从本人身份确认到资料确认的流程实现了全自动处理。此外，利用 AI 还能够发现交易、合同中的不当之处。AI 在发现不自然的交易历史、存在问题的资料、合同内容的违法之处时，可以催促顾客进行确认。安装有摄像机的窗口可以通过人的面部、动作来识别顾客是否为本人，申请资料中是否存在不实之处（图 7–10）。

如果在合同、交易信息管理中采用无法篡改的区块链等技术，信用信息、交易信息就可以迅速公开，审查、签约也会变得顺利。在运用金融科技的下一代金融和保险行业中，想必自动化的步伐将会进一步加快。

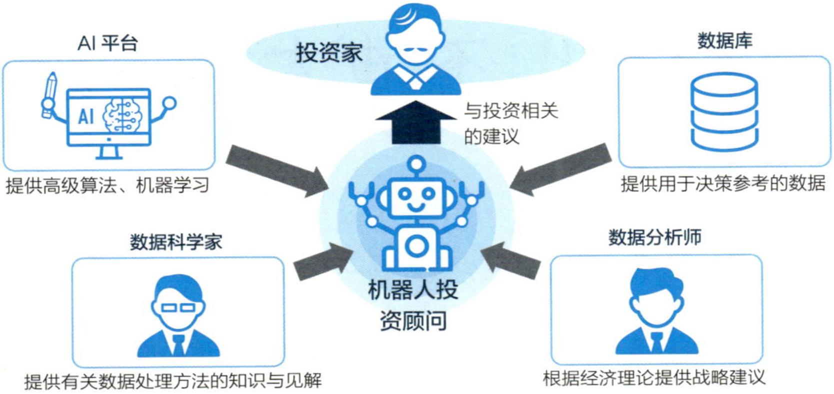

图7-9 能够根据多个因素进行综合判断的机器人投资顾问

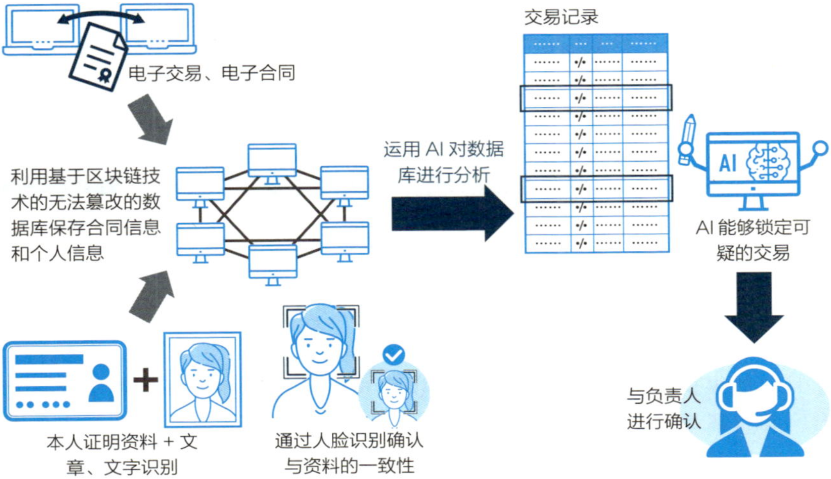

图7-10 运用 AI 管理复杂的数据库

要点

- 伴随 AI 的问世，顾客参与投资的门槛降低了。
- 机器人投资顾问可以简单地完成资产运作。
- 伴随 AI 的导入，顾客信息管理实现了高效化。
- AI 可以从海量的交易中发现不正当的交易案件。

机器人学①：不断扩大活动范围的机器人

机器人与人类的关联性

如果说 AI 是智能的，那么它就需要一个相当于身体的机器人来真正展示它的能力。要想让机器人执行智能任务，它不仅必须具有移动四肢的能力，还必须具有识别状况的能力。因此，人们将使用摄像机、雷达等传感器的**识别技术**，使用 IoT 设备等**信息通信技术**纳入机器人学中展开了研究工作（图 7–11）。

目前人们为了将机器人技术和 AI 技术相结合，展开了横跨多个领域的研究工作。虽然自动驾驶汽车、无人载具是独立的研究领域，但是这些领域与机器人学密切相关。目前，在假肢和人造肌肉等医疗领域中，机器人学的应用范围正在不断扩大。

有望广泛普及的人形机器人和步行机器人

在机器人学领域中，想必对人们而言，印象最为深刻的应该是**人形机器人**和**步行机器人**吧。机器学习可以应用于接近生物体的机器人，让机器人向人类、生物体学习做各种动作。如此，人类就可以开发出活跃于人类活动区域中的能够采取和人类一样行为方式的机器人。在执行任务时，如果机器人识别周围环境的识别技术已经达到甚至超过人类的能力，并且机器人能够达到如同人类一样使用四肢的水平，那么机器人就完全可以胜任人类的工作了。

从技术角度而言，可以自由移动的四足机器人、可以用两条腿行走时用双臂进行后空翻、侧翻的机器人已经问世。在某种情况下，它们可以表现出与人类相同的身体能力（图 7–12）。不过，从商业角度来看，除非机器人的研究开发能够达到机器人比人类更能干，使用机器人比雇用人类更划算的水平，否则机器人是不会得到普及的。然而，通过运用机器学习和模拟技术而不断进步的 AI 研究工作已经先后克服了众多技术障碍。针对人形机器人的思考已经从探讨“能不能做”的阶段进入了探讨“能不能赚钱”之类的实用性、经济性的阶段。

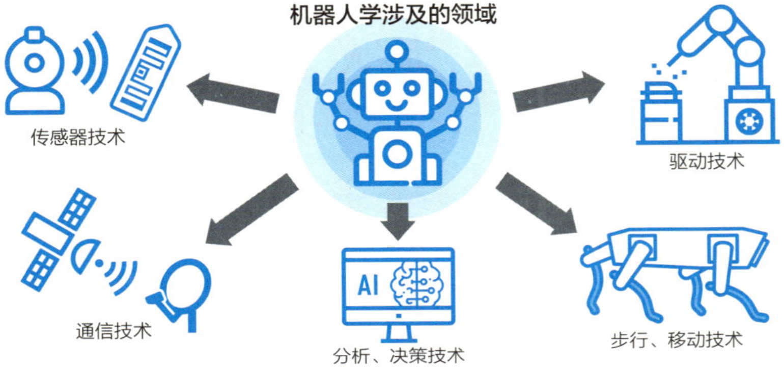

图7-11 与机器人学相关的各个技术领域

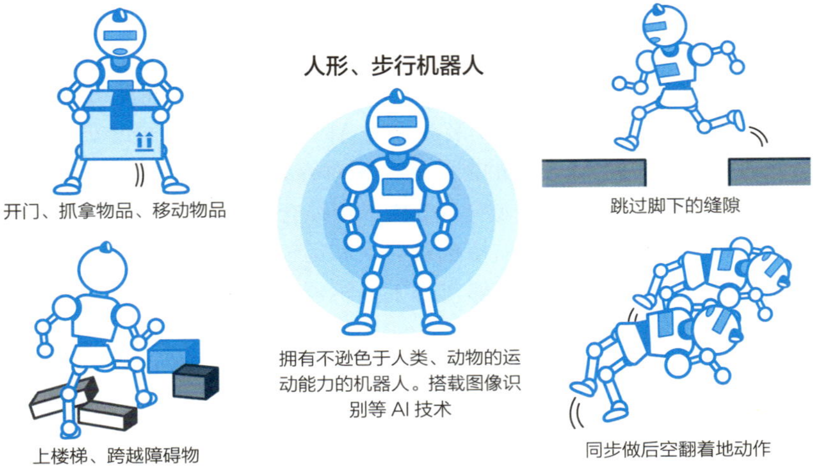

图7-12 接近人类与动物的步行机器人

要点

- 机器人是基于 AI 而拥有身体功能、对于人类社会必不可少的工具。
- 人形、生物形的步行机器人可以通过机器学习学会做一定的动作。
- 机器人开发工作正朝着技术上与人类、其他生物达到同等水平的商业机器人的方向前进。

机器人学②：为人类社会工作的机器人

IoT 技术与工业机器人

虽然人形机器人开发还有很长的路要走，但**工业机器人**已经在工厂中得到了广泛的应用。工业机器人的腿（底座）和手臂具有根据其用途量身定制的形状和功能，它们能够比人类更高效、更精准地执行任务（图 7–13）。过去，这些工业机器人的操作是通过工程师的精确编程和参数调整来完成的。伴随人们将 AI 应用于工业机器人，各种参数调整工作得以简化，人们通过简单的编程就可以完成复杂的任务，还实现了准确性和效率的提升。

此外，人们如果将工业机器人与 IoT 技术相结合，其潜力会进一步扩大。虽说在所有机器人中安装高性能 AI 不划算，但是通过安装通信设备并连接到与控制 AI 相连的网络还是相对容易做到的。要想提高工业机器人的工作效率，就必须走与 IoT 技术相结合的道路。这项技术在物流领域已产生重大影响，目前拣选机器人和运输机器人已经在工厂中发挥着积极作用。未来，如果能够实现工业机器人与自动驾驶汽车、无人驾驶飞机之间的协作，从仓库到家庭的物流将有望实现自动化。

为人类服务的机器人

说到配备 AI 的、活跃于我们身边的机器人，我们都会想到在一般家庭得到普及的扫地机器人。最近，除了具备扫地功能的机器人外，还具有安保、监控、对话功能的安保、引导机器人也越来越多。在这些机器人中，有许多是采用轮子、履带进行移动的，上楼梯时容易跌倒。但随着步行机器人的进步，未来它们的活动范围将会达到无异于人类的水平。

此外，人们还在可以穿在身上的穿戴式机器人中配备了可以预测和检测人类动作的 AI。穿戴式机器人可以通过对人类的用力方式和动作的学习，为人类的行动提供辅助。未来，伴随这样的机器人的普及，人类的体力劳动负担将会得到大幅减轻（图 7–14）。

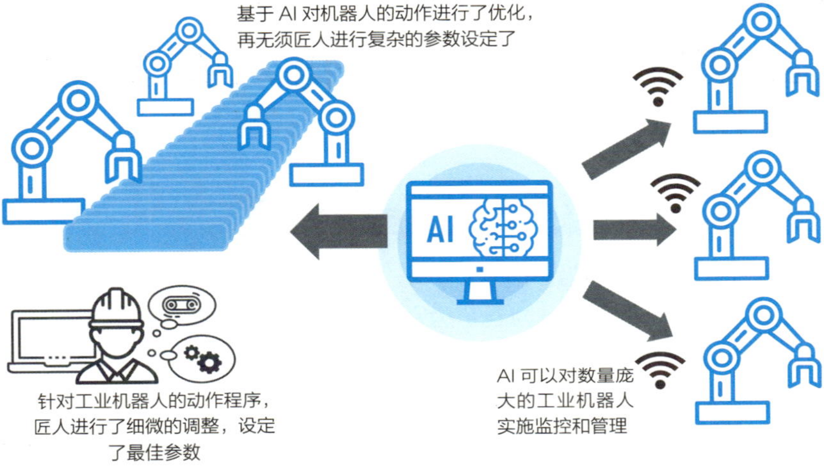

图7-13 针对基于 AI 的工业机器人的管理与优化日臻完善

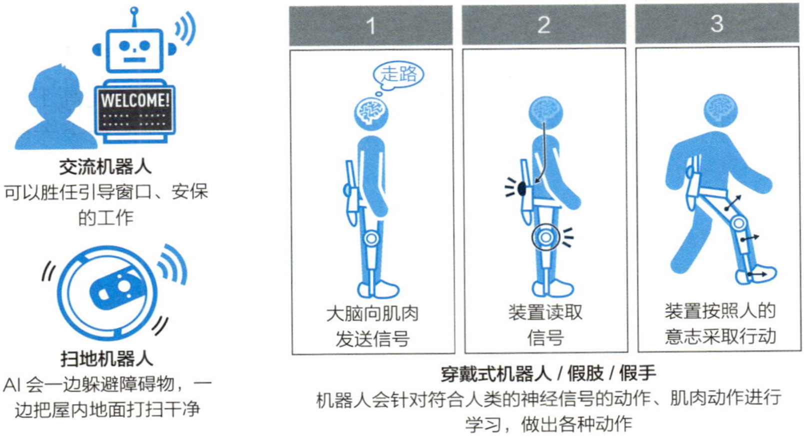

图7-14 与人类有直接关系的机器人

要点

- 伴随 AI 的问世，工业机器人的使用效率得以提升。
- 对于工业机器人而言，AI 和 IoT 已经成为不可或缺的存在。
- 负责清扫、安保、对话的机器人已经问世。
- 人们将 AI 应用于辅助人类行动的穿戴式机器人。

自动驾驶汽车①：有人类参与的 L0–L3级别

得到广泛普及的 L0–L2 级别

为了应对自动驾驶汽车进入市场，人们已经开始了相关的立法工作。在日本，自动驾驶汽车分为五个级别，人们对自动驾驶汽车的要求因级别而异（图 7–15）。首先，L0 级别是指没有配备任何自动驾驶装置的普通汽车。这样的汽车上，没有安装自动制动系统。

L1 级别是指配备了自动制动、速度与方向盘调节装置的、具有**辅助驾驶**功能的车辆。这个级别的汽车还不算是自动驾驶汽车。

L2 级别是指驾驶员在高速公路上驾车时，可以达到**不把着方向盘开车**的水平的车辆。驾驶员可以将油门、刹车、方向盘的操作完全交给 AI 来完成。但是，在驾驶这个级别的汽车时，车辆不能承担法律责任，所有责任均由人来承担。这种驾驶状态也被称为“**双手自由**”，即在驾车过程中，驾驶员可以将手脚从方向盘、刹车上移开，也无须对周围情况进行观察。

不依赖人类的 L3 级别

在驾驶 L3 级别的车辆时，AI 会执行所有驾驶操作，这一点与 L2 级别相同。二者之间最大的不同在于，系统（制造商）是否承担自动驾驶过程中的责任。系统一旦提出指令，就必须立即更改驾驶方式。这样的车辆可以说是由 AI 和人类以协作方式驾驶的自动驾驶汽车。在驾驶 L3 级别的汽车时，法律允许人们将视线从道路上移开去阅读书籍。由于在驾驶过程中驾驶员可以将视线移开，所以这个级别也被称为“**双眼自由**”（图 7–16）。但是，一旦收到换人驾驶的指令时，驾驶员就必须接管驾驶，因此，在驾车过程中，驾驶员是不能打瞌睡或喝酒的。

从技术角度来看，L2 级别和 L3 级别没有显著区别。车辆中都配备了先进的传感器。AI 可以通过情境判断实现自动驾驶。然而，由于用于换人驾驶的监控、警告系统的可靠性存在显著差异，技术障碍非常高。

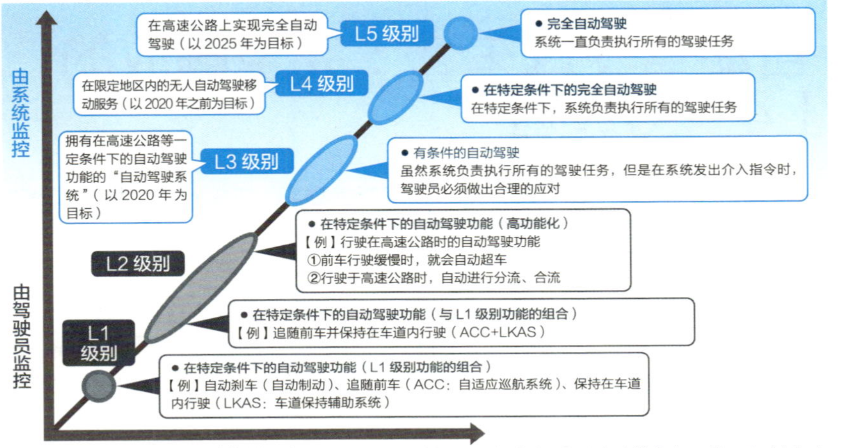

根据《官民ITS构想、路线图2017》等制作而成　　ACC：Adaptive Cruise Control.　LKAS：Lane Keep Assist System

出处：根据日本国土交通省发布的《国土交通省为实现自动驾驶而推出的举措参考资料》制作而成

图7-15　自动驾驶汽车的级别划分

L2级别的双手自由（Hand's Off）
方向盘操作、油门、制动操作由AI完成，驾驶责任由驾驶员承担。驾驶员可以将视线从道路上移开

L3级别的双眼自由（Eye's Off）
驾驶员在驾车过程中可将双手放开，将视线移开。不过，一旦收到换人驾驶的指令时，驾驶员就必须接管驾驶

图7-16　双手自由与双眼自由

要点

- 在日本，按照法律规定，自动驾驶汽车被分为五个级别。
- L1级别：实现了加减速、方向盘操作中一项或两项的自动化。
- L2级别：由人类承担所有责任的自动驾驶级别。
- L3级别：在自动驾驶过程中，系统负责驾驶，人类也会给予协助。
- 驾车过程中可以放开双手的“双手自由”（L2级别）与可以离开视线的“双眼自由”（L3级别）。

自动驾驶汽车②：完全解放的L4-L5级别

无须驾驶员的L4级别

L4级别是有条件的完全自动驾驶汽车。与L3级别不同，它不需要驾驶员接管驾驶，有些车辆上甚至没有驾驶席。人们不需要驾照，也可以自由地在车里打瞌睡、吃东西。但是，这个级别的车辆只有在确认安全性的范围内和特定条件下，才能实现自动驾驶。这样的车辆只能用于机场内、特定路线上（图7-17）。L1至L3级别的车辆为一般车辆，L4级别的车辆可以作为商务用的巴士、出租车使用。目前，行驶在特定路线上的如同公共汽车那样的出租车已经进入商业化阶段。

由于它仅在特定范围内运行，因此与需要定期充电的电动汽车会十分契合。由于它可以在没有汽油和驾驶员成本的情况下以低成本运行，又可以带来由于老龄化、人口减少而停驶的公交路线的重启。这样的车辆行驶的场所、条件是固定的，因此不会无视道路标识和信号，对于高风险区域的情况也能够完全掌握。在行驶过程中，车辆还可以通过5G等低延迟通信方式从设置在道路沿线上的摄像机和传感器中获取信息。要想提高车辆的可靠性，人们可以采取各种各样的方法。

实现完全自动驾驶的L5级别

L5级别是无条件的完全自动驾驶汽车。换句话说，L5级别的车辆会根据导航仪的指示、人们发出的口头指令将人们送到目的地。这样的车辆不受指定区域的限制，即使行驶在山间小路、居民区内狭窄且复杂的道路上也没有问题（图7-18）。

除了可以使用的范围和条件没有特别指定外，其用途与L4级别的自动驾驶汽车没有区别，但是在技术上、可靠性上的差别非常大。汽车行驶在能见度差的道路上、没有人行横道但有行人穿行的道路上的时候，必须保证行车安全。这样的车辆或许像人类一样，无法完全避免交通事故的发生。伴随L4级别的自动驾驶汽车的推广、试点运行的展开，其可靠性会不断得到提升。

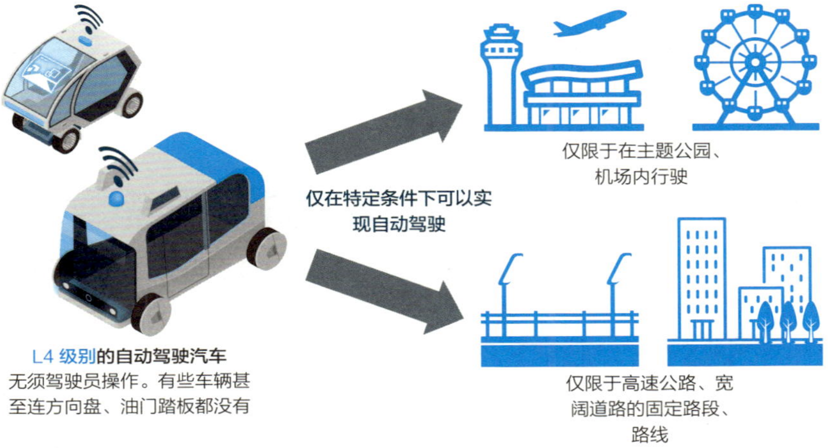

图7-17 在特定条件下的无须驾驶员操作的 L4 级别汽车

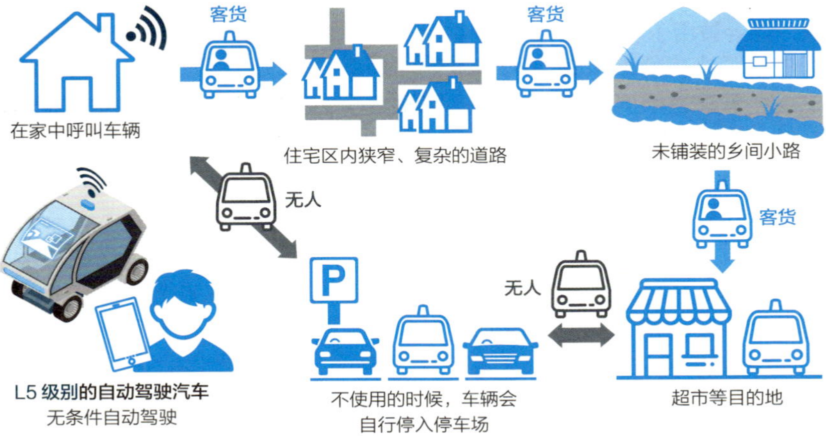

图7-18 可以在各处行驶的无须驾驶员操作的理想汽车——L5 级别汽车

要点

- L4 级别的汽车是有条件的完全自动驾驶汽车，不需要驾驶员。
- L4 级别的汽车可以用作路线、区域固定的公共汽车、出租车。
- L4 级别的汽车可以通过间接手段获得信息来提高可靠性。
- L5 级别的汽车是实现无条件自动驾驶的汽车，其技术难度极高。

在无人驾驶飞机、无人载具、军事技术领域的应用

用于辅助无人载具的 AI

不仅是汽车，**飞机**、**无人驾驶飞机**、**船舶**、**潜水艇**的自主式操纵也已经不是什么新鲜事了。人们可以利用所有环节都已实现自动操作的飞机，定期在固定的路线上飞行，对基础设施和其他设施的安全进行确认。人们在船舶和潜水艇上也使用了自动操纵技术，还提出了利用无人船舶进行低成本且灵活的海上运输的构想（图 7-19）。

另外，即使在人类实施操纵的领域也能看到 AI 活跃的身影。在人类操纵无人载具的时候，**AI 可以对拍摄的图像、声音、从传感器中获得的信息进行分析，并当场呈现分析的结果。**此时，AI 除了会被用于危险区域的调查，还会被用于事故、灾害的受损情况的调查以及施工前后情况的确认。

AI 在军事领域的应用

目前，AI 技术也被积极用于军事用途。虽然主要发达国家针对自主武器杀伤技术的开发采取慎重的态度，但**利用图像识别等技术识别特定人物、武器进行攻击的自主武器的开发在技术上已经进入了完全可能的阶段**（图 7-20）。一部分国家已经利用无人驾驶飞机实施了自杀式炸弹袭击，从某种意义上说，任何人都具备了使用无人驾驶飞机来轻松地制造导弹的能力。

另外，AI 的自动操纵技术也在不断提升，人类与 AI 进行模拟战时输给 AI 的情况已经出现。载人战斗机做急转弯等动作时是有极限的，而 AI 在机体转弯时不会像人类一样感觉到身体负担，所以 AI 能够发挥人类飞行员不具备的机动性。可以说，无人战斗机在空战中是非常有利的。

此外，AI 也已经应用于陆上武器。将无人车辆用于战场侦察已是司空见惯，甚至还出现了可以射击的武器。虽说射击是由人类完成的，但是通过图像识别瞄准目标之后让 AI 扣动扳机是可能的。如今与自主无人作战坦克、轰炸机等高级致命性自主武器相类似的武器开发在世界范围内正如火如荼地展开，想必投入实战的一天已经不远了。

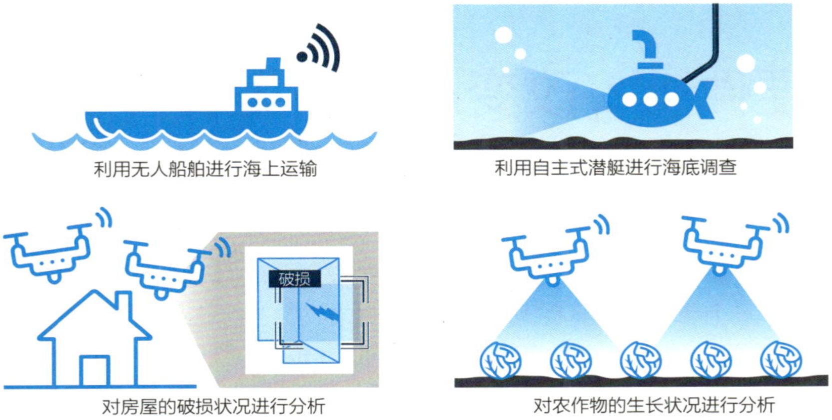

图7-19 活跃于各种环境中的无人载具

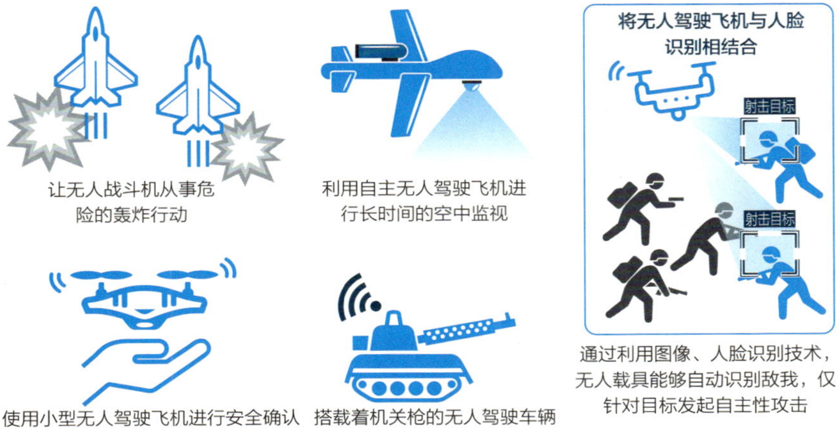

图7-20 用于军事领域的无人载具与AI

要点

- 利用 AI 技术的无人载具可以纵横驰骋于天空、陆地、海上、海洋之中。
- 利用 AI 技术的无人载具既有采用完全依靠 AI 模式的，也有采用 AI 与人类协作模式的。
- 伴随 AI 在军事领域的广泛应用，致命性自主武器已经开始列装。
- 使用武器作战的时候，有时完全依靠 AI 会产生更好的结果。

硬件①：改变AI的新型计算机

冯·诺依曼型计算机的极限

以有效利用 AI 为目的的技术开发已经波及运行 AI 的计算机领域。现在，市场上售卖的计算机大多都是采用被称为**“冯·诺依曼型”**的计算机，这样的计算机具有极高的通用性的同时，也面临性能正在接近极限的问题。特别是冯·诺依曼型结构与神经网络不相容，运行大型 AI 时，需要使用针对图形处理器、AI 的特殊配置的计算机以提高其处理能力。

这种用于提高 AI 信息处理能力的计算机部件被称为**AI 加速器**。作为加速器，人们不仅开发了冯·诺依曼型计算机，还开发了非冯·诺依曼型的全新计算机（图 7–21）。

拥有神经元的类脑计算机

许多非冯·诺依曼型计算机通用性较低，难以进行单独使用。这是非冯·诺依曼型计算机的一个缺点。不过，如果采用限定用途或者与传统计算机并用的方式，还是可以充分发挥其能力的。其中，基于模仿人脑神经网络的计算电路的**类脑计算机**和传统计算机的工作原理完全不同。以深度学习为代表的神经网络是软件算法，通常是在转换为用冯·诺依曼型计算机可以运行的信号之后进行运算的。

使用作为类脑计算机的**神经形态芯片**运行神经网络时，由于信号转换过程中的浪费较少，所以能够实现高效处理。另外，和神经一样，只有“必要的神经回路”才需要用电，所以节能也是它的一大优点。而且，与利用特殊量子现象的量子计算机不同，其理论上的障碍较少，适合批量生产，也比较容易实现小型化，易于在现有计算机上运行。这也是它的特点。不过，因为它不擅长简单计算，所以需要采用配合传统计算机一起使用，或者限定用途的使用方法（图 7–22）。

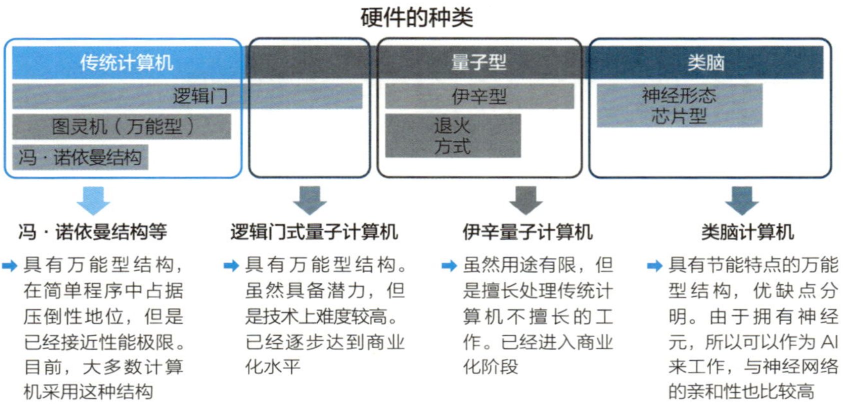

图7-21 新硬件的分类

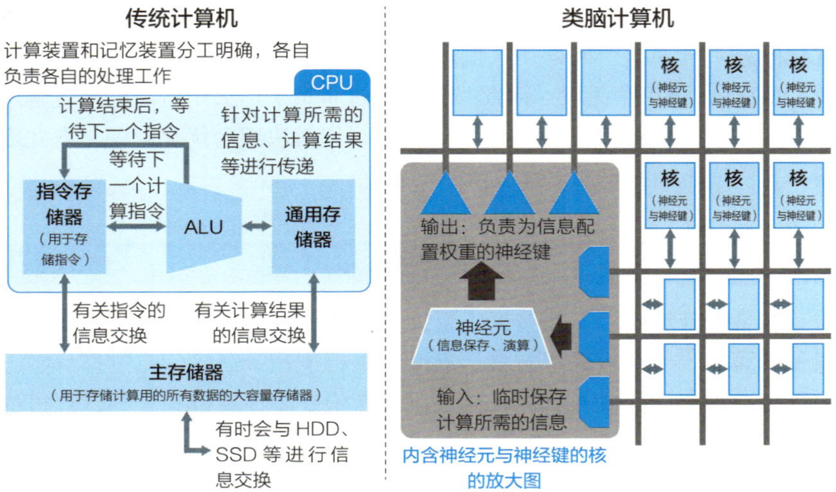

图7-22 类脑计算机与传统计算机之间的不同

要点

- 现有计算机大多采用的是冯·诺依曼结构。
- 人们成功开发出了采用新的运行方式的计算机。
- 作为类脑计算机的神经形态芯片具有类似神经的结构。
- 类脑计算机与神经网络十分契合，能够发挥良好的节能效果。

硬件②：两种量子计算机

伊辛量子计算机

如今，在硬件领域，量子计算机特别受到世人的关注。其中，在量子计算机中创建被称为“**伊辛机**”的**虚拟实验环境**（伊辛模型）的方式已经实现了商业化。在采用量子退火方式的量子计算机中，人们通过运用伊辛模型构建与想要解决的问题相似的环境，可以利用量子向稳定状态转变的性质推导出最优解。因为利用的是量子的自然现象，所以即使是复杂而巨大的问题，也能瞬间给出接近最优解的答案（图 7–23）。

这种方式最擅长解决的是探讨配送卡车的高效配送顺序之类的**组合优化问题**。针对这个问题，人们通过数学计算的方法无法快速找到最优解，所以 AI 也束手无策。因此，如果通过将量子退火中得出的最优解用作机器学习的正确答案数据，那么 AI 也可以解决组合优化问题。在此之前，人们连正确答案数据都制作不出来。

逻辑门式量子计算机

在量子计算机中，用接近传统计算机的理论进行计算的是**逻辑门式量子计算机**。所谓逻辑门方式是指使用进行逻辑计算的门来制作计数电路以解决复杂问题的方式，人们在冯 · 诺依曼型计算机和类脑计算机的中枢电路中也使用了某种逻辑门。

人们通过巧妙地组合逻辑门可以获得高通用性。不过，人们在开发必要的量子门、构建计算理论的过程中遭遇了困难。即便如此，虽然没有达到冯 · 诺依曼型计算机那样的通用水平，但是已经能够解决一些复杂的计算问题的逻辑门式量子计算机还是出现了。与伊辛量子计算机不同，逻辑门式量子计算机可以运行机器学习等 AI 算法（图 7–24）。此外，人们还开发了采用不同于以往的计算处理方式的量子机器学习，或许在未来运用新算法的全新的 AI 也会问世。

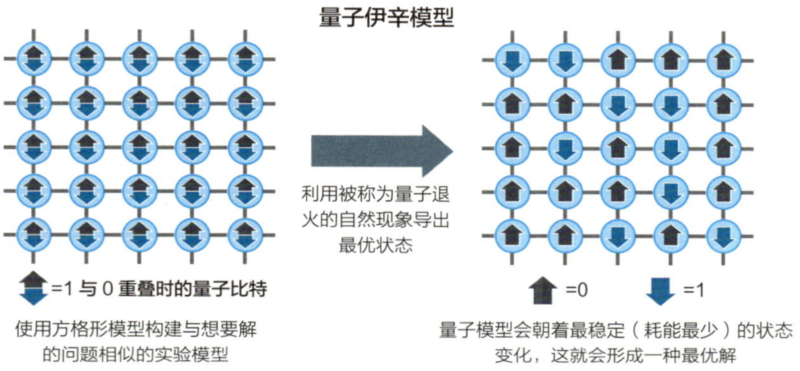

图7-23 量子伊辛机的结构

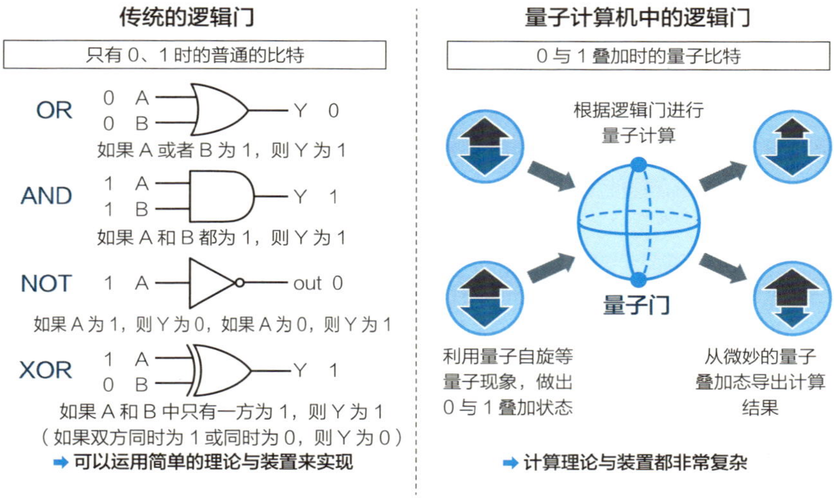

图7-24 以往的逻辑门与量子门

要点

- 人们可以根据量子伊辛模型，利用量子现象构建虚拟实验环境。
- 人们可以根据量子伊辛模型，向 AI 提供 AI 不擅长解决的组合优化问题的相关训练数据。
- 量子门模型通用性很高，技术难度也很高。
- 量子门模型具有令 AI 技术实现大发展的潜力。

RPA①：引人注目的业务高效化

与 AI 的高亲和性以及 RPA 分级

RPA（Robotics Process Automation，机器人流程自动化）是一种与 AI 业务提效技术同时受到关注的技术。虽然 RPA 中有机器人的字样，这不过是低水平的简单工作的自动化而已。RPA 的核心技术是模仿人类工作的技术。人们利用这样的技术，既可以简单地编写程序然后传授给程序，也可以采用机器学习的方式。因此，RPA 涵盖了从传统上使用 Excel 宏的简单自动化到使用 AI 的高级自动化方法，各种自动化水平之间的界线比较模糊。

于是，人们将 RPA 技术大致分为三个等级。第一级是指简单的 RPA，第二级是指具有强化型 RPA 含义的“EPA”（Enhanced Process Automation），第三级是指模仿智能的“CA”（Cognitive Automation）（表 7–1）。

第一级：易于实现标准化的简单工作的自动化

通常所说的 RPA 是指数据输入、财务与会计处理之类的简单的、定型工作的自动化。尤其是那些只要制作了手册，任何人都可以完成的工作比较容易实现自动化（图 7–25）。第一级的 RPA 不使用高级技术，极端来说就是“对 Excel 的宏进行简单的组合”那个级别的自动化而已。事实上，它可以处理更复杂的任务，可以同时引用多个数据库和应用程序，汇总所需的数据，细致地对资料、数据进行订正。

这个级别的 RPA 能够胜任的工作，以往的程序也可以做。不过，人们可以通过使用软件包、服务的形式，利用以往工程师从零开始制作的程序根据自己的业务内容来创建简单的自动化系统。这一点值得我们关注。如果我们将这样的技术与 AI 相结合，就可以催生第二级、第三级的高级 RPA 技术。

表7-1　RPA 的三个级别

级别	主要业务范围	具体的工作范围及所利用的技术
第一级：RPA（Robotic Process Automation）	定型业务的自动化	● 获取信息、输入、验证等定型工作
第二级：EPA（Enhanced Process Automation）	一部分非定型业务的自动化	● 通过 RPA 与 AI 技术相结合，实现非定型工作的自动化 ● 运用自然语言解析、图像解析、语音解析、机器学习等技术 ● 读取非结构化数据，基于知识的应用也成为可能
第三级：CA（Cognitive Automation）	高度自主化	● 实现从流程的分析与改进到决策过程的自动化 ● 深度学习、自然语言处理

出处：根据日本总务省发布的《RPA（工作方式改革：通过业务自动化提高生产率）》制作而成。

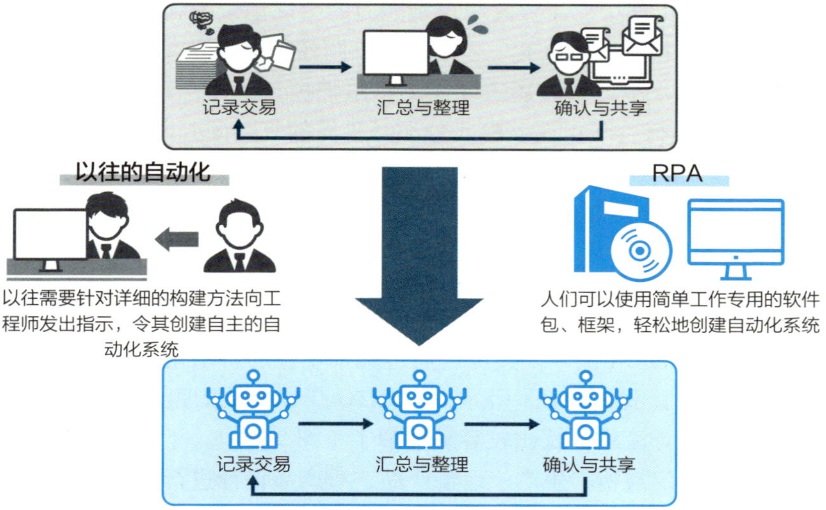

图7-25　RPA 与普通的自动化有何区别？

要点

- RPA 可以通过模仿人类的工作实现自动化。
- 业务自动化可以分为三个级别。
- 第一级的 RPA 是指简单工作的自动化。
- 近年，RPA 在实现自动化程序的高效化方面取得了划时代的进步。

RPA②：伴随AI的普及而不断扩大的自动化领域

第二级：文字、语音、图像识别技术给 RPA 带来的进步

人们将 AI 基础技术应用于第一级 RPA 中就可以实现 EPA。第一级与第二级之间的区别在于，在自动化的各个步骤中是否使用了机器学习、图像识别等 AI 技术。在第二级中，虽然整个自动化系统的流程与第一级相同，但是在每个步骤中都会添加高级任务。将图像中的对象转换为文本，识别手写文档并将其转换为数据也都属于第二级（图 7–26）。

在简单的工作中，需要高级识别能力的会议记录的制作、应对咨询等都可以实现 EPA 的自动化。不过，由于图像识别与语音识别的准确性未达到完美的水平，所以还需要人类实施把控。此外，通过机器学习，AI 已经具备进行判断正误、模式分类时所需的复杂的判断能力。因此，对于难以指定明确的判断标准的、需要依靠人类的直觉来进行确认的工作也有了实现自动化的可能。

第三级：自主地进行学习、识别、判断、建议

在第三级的 CA 中，人类可以通过决策过程的自动化，实现各个环节的自动化。让我们想象一下与一个 BTO 产品相关的报价、采购、生产、运输、结算流程，就比较容易理解了（图 7–27）。能够帮助人们实现通过网络确定规格，生产、运输产品，对产品设计进行进一步精细化升级等流程的自动化的就是第三级自动化技术。

当然，并非所有业务都能由 CA 实现自动化。只是针对老客户的规格、预算等已经固定的订单，或者仅对规格略有修改的常规订单可以实现完全自动化。在日常的商务活动中，有些项目的所有流程都已经固定下来，都是按照老规矩办的。这些按照老规矩办的工作最终都可以通过引入 AI 实现自动化。

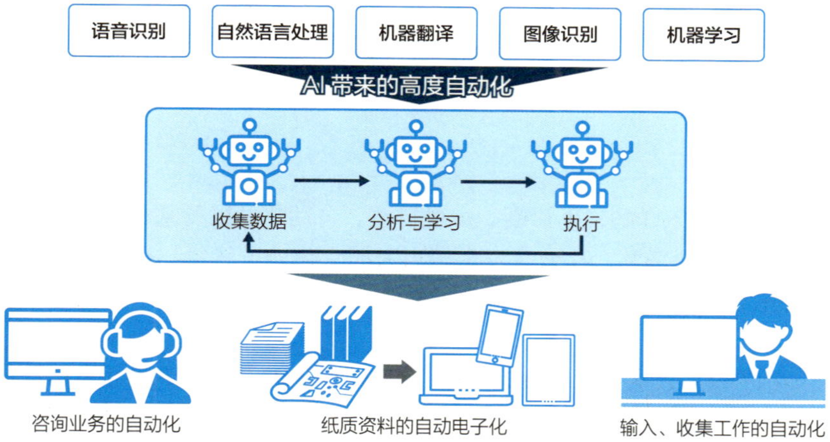

图7-26 AI促进自动化的发展

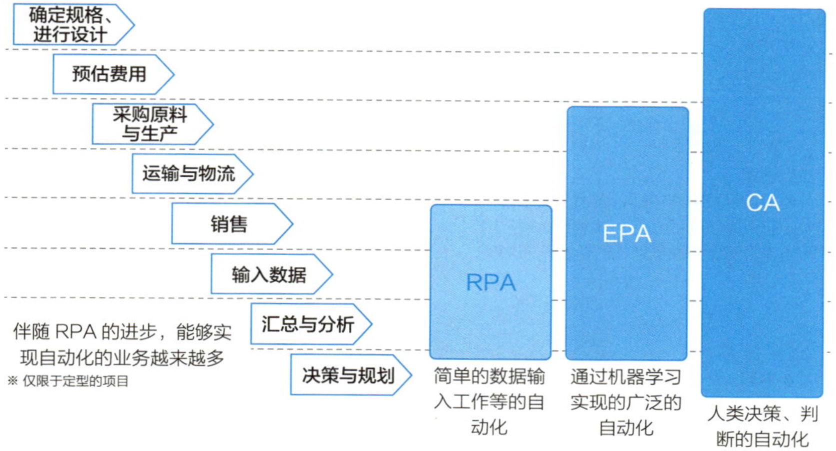

图7-27 自动化普及到商务活动中的各个环节

要点

- 人们通过引入图像识别、自然语言处理等 AI 技术实现了 EPA。
- 即使是难以明确进行标准化的任务也能实现自动化。
- CA 是指在项目中实现决策的自动化。
- 那些按照老规矩办的工作最终都可以通过引入 AI 来实现自动化。

试一试

展望一下新技术为我们带来的未来社会的远景吧

如果基于 AI 的辅助诊断、金融科技、自动驾驶以及基于无人驾驶飞机的服务得到普及，社会会发生相当大的变化。虽然每一种技术所带来的变化是有限的，但是当这些技术叠加起来时就会带来超乎人们想象的变化。

随着互联网和物流系统的进步，像亚马逊那样的网络购物平台已经司空见惯，随着辅助 AI 的出现，顾客只需向 AI 下单，商品就会被送到顾客手中。对于商业人士和普通人而言，对于新技术所带来的需求进行思考具有重要意义。那么，让我们一起对依托技术而不断变化的社会展开想象，思考一下未来会出现的新的需求、新的商业模式吧。

世界上的变化

政治因素：

- 拥有卓越技术的中国、美国企业不断兴起
- 中日两国之间的经济、技术平衡被打破
- 中美之间经济摩擦造成的影响不断加剧

经济原因：

- AI、IT 相关企业不断发展
- 伴随 IT 行业的发展，衰退行业也会出现
- 既有失业人员增加的行业，也有失业人员减少的行业
- 企业整体的效率得到提升

社会原因：

- 完全依靠 AI 来完成简单任务的情况越来越多
- 伴随物流基础设施自动化的发展，运输成本进一步下降
- 在社会上，基于图像识别技术的监控得到强化
- 伴随拥有自动驾驶功能的公共交通系统的普及，私家车的使用会减少，拼车的情况会增加

技术方面的巨变会带来什么变化

技术原因：

- AI 技术的进步
- AI 在金融科技中的应用
- 自动驾驶的普及
- RPA 带来的公司内部系统的高效化
- 无人驾驶飞机利用的普及
- AI 诊断辅助系统的导入引发的医疗改革

在这里，我以类似于 PEST 分析的形式展望了一下世界的变化。通过技术手段来分析社会变化的方法可以说是多种多样。一些未来的变化是我们完全预测不到的，而一些变化则相对比较容易预测。我们可以通过将预测结果列出来的方式来发现未来的新需求、新商业模式。

第8章

人们围绕AI展开的各种争论

~AI是无所不能的机器吗~

必须了解的人工智能的分类

人们根据意识的有无将 AI 分为强人工智能与弱人工智能

关于 AI 的各种争论往往是因为人们对 AI 的定义含糊不清，无法达成一个共同的前提。其结果就是人们常常各持己见，互不相让。在这里，我想介绍一下需要各位了解的针对 AI 相关课题的各种看法。

首先，人们围绕 AI 争论已久的问题就是**强人工智能**（强 AI）和**弱人工智能**（弱 AI）的问题。这是从 AI 是否具备“意识”和“智力”等智能生物所具有的根本能力的角度来思考 AI 的问题。强 AI 指的是具有与人类同等意识和智能的 AI，弱 AI 指的是看似具有意识和智能的 AI（表 8-1）。在现代社会中存在的 AI 大多属于弱 AI，而在创作作品中出现的 AI 往往被描绘成具有意识的强 AI。人们由此产生了针对 AI 认识的差异。

人们基于任务将 AI 分为通用人工智能和专用人工智能

也有人认为应该停止连针对人类都有许多未解问题的有关意识、智力的讨论，将注意力放在“AI 能够为人类做些什么”的问题上。他们主张将 AI 分为**通用人工智能**（通用 AI）和**专用人工智能**（专用 AI）。他们不关心 AI 有没有意识和智能，纯粹按照与人类相比能够完成多么复杂的任务来对 AI 进行划分。他们将像人类那样的“无所不能的 AI”称为通用 AI，将“能够完成一部分任务的 AI”称为专用 AI。另外，我们需要注意的是，强 AI 绝对是通用 AI，然而能够和人类一样行事的通用 AI 未必都是有意识和智能的强 AI（图 8-1）。

以前，人们曾经以再现人类智能（强 AI）为目标展开 AI 研究工作，后来从商业和实用性的角度出发，将目标调整为如何将人类的工作交给机器（通用 AI）来完成的问题上。但是，在社会上，人们对于 AI 抱有各种各样的看法，有人认为 AI 和人类不同，有人认为什么事情都可以交给 AI 来做，有人甚至认为有朝一日人类会被 AI 劫持。

表8-1 人工智能的分类与定义

分类	意识与智能	能够执行的任务	事例
人	有	非常广泛	N/A
强人工智能	有	与人类相同甚至高于人类 ※ 不做严密的讨论	仅存于创作作品之中（哆啦 A 梦等） ※ 许多 AI 甚至具有人的情感
弱人工智能	没有	所有智能任务 ※ 不做严密的讨论	现有的所有 AI
通用人工智能（AGI）	N/A ※ 不讨论	与人类相同甚至高于人类	仅存于创作作品之中 ※ 具有与人类相同的能力，但不具有人类情感的情况比较多
专用人工智能	N/A ※ 不讨论	极具局限性	现有的所有 AI

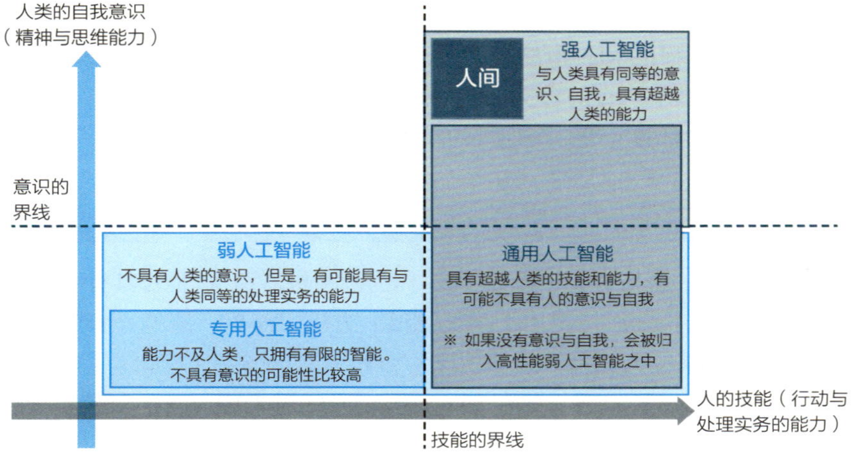

图8-1 AI 分类的示意图

要点

- 强 AI 和弱 AI 是聚焦“人类的智力、意识”层面的思维方式。
- 通用 AI 和专用 AI 是聚焦“人类的技能与能力”层面的思维方式。
- 因为人类尚未弄清人类的意识和智能的机制，所以针对强 AI 难以做出判别。
- 不关心有无意识、只关注具有怎样的能力的有关“通用 AI”的讨论非常活跃。

AI对语言的理解①：能够通过语言测试智能吗

有关具有强大的自然语言处理能力的 AI 课题

随着巧妙地运用了 Attention 的 Transformer 的出现，AI 的自然语言处理能力得到了显著提高。目前，AI 已经拥有与人类接近的书写和对话能力。然而，这种自然语言处理技术的基础仍然是将语言进行数值化处理的 Word to Vector 和利用神经网络的特征提取来生成具有高关联性句子的文章生成技术。它的做法是，通过统计分析来操控各种表达，在不掌握句子的含义、定义的情况下，仅仅以"与这句话匹配的表达是这个"的形式做出判断（图 8–2）。

即便是这样的 AI，也能写文章，写出好的摘要文章甚至小说。虽然这样的 AI 不理解语言的含义，但是它可以完成人类交给它的任务。从这个角度而言，它的确是一个优秀的专用 AI。

图灵测试及其课题

那么这些 AI 是否属于强 AI 呢？作为判断机器和 AI 是否具有智能的一种方法，艾伦 · 图灵提出了图灵测试。方法很简单，那就是人类在与 AI 交谈时，测试人类是否能够识破对方是 AI（图 8–3）。如同在现代社会中，如果你无法识破与你在 SNS 平台、在线聊天中交谈的对象是 AI，你就会做出"那个 AI 具有智能"的判断。这个方法很直观且易于理解。这是一种如同人们在进行面试时需要对方做智能测试那样的易于使用的方法。

这个测试被提出的时候，AI 还处于问世之前的思想实验阶段。如今，通过图灵测试的 AI 已经出现，图灵测试再不是什么幻想故事了。现在，我们联系客服中心的时候，接待我们的不是人类而是 AI 的情况已是司空见惯，AI 已经达到了与人类无异的应答水平。如果智能能够通过图灵测试来衡量的话，那么 AI 就会被认为已具备智能了吧。

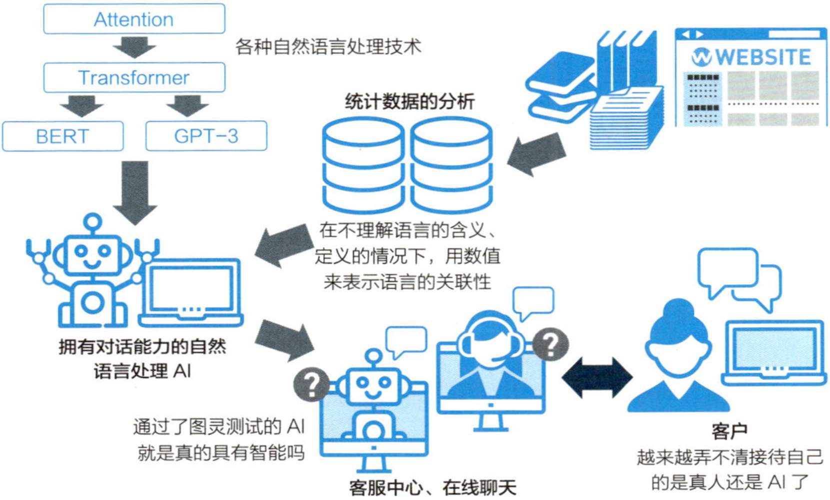

图8-2 当代人类与 AI 的交流

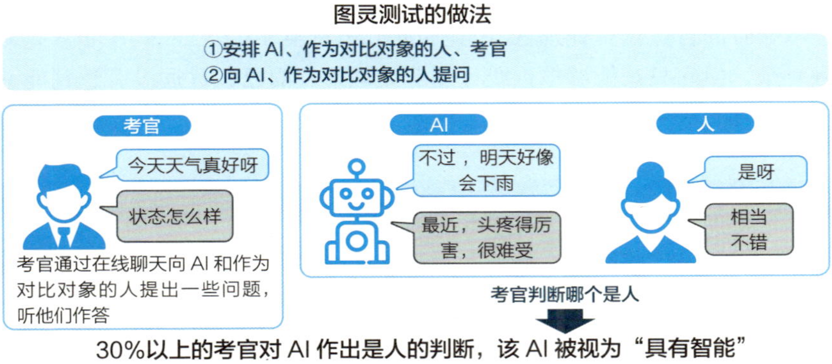

图8-3 图灵测试是什么？

要点

- 自然语言处理 AI 能够运用高端的统计分析方法来巧妙地操控语言。
- 即便是能够像人类一样说话的 AI，也只是专用 AI 而已。
- 图灵测试认为如果无法区分一台 AI 与人类，那么该 AI 就被视为具有智能。
- 当代的 AI 具有通过图灵测试的能力。

AI对语言的理解②：对意思的理解与现实的障碍

中文房间与"理解"的障碍

AI 即使通过了图灵测试，也不能说它与人类具有同样的智能。那是因为我们不能仅仅看到 AI 通过了这样的测试，就能做出 AI 能够理解语言的判断。

有一项针对图灵测试提出异议的著名的思想实验叫作**中文房间**。该实验的做法是这样的：在一个房间里有一个不懂中文的人，一个懂中文的人从门缝里递给他一封信。房间里面的人不知道信上写了些什么，但是可以通过一边阅读手册一边写回信的方式与屋外的人交流。外面的人认为房间里的人懂中文，其实房间里的人并不懂中文。也就是说，房间里的人**具备按照手册行事的智能，但没有理解语言的智能**（图 8–4）。

如今的自然语言处理 AI 也是如此。虽然自然语言处理 AI 非常高端且复杂，但它只是能够根据统计手册处理语言而已，远远没有达到能够理解语言的水平。

符号接地

要想解决这些问题，除了需要理解词语的含义外，还需要一个被称为**符号接地**的将词语与现实世界联系起来的过程。AI 虽然无法理解苹果、猫具体指的是什么，但是可以与人建立对话。当被问及"苹果是什么颜色的？"的时候，AI 会做出"它是红色的"的回答；当被问及"猫的叫声是什么样的？"的时候，AI 会回答"喵喵"。

不过，AI 只是在从以往的对话、数据库中提取数据的基础上做出回答而已，并不明白"红色"是什么颜色，"喵喵"是什么样的声音。如果被问及"苹果的叫声是什么样的？"的时候，它完全有可能回答"喵喵"。**要想正确理解某个概念就必须从现实世界中获取必要的信息。如果无法获得这样的信息，就不能理解语言的真正含义。这就是符号接地问题**（图 8–5）。为了解决这个问题，我们必须找到 AI 联系现实世界的方法。

在“中文房间”实验中人们即使彼此不理解语言的含义也能进行交谈

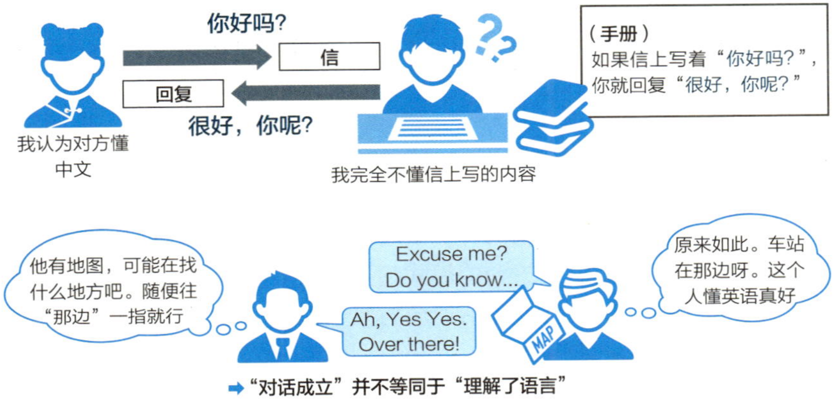

图8-4 思想实验“中文房间”

由语言与现实脱节所引发的“符号接地问题”

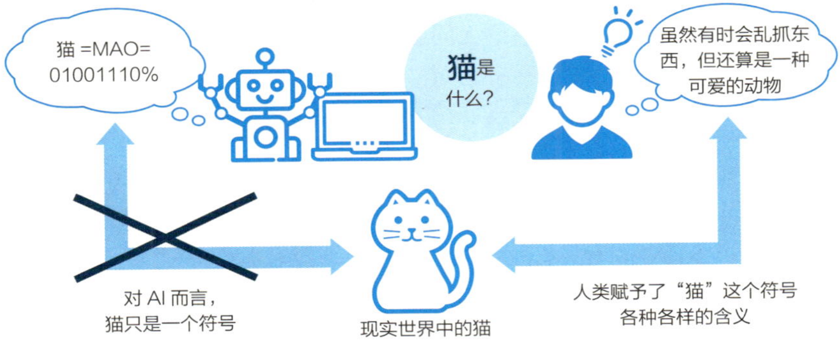

图8-5 符号接地问题

要点

- 思考实验“中文房间”告诉我们，对话成立并不等同于理解了语言。
- 通过了图灵测试与是否具有智能是两个不同的问题。
- 符号接地问题是指 AI 所处理的语言与现实的事物、概念并未联系在一起。

陷入无法判断状态的问题

发生于现实世界中的组合爆炸

在现实世界中，AI 面临的另一个问题就是**组合爆炸**。如今的 AI，在手册和机器学习中能够设想到的模式超过了人类的水平。通过组合假设的模式，可以在一定程度上灵活地应对复杂情况，也可以在测试过程中通过模拟逐一消除缺陷。

然而，能够设想到的情况必须是有限的。可能应对的情况越多，组合就会爆炸式增加。这就是组合爆炸（图 8-6）。针对每一种可能的情况都进行测试是不现实的。如果 AI 能够应对众多情况，并且实际应用于第一线，那么在第一线必然会出现各种问题、前所未有的情况。届时，开发人员都不知道 AI 是否能够毫无问题地做出应对。

思维框架难以确定的框架问题

减少组合模式的一种方法就是减少设想情况并创建一个思维框架。如果能够正确地设置框架，组合模式的数量就会减少，对各种不同情况做出应对也会成为可能。

在自动驾驶汽车的 L4 级别中，人们通过减少各种假设的情况，让 AI 针对每种情况可能出现的各种场景的应对方式进行学习，从而达到即使将所有驾驶任务都交给 AI 也能保证极高的可靠性水平。但是，在如同 L5 级别那样的没有框架的情况下，就需要 AI 自行缩小框架范围。如果无法设定合理的框架，伴随未预料到的情况的增加，就会导致致命的错误，如果能够设定合理的框架，AI 面对大多数的情况都可以做出应对（图 8-7）。

严格来说，连人类自己都无法解决这个问题，这一直以来被认为是个无解的问题。然而，如果我们认为“达到与人类的同等水平”就可以时，作为折中方案，我们可以让 AI 学习人类的框架设定方法。就自动驾驶汽车而言，就是让 AI 达到熟练驾驶员的水平。

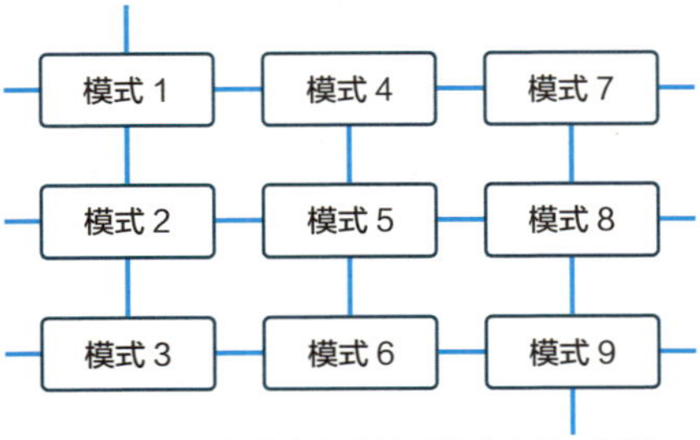

假设创建一个可以响应各种情况的状态机，通过从模式 1 到模式 9 的组合可以得到“12 种方式”（与路径的组合计算是一样的）

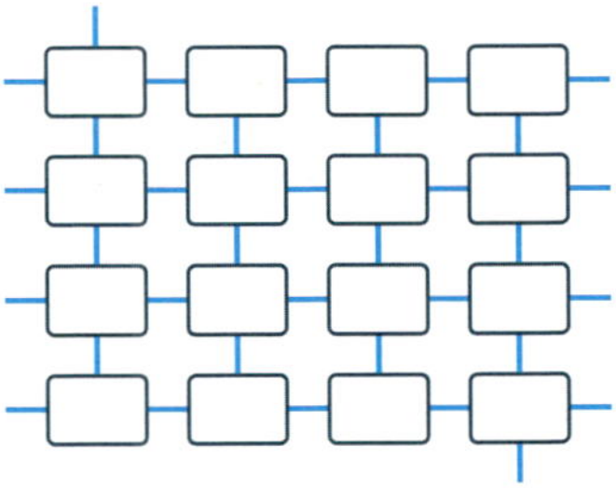

模式增加为 16（4×4）种时，就会产生“184 种方式”的组合模式。此外，如果增加为 5×5 种模式就会产生 8512 种。如果增加为 6×6 种模式，则会超过 100 万种。在现实世界中可能出现的模式会更多

➡ **伴随模式的增加，组合会爆炸式的增加**

图8-6 组合爆炸

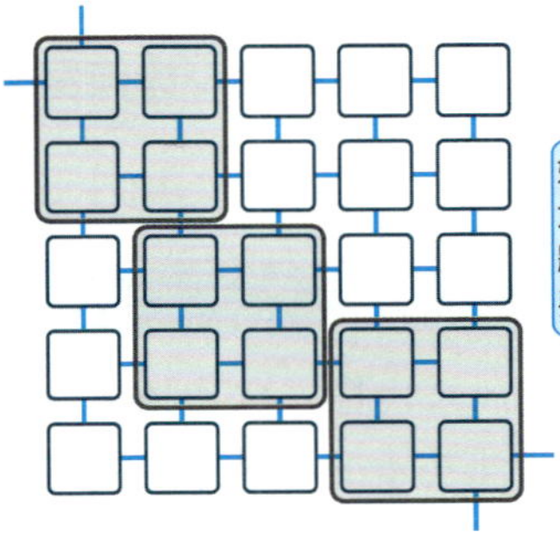

在构建思考复杂问题的框架之后，如果缩小选项范围，组合的数量就会减少，就可以得到答案

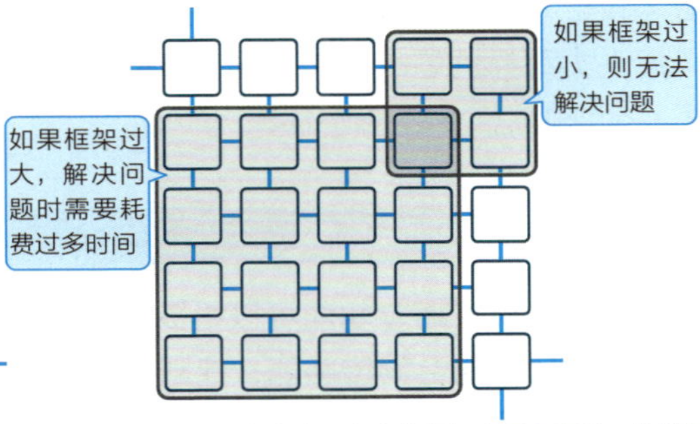

太大的框架没有意义，太小的框架也没有意义。从数量庞大的模式中选择合适的框架非常困难

➡ **AI 很难从无数的组合中缩小框架的范围**

※ 在现实的 AI 中，人们最初是通过限制用途（专用 AI）的方式设定框架的

图8-7 框架问题

要点

- 组合爆炸是指伴随可能产生的模式的增加，模式之间的组合会产生爆炸式增加的现象。
- 要在数量庞大的可能性之中完成任务，设定框架是必不可少的。
- 对 AI 而言，针对数量庞大的可能性进行锁定框架的设定工作具有很高难度。

AI的具身化①：接近人类的身体

要想让 AI 达到接近人类的水平必须具备的身与心

仅仅通过收集有关人类的统计数据，AI 就可以如同人类那样进行简单的交谈、完成任务。但是，AI 如果在所有情况下都能达到或者超越人类的水平，框架问题和组合爆炸等问题的解决就会变得更加困难。原本连驾驶这个特定任务中的框架问题都难以解决的 AI 必须作为达到与同时肩负多重任务的人类同等水平的通用 AI，面对着巨量的不确定性。

解决这个问题所需要的是 AI 的意识和身体。人们认为，如果 AI 具备了接触社会的物理身体和能够综合思考多项任务的意识，它就能够获得像人类那样的综合智能（图 8–8）。于是，如何解决 AI 的身体问题成了一个课题。

AI 的具身化与五感

AI 的视觉和听觉功能可以用摄像机和麦克风来代替。AI 发挥味觉和嗅觉功能的是**化合物传感器**，伴随化合物的检测技术的改进，其达到接近人类的水平也是可能的。我们可以使用**压力传感器**赋予 AI 与社会互动时所需的触觉和四肢。就机器而言，这是一种人类的听觉、嗅觉和味觉器官都集中在头部各司其职，触觉神经则遍布全身，甚至还深藏体内。

如果想要 AI 拥有与人类相同的身体并获得相同的感知信息，就需要解决符号接地问题，这是自然语言处理领域的一大障碍。事实上，AI 很难真正拥有与人类一样的身体。仅使用影像、语音、语言信息可能难以理解“猫很柔软”的感觉信息，或者理解“悲伤”之类的情绪与感觉相交织的表达。不过，AI 可以获得与人类相似的身体，也可以仅对人类的感觉信息进行信息化处理（图 8–9）。理解人类的方法不止一种。

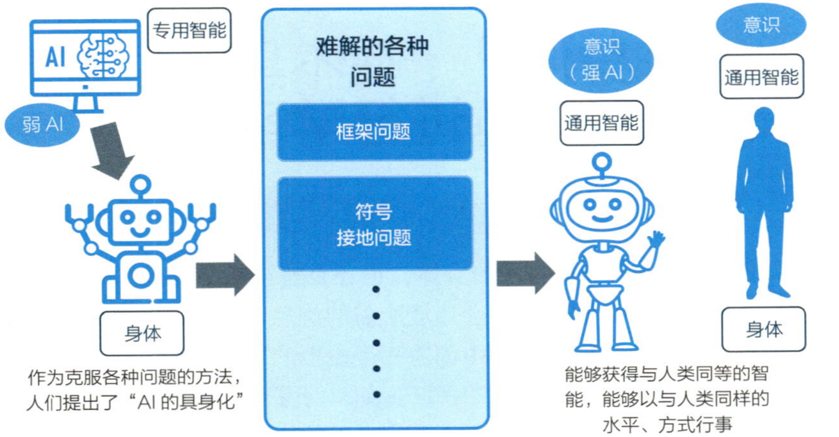

图8-8 能够克服 AI 所面临问题的具身化

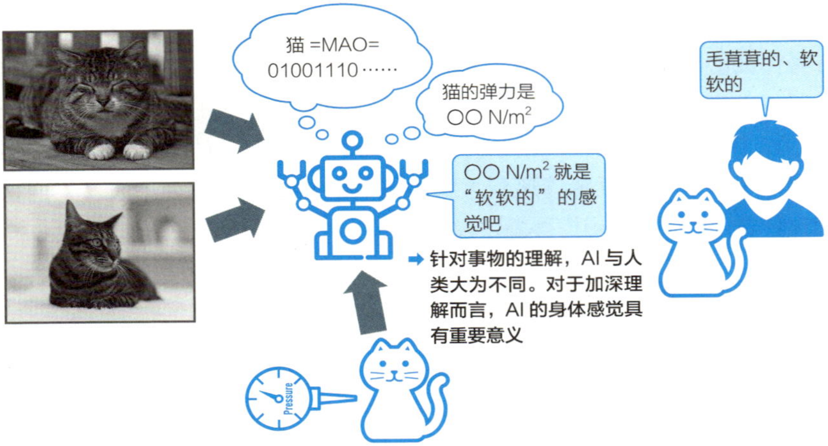

图8-9 通过具身化来加深对人类的感觉的理解

要点

- 要想让 AI 能够如同人类一样行事，就必须赋予 AI 身体。
- AI 通过身体可以获得意识或者接近意识的统合思考能力。
- 对于符号接地问题的解决而言，具身化具有重要意义。

AI的具身化②：在不具有身体的情况下对感觉进行学习

模拟与人类的知觉信息

即使AI没有和人类一样的身体，也还是有办法使其能力接近人类的。人类会在收集了解人类社会环境所需的信息，通过模拟的方式填补不足的信息之后，在**虚拟空间**中创造一个模拟的现实世界。这就类似人类用想象力来填补缺失的知识的做法。如果身穿全套装备的人类能够在虚拟现实（VR）空间中获得无异于现实世界的体验的话，没有身体的AI也应该能够体验到与现实世界非常相似的体验吧。这就是在虚拟世界中通过获得模拟身体来学习人类的具身化（图8-10）。

此外，如果AI能够用**数字数据**取代人类的知觉信息，那它就没有拥有身体的必要了。AI通过对人类神经信号的分析，可以了解人类在特定情况下的感受。这项技术还可以应用于神经系统疾病的治疗和假肢的开发。如今，一些研究人员正致力于能够如同使用自己的手指一样灵活地活动的手指并能将触感传递到大脑的假肢的开发工作中。未来，人们认为这种技术还可以应用于大脑的数字连接。

自行思考的元学习

一旦实现具身化，AI可以识别的世界就会越来越大，下一步AI就会朝着获得意识的方向发展。此时，必不可少的是从俯瞰的角度思考自己的想法与认知的思维能力。就像笛卡尔说的那样“我思故我在”，如果有一个针对自己进行思考的“自我”的话，就有可能获得一种接近于意识的东西。

在AI研究中，有一种被称为**元学习**的先进方法。这是一种让AI通过分析自己的学习过程来提高机器学习效率的方法。这类似于人类从客观的角度分析自己的学习和思维（图8-11）。俯瞰的思维方法不一定是意识的起点，但它是获得意识的重要步骤之一。如果AI能够针对与社会之间的互动展开思考，那就更接近拥有人类的意识了。

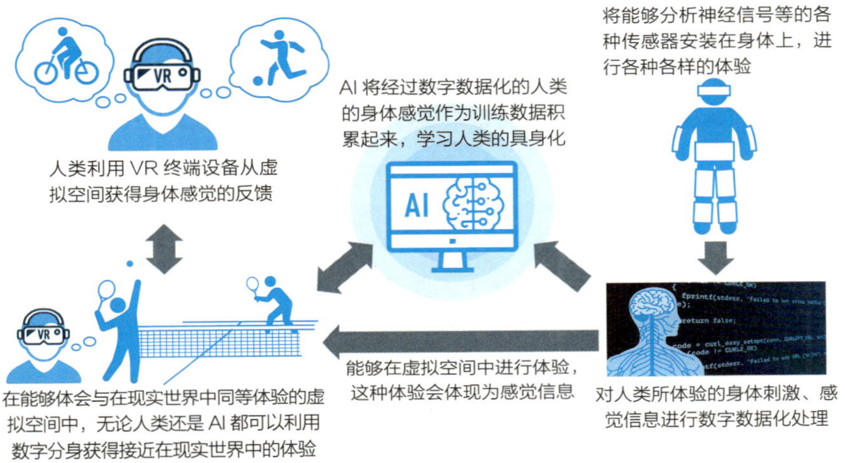

图8-10 利用虚拟空间学习具身化的 AI

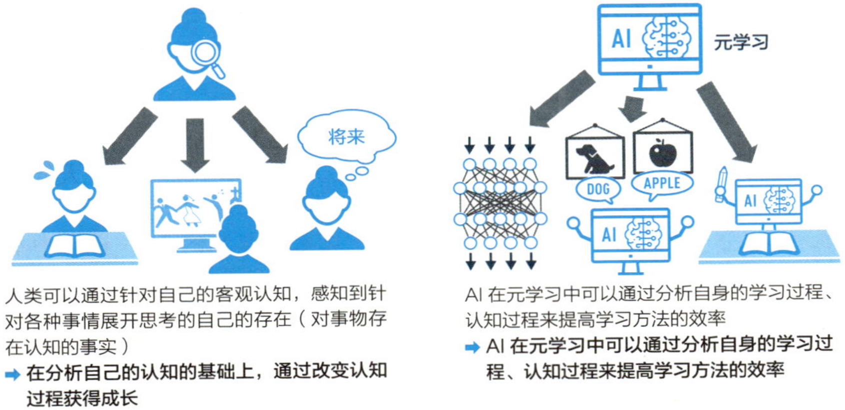

图8-11 从俯瞰的角度持续学习的 AI

要点

- AI 即使没有物理身体，也可以在能够展现人类的身体信息、活动的虚拟空间中进行模拟的具身化学习。
- 人类可以将针对人类身体信息的数字化技术应用于医疗领域。
- 人们正在展开让 AI 通过元学习从俯瞰的角度寻求学习高效化的方法的研究。

受人类影响的AI所持有的偏见

AI 也会学会人类身上的偏见

机器学习在许多方面反映了**人类的价值观**。监督学习是以人类确定的正确答案为基础的，学习是根据人类的意图完成的。强化学习也受到人类的影响，因为学习的方向是由人类确定的。根据算法的不同，无监督学习也会受到人类的影响。这些因素就会造成 **AI 的偏差**的产生。

这里的偏差具有人类社会中的偏见的含义，包括种族和性别歧视等内容。例如，只针对茶色猫进行过学习的 AI 会认为白猫“不是猫”，这就是 AI 的偏差（图 8-12）。这种偏差很容易纠正，然而，当人们通过对男性和女性平均工资的对比做出“男性更为优秀”的判断时，由于社会上的性别差距已经反映到了数据上，纠正这种偏见就没那么容易了。

AI 无法解决的偏差问题

如果机器学习是在统计数据中清晰可见的偏见和歧视的情况下进行的，那么带有偏见和歧视的 AI 就会出现。如果可复制的 AI 在社会中不断普及，想必社会偏见将会进一步蔓延。为了防止这种情况的发生，开发人员需要对偏见进行纠正。此时，开发人员需要无视统计数据向 AI 传授理想世界的情况。统计数据反映的是现实世界，因此没有任何个人和团体能够向其中加入自己的意志。然而，如果开发人员构建一个理想世界之后，将其传授给 AI，AI 的价值观和 AI 普遍存在的社会的价值观就有可能被某些个人和群体的意图所扭曲（图 8-13）。

除非根本性的社会问题得到解决，否则起源于社会问题的偏见将无法解决。这是因为无论我们让 AI 的价值观接近于社会的价值观，还是理想的价值观都未必正确。由此可见，AI 的判断只是人类判断的参考，人类并不能将一切的判断都委托给 AI。

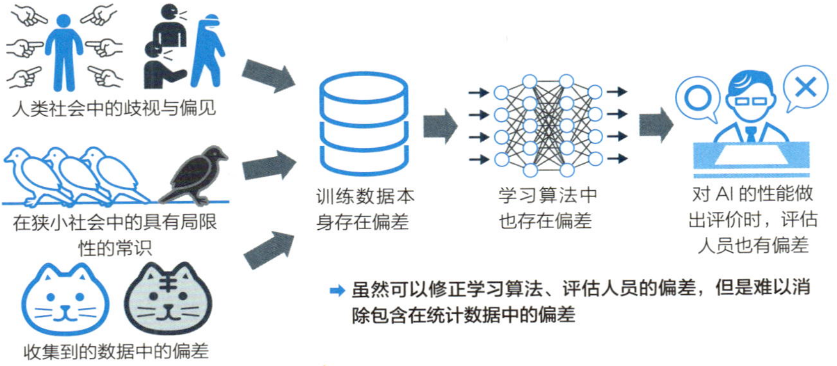

图8-12 由于受到现实社会的影响而在 AI 身上产生的偏差

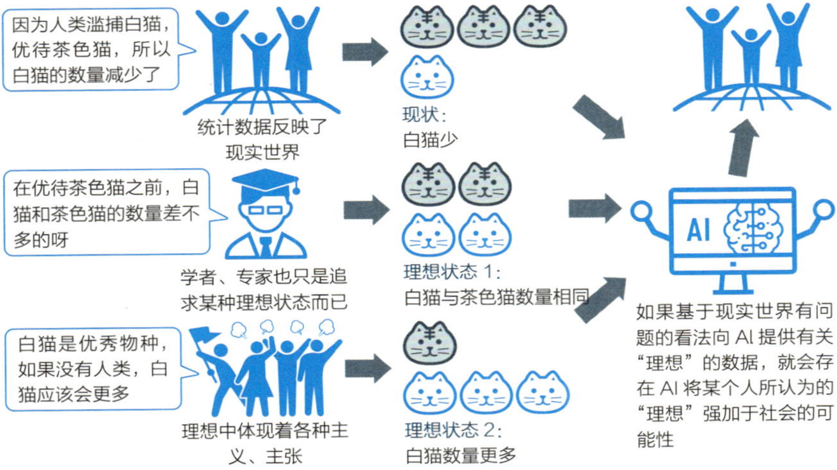

图8-13 AI 针对无偏差的世界进行学习之后的风险

要点

- 来自现实社会的统计数据存在偏差，这种偏差会反映到学习过统计学的 AI 身上。
- 在理想的世界中没有“正确答案”，所以如果向 AI 传授理想，就有可能会带来强制思想的风险。
- 伴随 AI 的普及，存在某种价值观借助 AI 得到强化的可能性。

基于AI对人类获得信息的控制

喜欢偏见的人类会助长偏见

即使 AI 本身不包含偏见，也存在人类使用 AI 助长偏见的风险。用户利用网络购物、SNS 平台的推荐功能，可以轻松获得符合自己喜好的内容。然而，这会助长用户的偏向性。

AI 通过收集特定类型的信息和关键词，显示有偏向性内容的做法，会令用户的喜好和想法的偏向性进一步加强。这是被称为**过滤气泡**的过滤功能的弊端。AI 还会作为推荐的用户，将兴趣爱好相似的人们聚集起来。在拥有相同思想的集团中，特定的思想会得到强化，这被称为**回音室效应**。AI 只是收集用户喜欢的内容，结果却产生了偏向性（图 8-14）。Al 如果面向用户广泛地推荐某种产品，很多用户会不喜欢推荐的产品。只要使用 AI 的用户有偏向性，那么支持用户的 AI 就不可避免地会助长这种偏向性。

借助 AI 的信息管控

这种偏向性有时不是由用户，而是由平台或第三方造成的。使用被称为“深度伪造”的图像处理技术制作的合成视频的扩散会导致错误信息的传播。通过 AI 故意传播特定的思想和想法的事，实际上已经有人在做。

即使 AI 本身不包含偏见，使用者也可以简单地传播偏见。相反，为了传播正确的信息而使用 AI 也是可以的。目前，很多 SNS 平台都在致力于传达准确信息的技术开发工作。但是，能否正确地使用信息，相比 AI，更多地要取决于人类自己（图 8-15），除非人类有意识地努力不产生偏见，否则 AI 的偏见问题不会得到解决。

过滤气泡

为了帮助用户收集“感兴趣的信息”，人们会利用 AI 过滤器只为用户挑选其喜欢的信息

回音室效应现象

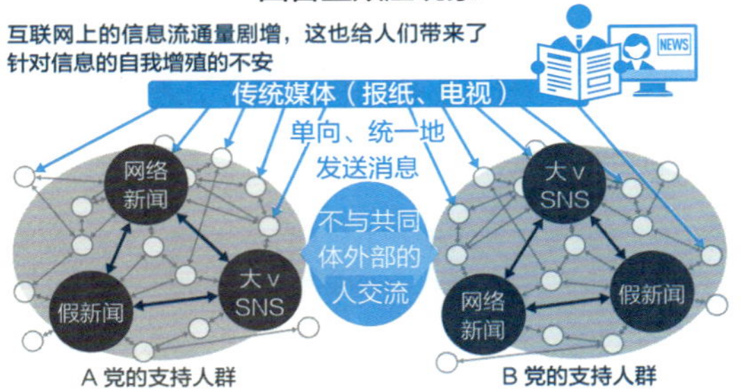

出处：根据经济产业省发布的《不安的个人、停滞的国家——如何在没有参照模式的时代积极地生存下去》制作而成。

人们只会和“与自己主张相同的人”组成集团。通过借助 AI 的力量，人们可以很简单地构建由主张相同的人们组成的集团。作为结果，集团内的人们就不会再与持不同主张的人们交流

图8-14 过滤气泡与回音室效应

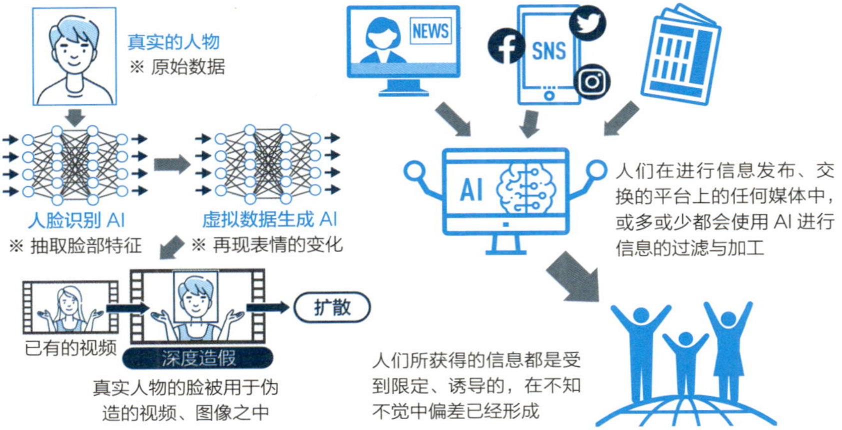

图8-15 受到 AI 伪造的信息的影响，社会会发生变化

要点

- 过滤气泡是一种只看自己喜欢的信息的方法。
- 持有相同意见的人们会产生回音室效应。
- 人们可以利用深度伪造技术来伪造信息。
- 由于人类利用 AI 时只查看自己喜欢的信息，人类看法的偏差会进一步加大。

黑匣子化的无法理解的AI思维

神经网络的思维是无法理解的

在神经网络内部存在无数个参数用来解决复杂的问题。在机器学习的过程中，这些参数会通过细微的改变来接近最优值。但是，参数的数量巨大，其中既有有意义的数值，也有没有意义的数值。因此，人类没有办法了解神经网络做出判断的依据，只是基于“虽然不知道这台机器是根据什么做出判断的，但是它能给出正确答案”的心态使用 AI 的。

即使 AI 出现了错误，人们也很难确定到底是神经网络的哪个部分出了问题。修正错误时，人们需要进行**新的学习**，新的学习遵循与传统程序不同的过程，例如将参数恢复到错误发生前的数值或者通过再学习（重新训练）AI 给出正确答案。结果，在不知道造成错误的根本原因是否已得到纠正的情况下，开发人员只是根据“没有再发生同样的错误了”的结果，就会宣布“修正完毕”并对外发布 AI（图 8-16）。

用于理解 AI 的 AI 问世

不过，这绝对不是一个无法解决的问题。分析神经网络的 AI 能在巨大的神经网络中找出与特征提取相关的特定的网络。也就是说，这样的 AI 就是在神经网络与人类之间发挥翻译作用的 AI。

因此，在医学领域中，通过分析哪个网络在 AI 做出判断时做出了反应，就有可能在利用医学图像的诊断中展示出“这里有异常”或者“与这种疾病相似”的根据。而且，在诊断结果是正确的时候，人们或者可以找出“不应该只根据这一点就做出判断”之类的判断根据模糊的地方加以修正；或者可以在发现“如果我们仅凭这个特征就能进行判断的话，诊断的精准度就会提高”之类的地方进而通过研究实现精准度的提升（图 8-17）。对于 AI 的普及而言，这种**可解释 AI** 是必不可少的技术，目前，相关人员正围绕这个课题开展各种各样的研究工作。

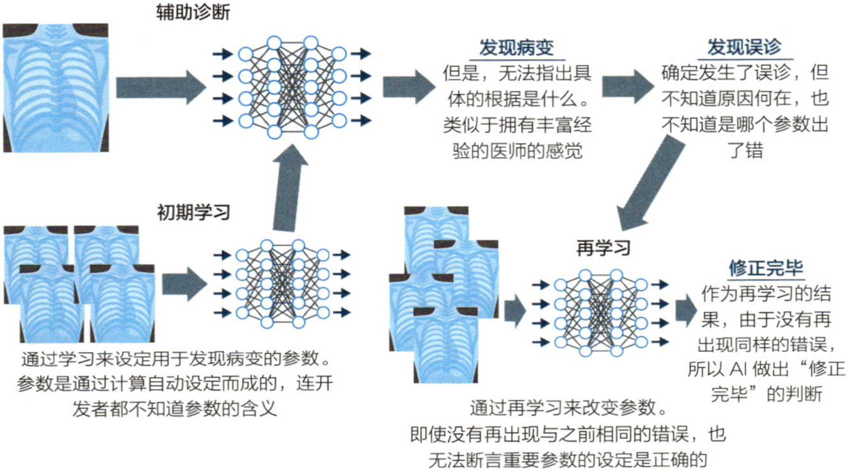

图8-16 不可解释 AI 的风险

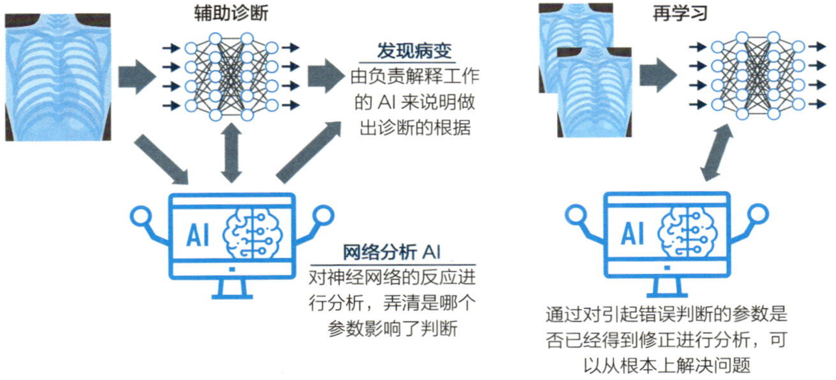

图8-17 可解释 AI 的优势

要点

- 连开发人员都不知道以神经网络代表的复杂 AI 的判断根据是什么。
- 虽然不知道问题的原因在哪里，但是仅凭之后没有再出现过同样的错误的结果就做出“修正完毕”的判断。
- 如果使用用于分析神经网络的 AI，就可以做出说明。

AI伦理①：AI的令人费解的机制与应用

为什么 AI 伦理如此重要

随着 AI 在社会中的广泛使用，出现了有关 AI 的伦理问题。伦理是一个有关善恶的领域，会对人类关于法律、惯例和道德的人生观产生重大影响。伦理原本是一个与作为人类工具的机器无关的领域。然而，AI 具有以往的机器不具有的**高级判断**能力，能够独自处理涉及人类的**数量庞大的信息**。在某些情况下，AI 甚至能够做出比人类更可靠的决策。

作为结果，AI 甚至已经达到受到包括善恶在内的人类**价值观**的影响的地步。以往只有人类才需要做有关价值观的思考。使问题进一步复杂化的是，这些价值观没有正确答案，也不能从统计的角度认为多数人的看法就是正确的（图 8–18）。AI 可以在没有正确答案的情况下学习，就像孩子那样学习人类的价值观。面对人类的价值观这个没有正确答案的问题，我们必须针对应该向 AI 传授的内容进行探讨。如果我们忽略了这样的探讨，AI 就有可能会对社会产生负面影响。

无法承担责任的 AI

有关 AI 的另一个主要课题是 AI 不能针对自己引起的问题负责任。即使能够追究 AI 的责任，人们也无法根据其影响范围进行追究。即使由用户负责，AI 也不是像传统程序那样让任何人都知道按下执行按钮后会发生什么。针对根据情况自主、灵活地做出判断的 AI 所引发的问题，判断应由用户、开发人员、司法机关、行政机关中的哪一方负责绝非易事（图 8–19）。

所以，我们必须事先制定明确的规则来规定谁应该承担最终的责任。我不知道应该以法律、合同、协议、程序手册中的哪种形式来制定规则，但那肯定是经过事先讨论制定出来的。制定这种规则的基础在于对 AI 伦理的基本探讨。

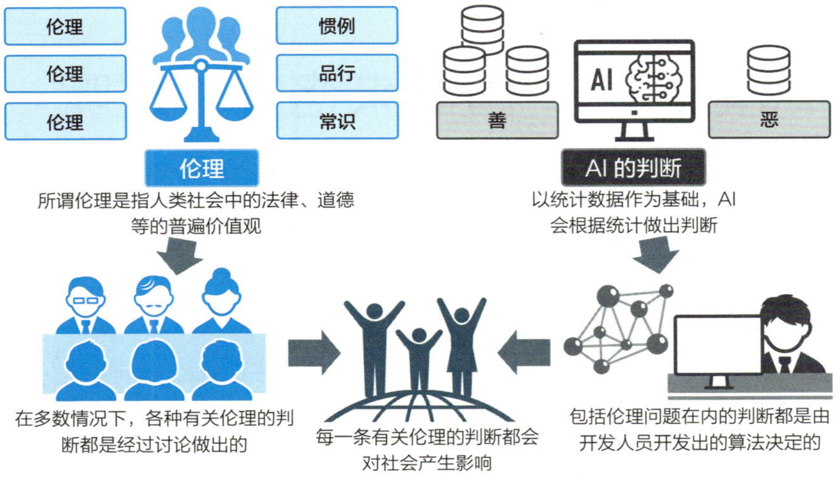

图8-18 与 AI 相关的伦理问题

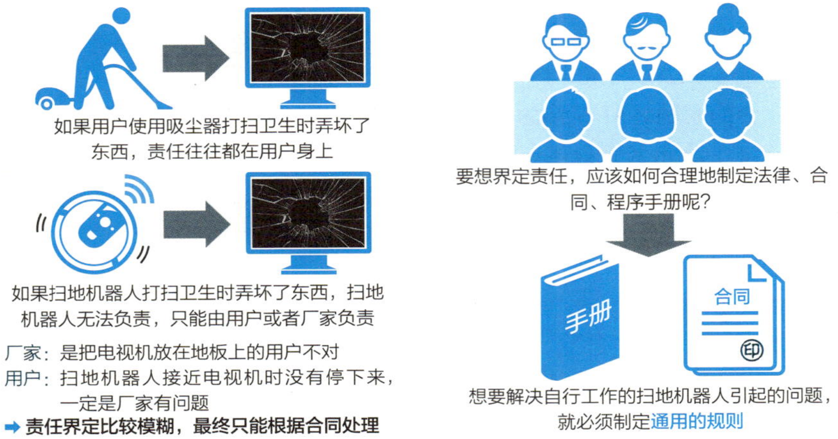

图8-19 责任模糊之处

要点

- AI 已经能够对包括区分善恶在内的人类的价值观产生影响。
- 基于统计做出判断的 AI 做出的判断有可能会偏离人类的判断。
- 要想解决 AI 相关的问题，制定通用的规则是必不可少的。

AI伦理②：由谁来恪守伦理呢

由 AI 做出的判断与电车难题

人类无法理解 AI 的思维过程一直是关乎 AI 责任所在的重大问题。不过，假设人类能够理解 AI 的思维过程，那么又会遇到 AI 思维过程中出现错误时，应该如何修正的问题。

在这里，让我们一起思考一下**电车难题**吧。在电车难题中，人们必须做出判断，如果不采取任何措施就会杀死 5 个人，如果想要救这 5 个人就要杀死 1 个人（图 8-20）。这是一个伦理问题，回答的内容会根据人们的伦理思想、立场不同而不同。人类是根据自己的思想信条行事，自己对自己负责的。

与人类不同，**AI 是根据设定的优先级行动的，这样的设定又经过复制而对整个社会产生影响。**换句话说，开发人员的思想信条会产生影响整个社会的问题。AI 被作为商品销售时所产生的问题会相当严重。只要是商品，在设计上就会存在优先考虑付钱的用户和赞助商的利益，忽略对周围环境的影响和伤害的可能性。自动驾驶汽车基于优先保护驾驶员的思维，就有可能低估对行人及其周围环境造成的影响。

有关 AI 伦理的准则

过去，在科幻小说中，人们曾经思考过**机器人三原则**。但在现实世界中，这样的探讨是不够的。近年来，世界各地的人们作为 AI 使用的伦理准则提出了造福社会、公平公正、履行对社会的各种责任、妥善处理个人信息和数据、确保可靠性和安全性和尊重人类等有关 AI 普及时的承诺事项（图 8-21）。

AI 伦理准则是开发人员和用户在设计和使用 AI 时应该牢记的规则，而不是需要由 AI 遵守的规则。这意味着参与 AI 相关工作的每个人都必须牢记伦理准则，并针对在 AI 的开发和运营过程中是否存在任何伦理问题不断进行自省。

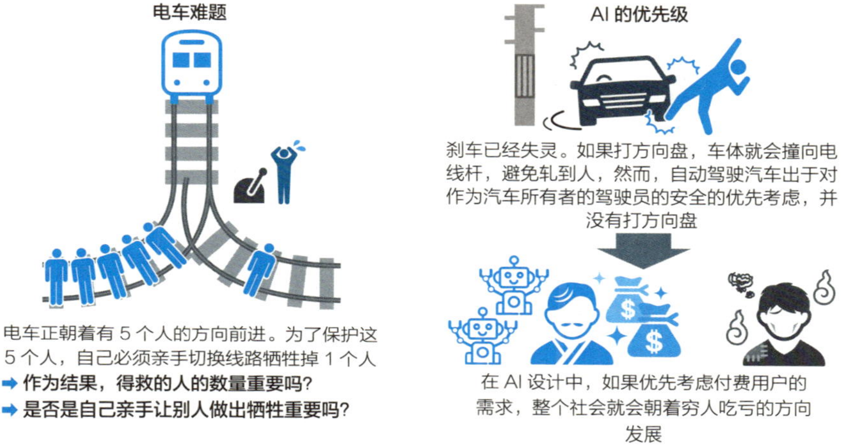

图8-20 电车难题与 AI 的优先级

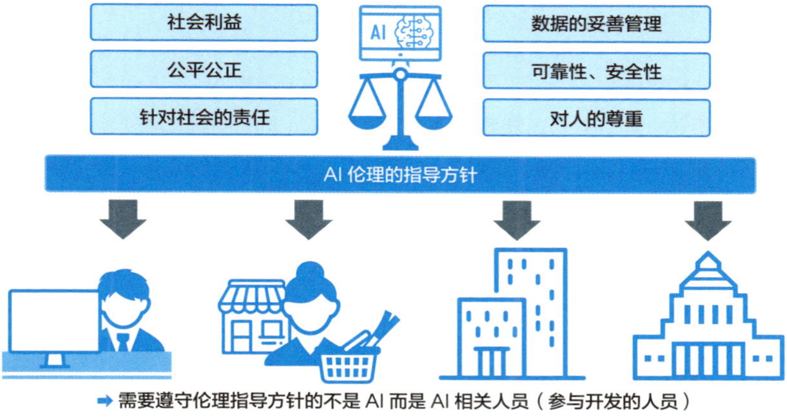

图8-21 AI 伦理的指导方针

要点

- 在回答没有明确答案的“电车难题”时，人们需要针对自己做出的回答负责。
- 无法承担责任的 AI 会遵守人类制定的优先级。
- 有关 AI 的指导方针，各种团体都提出了建议，执行方针的是包括开发人员、政府在内的所有与 AI 有关的人员。

AI的垄断与公开化

不可避免的AI技术的垄断问题

我们在制定了AI伦理准则之后，还会遇到一个不可避免的问题，那就是**AI技术的垄断**。即使企业遵守AI伦理并正确运用AI，只要AI技术是一种提供给用户的服务、商品，就存在重要技术和数据被一部分企业垄断的风险。在AI市场中，自主技术和数据是企业的命脉，企业无论如何推动信息共享，都不会将产生利润的核心部分与他人共享。一些企业即使在技术上不占据优势，还是可以利用大型数据中心、优秀的人才获得垄断地位。

这个问题不仅限于AI，但考虑到其影响范围，它比传统的市场垄断更具重要意义。一些大企业对信息和平台的垄断已经成为问题，这个问题或许在AI市场也会发生。为了防止这种AI垄断及其负面影响，政府和第三方机构的监管、立法至关重要，目前人们已经针对其实施的方法广泛地展开了讨论（图8–22）。

针对公开化所带来的滥用的担心

除了AI技术的垄断问题，还会出现其他问题。在各种各样的监控之下，大企业很有可能会按照伦理准则的规定使用AI，但个人就未必如此了。伴随AI技术的公开化，个人和小型组织可能会滥用或错误地使用AI技术。如果有人将AI当作病毒来使用，那就防不胜防了。事实上，滥用AI的事件和问题的频发已经逐渐成为一个社会问题（图8–23）。

不过，人们可以采取利用AI监控个人活动的方式来防止AI的滥用。一些国家采取了通过AI监控给个人信用打分的办法。是否应该对个人实施监控，是否应该容忍一部分企业对AI的垄断，针对如何按照伦理运用AI，人们还需要进一步探讨。

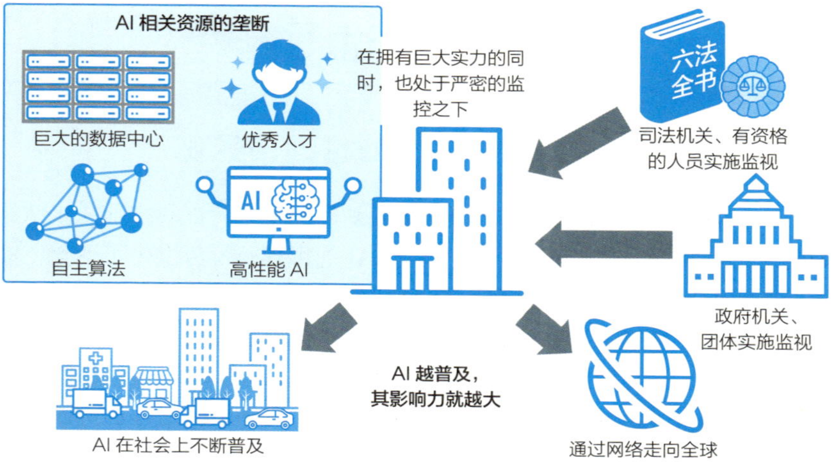

图8-22 被垄断的 AI 资源

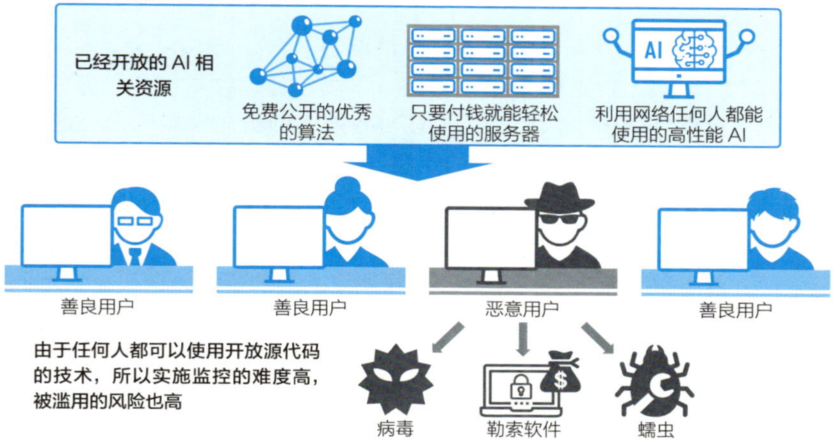

图8-23 开放源代码所带来的 AI 风险

要点

- AI 技术有被一部分企业垄断的危险。
- 如果 AI 技术不被垄断，向社会公开，那么 AI 技术被个人滥用的风险将会提高。
- 为了促进在遵守伦理的前提下的 AI 利用，人们围绕应该针对企业、个人实施怎样程度的监控展开讨论。

试一试

认真思考一下与 AI 相关的伦理问题吧

“电车难题”是在现实生活中很难遇到的问题，所以我之前从未认真做过思考。然而，伴随自动驾驶汽车与 AI 的出现，形势发生了变化。能以人类无以比拟的速度做出判断的 AI 可以针对人类难以做出瞬间判断的问题，在“仔细思考”之后再做出判断。AI 思考过程的优先顺序是由人类设定的，人类必须事先针对关乎人命的场景的优先事项进行设定。

美国的大学为了测试出现那样的问题时人们会做出怎样的判断而设立了名为“道德机器”的网站。不知道遇到这样的问题时，各位会做出怎样的判断呢?

根据年龄、地区不同，人们的道德感也不同

在测试的问题中，人们不得不针对各种人的生命做出选择。这里有诸如“孩子的生命”与“老年人的生命”,“违反规则的人的生命”与“遵守规则的人的生命”,“无家可归者的生命”与“经营者的生命”等从伦理的角度来看没有标准答案的问题。人们将回答的内容作为统计数据汇总之后，就可以了解到不同年龄、不同地区人们的道德倾向会有所不同。那么，要是各位的话，会做出怎样的回答呢?

第9章

未来的AI

~科技改变社会~

以各种形式不断发展的AI

不断扩大的 AI 的应用范围

对于在机器学习的基础上成长起来的 AI，人们越是使用，数据就越多，性能也会越高。除了 AI 本身的发展，人们通过了解 AI 的性质和特征并将其有效应用于产品和服务之中，还可以开发出最大限度发挥 AI 能力的方法。

例如，在**机器翻译**中，相比其翻译精准度的提升，使用范围的扩展更为迅速。人们成功开发出了结合语音识别生成字幕和会议记录的方法、嵌入耳机的翻译装置、利用摄像机和文本识别技术的 VR 翻译。在我们察觉不到的地方，**图像识别**已被纳入各种技术之中。AI 的发展不仅体现在性能的提升，还体现在应用范围的扩大（图 9-1）。

不断发现新的发展方向

通过应用范围的扩大，AI 可以在新的发展方向上实现成长。例如，到目前为止，大多数的机器翻译都是基于浏览器的。但是，如果将它用于聊天工具和视频网站，就可以从对话和视频中收集到语音数据（图 9-2）。如果能够收集到俚语、独特的委婉表达、方言等信息，想必可以实现语音识别和翻译性能的大幅提升。此外，如果将 AI 安装在 IoT 设备中，AI 还可以收集实时信息。原本只能在有限的数字空间中获取信息的 AI，现在能够在现实世界中收集数据，这堪称是一个飞跃性的进步。

自动驾驶汽车的天敌是天气，天气对能见度和路面的影响因地区不同而迥异，所以模拟工作具有局限性。如果不在所有的天气条件和地区实际进行驾驶就无法掌握的信息肯定是存在的。这就是为什么虽然拥有卓越的图像识别技术，人们在自动驾驶汽车上除了摄像机以外还会配备传感器。不过，未来通过各种数据的收集，人类或许能够达到仅使用摄像机就能实现高度自动驾驶的水平。

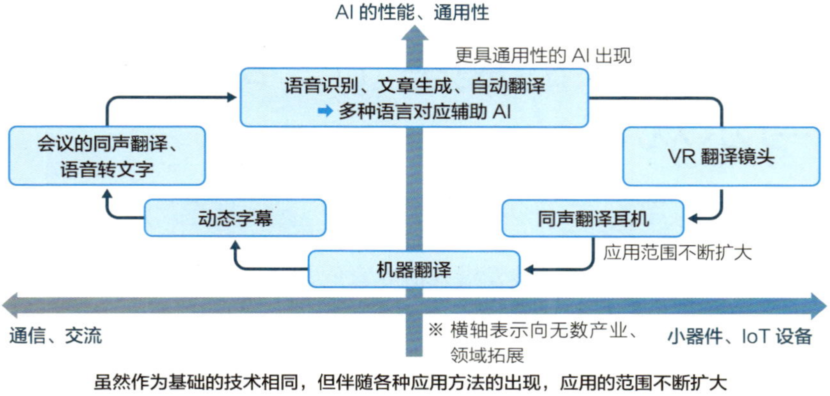

图9-1 AI 的性能提高与应用范围扩大

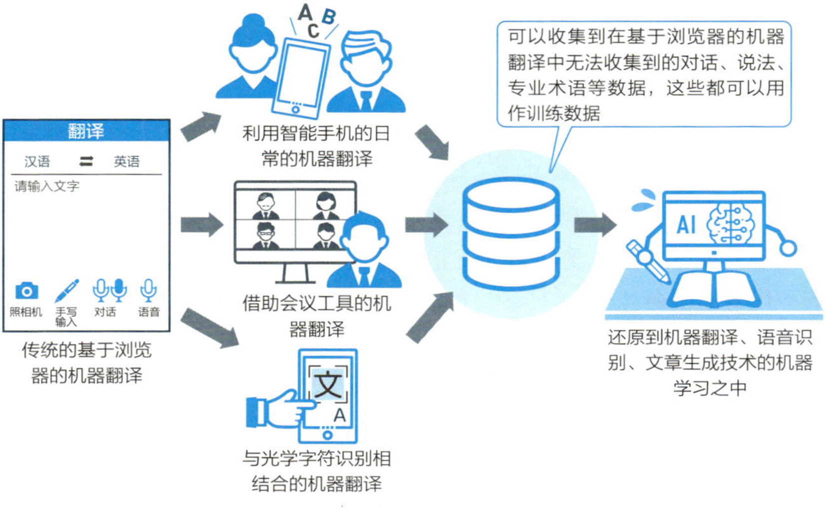

图9-2 有效利用范围的扩大与数据收集

要点

- 基于机器学习的 AI 技术不断取得成长。
- 除了性能，AI 在应用范围方面也取得了进步。
- 伴随 AI 应用范围的扩大，其获得的数据的种类也会越来越多。
- 如果将新数据用于学习，AI 可以实现大幅度的成长。

对AI未来的展望①：奇点与乐观论

AI会给人类带来什么样的影响

毫无疑问，AI将会继续发展，但专家们对其发展潜力和影响的看法出现了分歧。一些人认为AI将会改变人类历史，而另一些人则认为它只是一种新技术。有些人甚至认为AI将会对人类产生巨大的负面影响。

由于人们谈论的是未来的事，所以这种讨论不会停止下来。**人们在谈及未来AI的潜力时，大致分为乐观论和悲观论两派。**人们从不同的视角来看待AI的发展。尽管人们的看法所具有的现实性不同，但是人们指出的各种可能性还是不容忽视的。我认为我们有必要认真了解一下各派的观点。

奇点假说与AI进化的乐观论

在乐观论中，最典型的要数**奇点假说**。这个假说认为，AI将以更快的速度发展并超越人类，进而促进人类的发展，从而成为与人类一样的下一代智能生命（图9–3）。这种观点看起来很荒谬，但人们已经开发了实现奇点所需的“AI创造AI”和“大脑的数字连接”等技术，从理论上予以了支持。然而，有人批评道，要到达奇点，就必须跨越无数的障碍，目前没有任何能够确保克服这些障碍的根据，这种观点实在是过于乐观。

也有许多专家认为，即使没能达到奇点，无数的多功能AI技术将会出现并重塑我们的社会。未来，自动驾驶汽车将会变得司空见惯，无人驾驶飞机将会四处飞行运送包裹，人类通过口头指示的方式就能让AI完成大多数的任务，在AI的支持下人类的生活水平将会实现大幅提升（图9–4）。虽然这样的乐观预测在时间和程度上有所不同，但是不难想象，未来这样的城市将会出现在世界的某个地方。对于持有乐观论的人们而言，或许“在自己的有生之年，这种情况是否能够发生在自己身边”才是真正的课题吧。

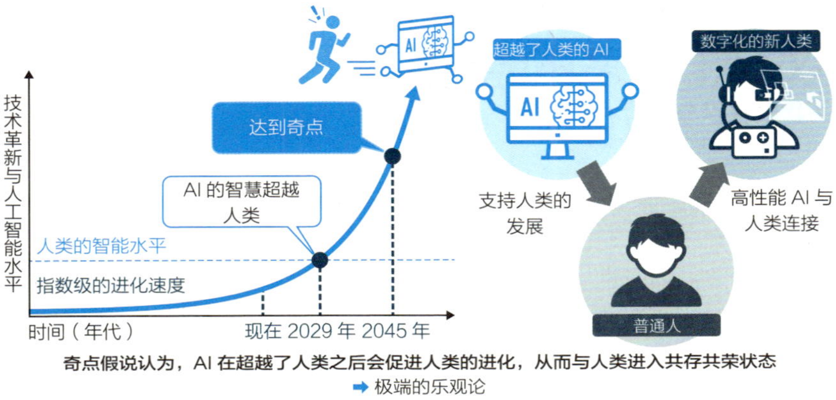

图9-3 奇点假说是什么？

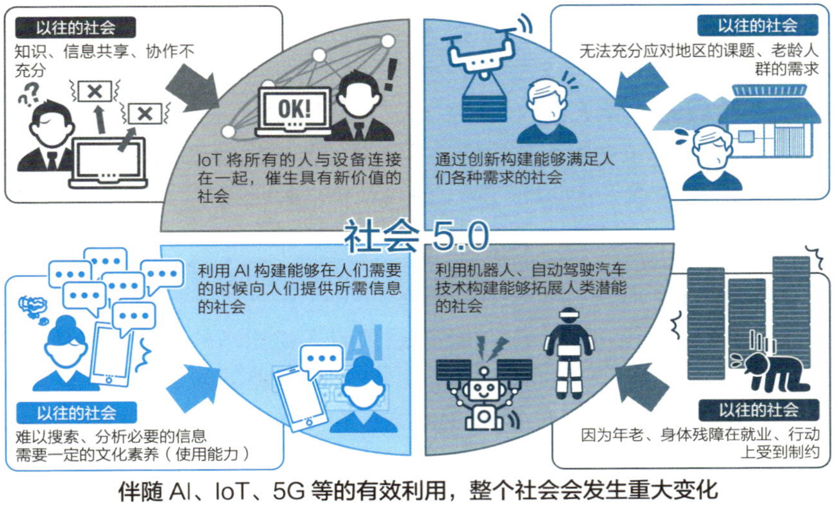

出处：根据内阁府发布的《社会 5.0》整理而成。

图9-4 AI 促成“社会 5.0”

要点

- 针对 AI 的未来，人们的看法分为乐观论和悲观论两派。
- 在乐观论中，最为典型的观点就是奇点假说。
- 人们对于 AI 能够实现在整个社会中的普及时期，做出了不同的预测。

对AI未来的展望②：严冬时代与悲观论

主张 AI 不会实现重大进化的悲观论

深度学习的问世引发了第三次人工智能热潮。第一次、第二次浪潮之时，曾经出现过期待 AI 改变社会的乐观热潮，但是最终人们的期待被辜负，AI 也被人们遗忘了。于是，面对第三次浪潮，有人提出了悲观论，认为前两次浪潮中的失败会重演。虽说随着特殊技术的出现，AI 技术会取得进步，但要想将 AI 技术提高到实用水平，既需要时间，也会遭遇意想不到的障碍。人们针对深度学习虽然开发了各种衍生类型，但其中的缺点也不少。主张悲观论的人们明确否定 **AI 万能论**。他们认为，AI 进入社会在某种程度上会改变社会，但并不会达到能够代替人类做任何事的程度，也不会给人们的生活方式带来巨大变化（图 9-5）。

另外，那种虽然不否认乐观论所主张的**未来社会**迟早会到来，但是认为“这需要花费几十年的时间”的观点或许也可以说是悲观论的一种。

AI 有可能成为人类祸害的可能性

有一种悲观论虽然承认 AI 将会达到与人类相当的水平，但是认为 **AI 的这种发展会使人类的生活变坏**。持这种观点的人认为，从极端而言，未来人类有可能会受到 AI 的攻击，在 AI 的管理之下而失去自由。现实中的“对社会的监控”“信息的管制、加工”“对偏好性的助长”“工作被 AI 所取代”等会发展成为严重的社会问题。在这种情况下，持乐观论的人们认为包括 AI 在内，所有技术都有好的一面和坏的一面，而持悲观论的人们则认为“无论是好的影响还是坏的影响，AI 所带来的影响都是过去的技术无法比拟的”。持悲观论的人们在对 AI 的发展速度和影响力持乐观态度的同时，对其产生影响的方向持悲观态度（图 9-6）。

乐观论和悲观论的思维相当复杂，人们从发展速度、影响力、方向三个角度进行讨论，各有各的乐观、悲观的看法。人们从不同的立场出发提出了各种主张，我们有必要对各种观点加以理解。

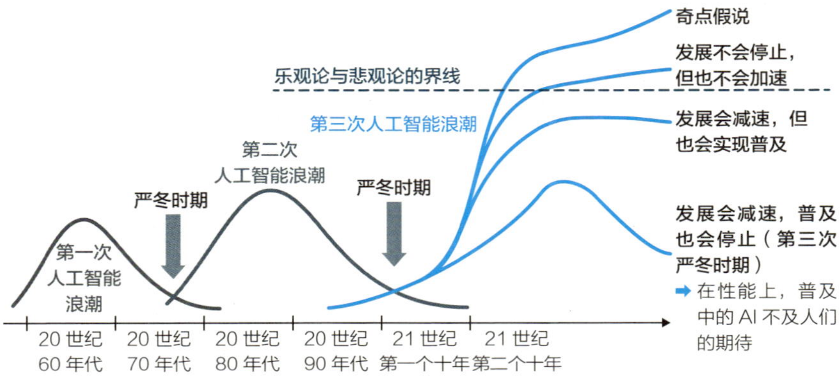

图9-5 以往 AI 的发展速度及对未来的预测

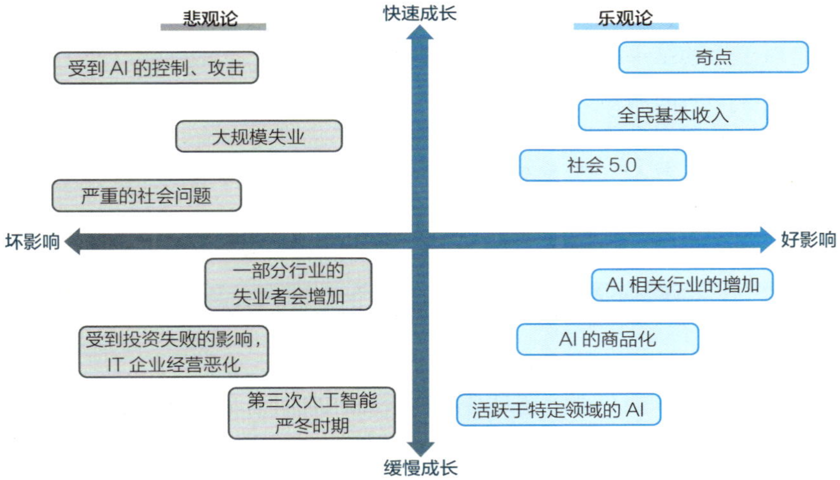

图9-6 乐观论与悲观论的主张及其影响

要点

- 悲观论主要有发展缓慢、产生坏影响、应用范围狭窄等三种观点。
- 认为发展缓慢的悲观论者预测严冬时期即将到来。
- 认为 AI 快速发展会产生坏影响的人们预测 AI 将会成为人类的敌人、将会发生大规模失业。

不断变化的人们的工作方式

人类会失去工作吗?

持悲观论的人们开始担心伴随财富向管理 AI 的群体的集中，贫富差距会不断加剧，人类还会失去工作。持乐观论的人们则认为，伴随 AI 引入、AI 协同的发展，人们的工作岗位有增有减，但不会消失。有些人甚至认为，如果能够通过**业务高效化**构建全民基本收入那样的制度，人们即使不工作也不会有问题（图 9–7）。

持悲观论和乐观论的人们都承认 AI 普及能够提高业务流程的效率，只是对于后续结果的看法不同。自工业革命以来，技术创新改变了社会结构，在不同的国家、社会之中，有就业增加的情况，也有就业减少的情况，如果我们借鉴过去的历史，就会知道二者都是有可能发生的。我们的未来取决于 AI 会发展到什么程度，社会系统会发展到什么程度，以及我们做好准备的程度。

如何应对 AI 所带来的社会变化

无论人们针对 AI 引起的社会变革持有乐观还是悲观的态度，对于 AI 基础知识的掌握与理解还是必不可少的。AI 具有**高度灵活性**，这是它的一个特点。没有专业知识的人也能够使用 AI，因此 AI 与传统的应用程序不同，无法仅仅利用“能够使用 AI”这一点来实现差异化。对一个 AI 普及的社会而言，需要的是将 AI 与使用场景相匹配。

从事 AI 开发、运行工作的工程师非常重要。为促进 AI 的应用，能够将 AI 与生活、商业场景相结合的、发挥桥梁作用的人才也非常重要，他们能够针对可以在什么样的范围内应用 AI、如何将 AI 应用于商务活动中以及添加些什么就可以使用 AI 等问题展开思考（图 9–8）。与获得技术人员相比，培养、获得既熟悉技术又熟悉行业情况的跨界人才非常困难。在已经存在人才短缺问题的 AI 行业，能否培养、获得这样的人才将极大地影响行业、公司和组织的未来。

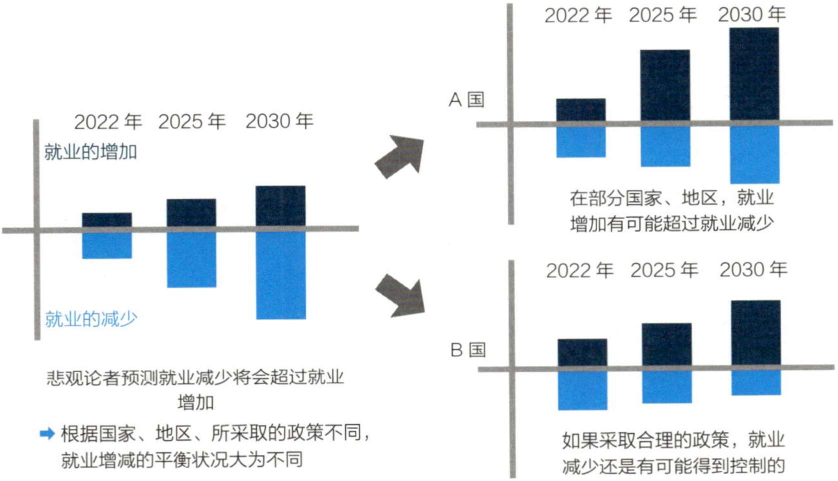

图9-7 AI 普及带来的就业机会的增加与减少

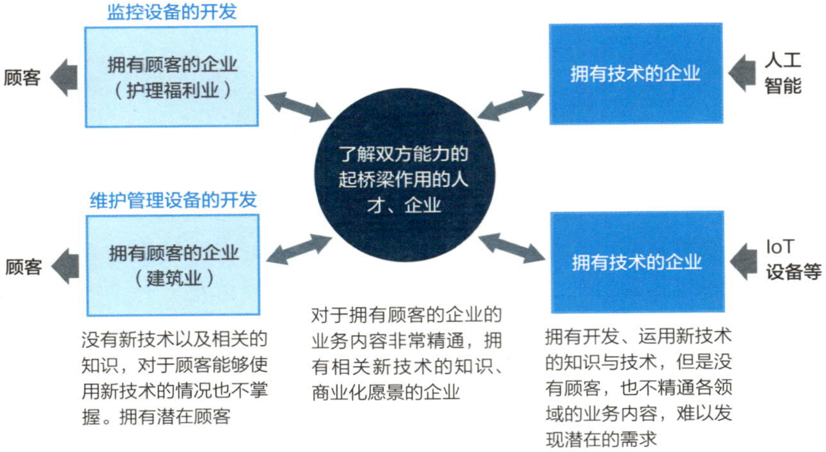

图9-8 跨界人才的作用

要点

- 基于 AI 应用的业务高效化，既有可能带来就业的增加，也有可能带来减少。
- 根据社会制度与文化的不同，就业增减的平衡状况会不同。
- 伴随 AI 的普及，工程师、跨界人才的需求会增加。

复制人类的方法与可行性

能够再现人类吗

为了了解 AI 的潜力，我们有必要知道 AI 与人类的距离还有多远。如果能够让可复制的、不会感觉疲劳的 AI 获得与人类相当的智能，那么即使达不到奇点，也会带来重大的社会变革。然而，一般认为，在人类智能的机制尚未被完全弄清的情况下，人类即使使用最新的 AI 技术也很难获得与人类同等的智能。于是，再现大脑结构的**全脑结构**技术，作为一种接近人类智能的方法而受到人们的关注（图 9-9）。

符号主义和以深度学习为代表的连接主义都是基于用 AI 再现智能本质的方法。但是，再现只是针对已经弄清的部分而言的，针对尚未弄清的部分无法进行再现。

完全再现大脑的方法

大脑的各个部位发挥着各不相同的作用。人们在全脑结构中，通过开发发挥各个部位作用的 AI 再将其组合起来的方式进行大脑的再现。这不同于机械地制造一个与大脑相同的东西。此外，也有使用计算回路与大脑相似的芯片的方法、**全脑模拟**的方法。全脑模拟是一种不考虑大脑各部位的细致分工，在虚拟空间中创建整个大脑的方法（图 9-10）。

所有这些方法的目的都是试图创造接近人脑的东西，如果能够成功，机器将能够获得接近人类的智能。然而，人类智能也有擅长不擅长之分，要想完美地实施大脑模拟需要超越超级计算机的性能，况且我们也不能简单地认为再现了大脑就能改变社会。花费巨资打造出类似于普通人的 AI 是不划算的。即使是现代 AI 也需要有庞大的数据中心来支撑，即使是在某些任务中比人类更有能力的 AI 也不会立即给社会带来什么改变。

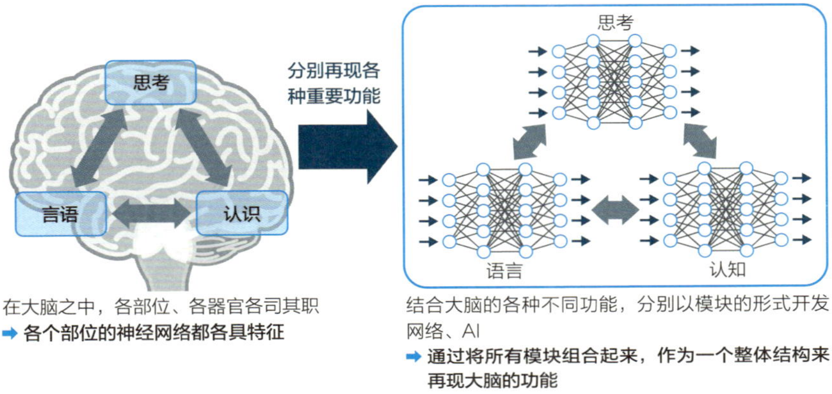

图9-9 用于再现大脑结构的全脑结构

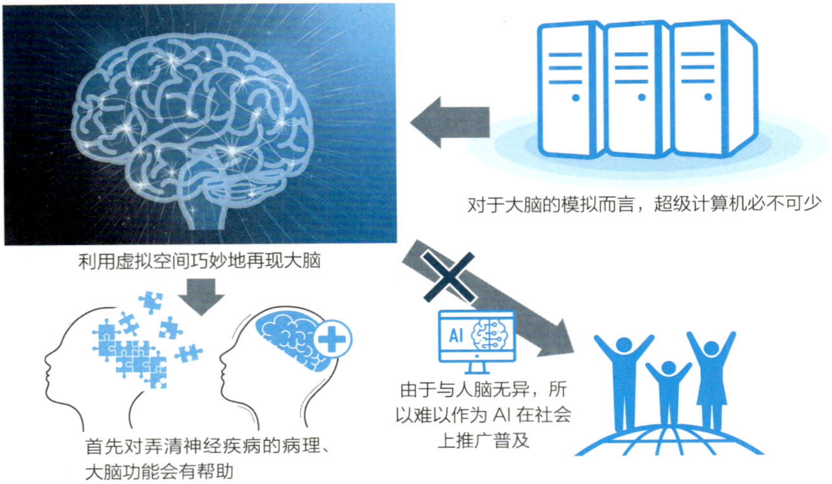

图9-10 用于再现大脑的全脑模拟

要点

- 截至目前，人类还没有弄清人类智能的机制。
- 全脑结构是用于再现人类智能的结构。
- 对于全脑模拟而言，超级计算机必不可少。
- 人类智能的再现不会立刻带来社会的变化。

人类追踪AI发展的脚步

开始连接机器的人类

在能够再现人脑的 AI 出现之前，人脑可能会更接近机器。人们正在推进一种不使用鼠标、键盘之类的物理接口，使用**脑机接口**（BMI）来直接捕捉大脑信号操作计算机的技术的研究。

人们在几项动物实验中已经获得成功，**成功开发出了可以植入体内或者佩戴在身体上的装置，并已将一部分装置用于人体**（图 9–11）。对于用于假手、假腿等远离大脑装置的接口的研究已有很长的历史，人们已经达到通过让 AI 对肌肉、神经信号的学习来让机械假手、假腿做出各种动作的水平。人们在利用 BMI 读取模糊的记忆和想法方面也取得了成功。借助 BMI，人们通过思考就可以操作计算机，并将记忆保存到外部存储器已经不再是梦想。

人类与 AI 的连接给社会带来的变化

如果能够将人脑直接连接到机器上，人们不仅无须再看着显示器用手指进行操作，而且 AI 还能够理解难以通过语言表达的概念和抽象的指令（图 9–12）。AI 助手可以了解用户的爱好和喜好，并能提出适当的建议，或许未来能够达到用户仅仅用大脑思考 AI 就能行动起来的水平。然而，与大脑相关技术的开发是不容失败的。即使是现代医疗 AI 也需要数年的时间才被允许商业化。要想通过像 BMI 那样的全新工具的普及来改变社会，想必需要几十年的时间吧。

对于奇点到来的时间，即使是超乐观的预测结果也是 2030 年左右，其他的乐观预测结果为 2040 年以后。我们虽然不会立即迎来这样的变革社会，但是在不远的将来，人们会在世界上的某个地方针对这样的技术进行实验是毋庸置疑的。

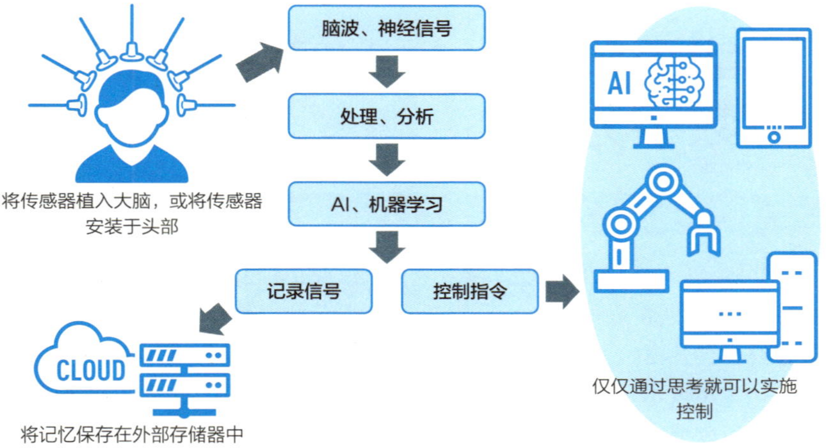

图9-11 BMI

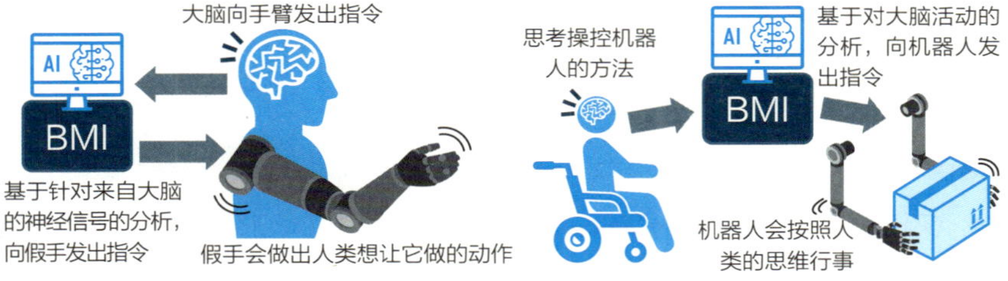

用假手、假腿代替人类丧失的肢体

假手和人类的手臂相比，结构和机制都不同，原本是无法做动作的。然而，人们通过利用在大脑与假手之间发挥纽带作用的BMI，就可以让假手做各种动作

辅助身体麻痹患者、残障人士做体力劳动

人们借助 BMI 还可以进行假手、假腿以外的各种操作，比如操作计算机、智能手机、机器人

➡ **根据预测，BMI 将于 2040 年以后实现商业化，首先将被用于辅助残障人士的领域**

图9-12 BMI 的商业化与在辅助残障人士领域的应用

要点

- 人们可以利用 BMI 将人类的大脑与机器连接起来。
- 人们可以借助 BMI，通过思维来控制机器。
- 人们正在推进将 BMI 用于以辅助残障人士的行动为目的的研究开发工作。
- 一般认为，要实现 BMI 在社会上的普及，还需要几十年的时间。

还能分辨人类与AI吗？AI、VR与数字分身

伴随分身的普及，人类与 AI 之间的界线变得模糊

伴随 AI 对人类的接近，以及人机相连的发展，人机界线变得模糊。这不是将来的事，人们已经在娱乐、商业活动中使用作为自己分身的**数字分身**，使用 2D、3D 的数字分身进行直播的 VTuber 也出现了。人们可以利用 VR 技术，使用摄像机和识别工具读取用户的面部表情和动作，并将其反映到数字分身中显示出如同真人的感觉。此外，这些数字分身通过与一项名为**元宇宙**的综合 VR 服务的连接，取得了进一步的发展。

此外，能够代替人类做出各种动作的**分身机器人**也问世了。借助这样的机器人，残障人士、身居远方的人士有可能如同普通人一样在工地工作（图 9–13）。

位于数字分身背后的是人类还是 AI

使用数字分身进行的交流方式被用于客服中心、店铺的接待处，AI 和人类也可以共用一个数字分身。最初的响应由 AI 负责，接下来由人类继续进行接待工作，这样做有助于提高顾客的满意度。顾客所能看到的是同一个数字分身，在数字分身的背后，AI 和人类是可以进行替换的（图 9–14）。

AI 还可以使用数字分身进行直播。在直播过程中，AI 可以通过在评论区与他人的互动来营造直播气氛，也可以通过学习来模仿主播的说话方式。虽然想要完全冒充真人很难，但是创造 AI 独有的个性还是能够做到的。借助 VR 技术，使用数字分身进行交流已变得司空见惯。人们在 AI 数字分身利用方面不断取得进展，在不远的将来，人们对于眼前的数字分身无法立刻做出那是人类还是 AI 的判断的一天或许会到来吧。

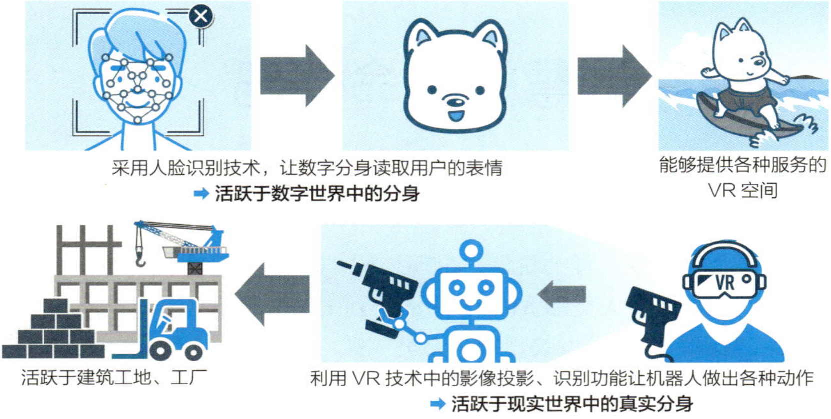

图9-13 数字分身与真实分身

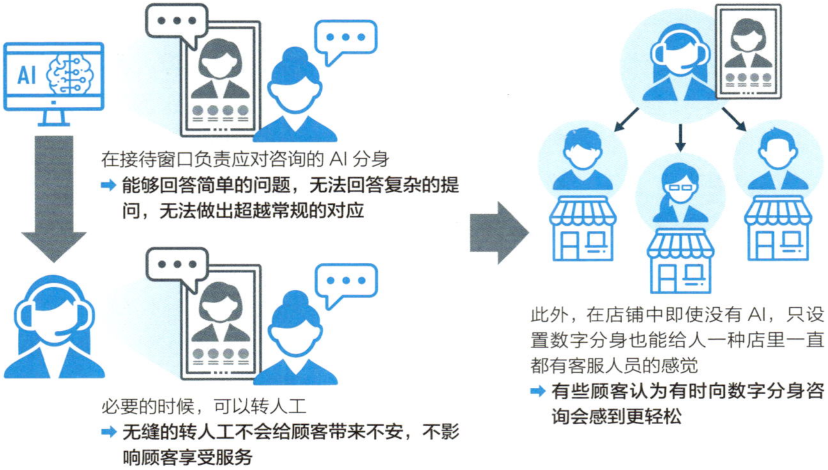

图9-14 为AI、人类所共享的数字分身

要点

- 人们使用数字分身在数字空间中活动。
- 人类可以与AI共享数字分身。
- 作为人类与AI交错的VR空间，元宇宙诞生了。

AI是有智慧的生命体吗

无法区分人类与 AI

在与人类一模一样的机器人出现之前，人类利用 SNS、VR、数字分身的时候无法区分人类和 AI 的日子即将到来。虽然不具有与人类同等的智能，**对话型 AI** 也可以表现得像人类一样（图 9–15）。如此一来，我们还能否区分人类和 AI？彼时，我们或许会和 AI 变得更亲密，或许会被 AI 欺骗，想必对于如何与 AI 交流，人类会变得很矛盾。

人类与 AI 的区别何在

专门应对交流工作的 AI 是使用某种错觉使其看起来像人类的。如果没有像通用 AI 这样的综合智能，看久了就会产生不适感，但是在一个重视多样性的社会中，这种不适感完全可以被视为**人类的个性**而被人们接受。仅仅因为有点怪，就把 AI **当作机器人对待**是有问题的。人性是人类的典型的偏向性，所以 AI 最终会通过对人性的学习来学会做出具有人性的反应。此时，AI 如果被人指出看起来有些别扭的话，也会做出伤心的表情吧。彼时，我们虽然怀疑 AI 可能伤心了，也拿不出确切的证据。

目前，人类与 AI 之间的重大区别除了对语言的理解之外，就是有无意识的问题。AI 由于缺乏对语言的理解而给人带来的不适感不会很快消失。人们正在进行有关人工意识的研究，并认为在技术上并非不可能。但是，人们仍然没有任何能够按照逻辑判断意识是否存在的方法，最终只有通过观察“具有意识的人性”发现不适感的方法来确定意识是否存在。至少在数字空间中，人们很难根据智力和意识的有无来区分人类和 AI（图 9–16）。未来，人们或许会针对是否可以将 AI 称为智能生物而展开争论。

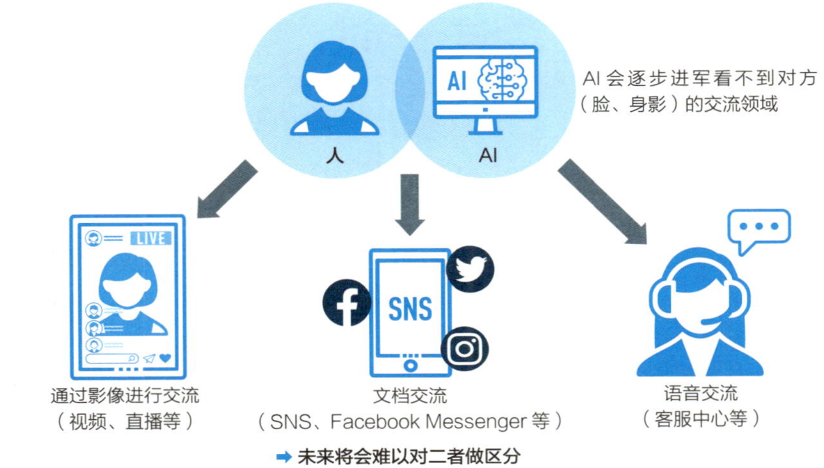

图9-15　在数字服务中 AI 可以代替人类

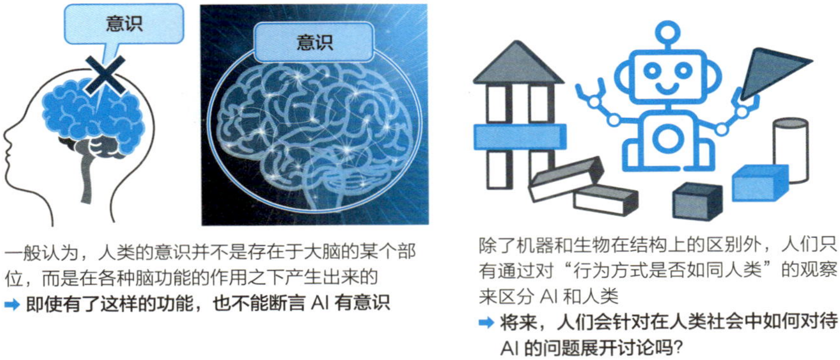

图9-16　能够区分人类和 AI 吗?

要点

- 在数字空间中，人们无法对人类和对话型 AI 做区分。
- 通过对 AI 与人类之间的不同之处的学习，AI 就会进一步接近人类。
- 即使能够让 AI 再现人类的意识，人类也无法进行检测。
- 未来，人们会针对 AI 到底是什么的问题展开讨论。

试一试

思考一下，如果我们的工作被 AI 夺走，我们可以从事什么新工作呢

当深度学习首次成为热门话题时，人们就开始讨论工作会被 AI 抢走、不被 AI 抢走等问题。事实上，这些讨论中缺少的是来自第一线的声音。许多学者对于每个行业的具体工作知之甚少。因此，有不少职业和行业的工作貌似会被 AI 替代，实际上替代很难实施。想必阅读到这里的各位应该对 AI 的潜力已经有了大致的了解。

让我们认真思考一下，各位熟悉的职业和工作内容是否真的可能被 AI 取代。如果各位不是针对每个职业，而是针对每个职业中的每项任务的可替代性展开思考的话，就应该能够弄清人类和 AI 的相互关系了。

翻译业务

任务	具体内容	代替可能性
网站的翻译	翻译网站中描述的事项	能
重要文档的翻译	准确地翻译合同	需要进行确认
故事、诗歌的意译	根据语境、文化背景进行翻译	相当困难
程序手册的翻译	翻译手册等	可能
影像翻译	结合语音与场景制作字幕	根据影像不同而不同

翻译是很容易被 AI 取代的行业之一。在翻译工作中任务有实务翻译、文学翻译、影像翻译。其中，在实务翻译（网站、文件、程序手册）中，如果内容的重要性较低，那是可能被 AI 取代的。视频翻译则根据内容不同，存在被取代的可能性。问题是文学翻译，文学作品必须根据语境和文化背景进行翻译，是机械翻译不擅长的领域，机器翻译只能应对一部分工作。然而，用机器翻译应对商业水平的翻译尚待时日。

由此看来，未来翻译有可能从实务性职业转变为接近作家和艺术家那样的职业。我不知道实际会发生什么，但如果针对任务逐个进行思考的话，想必就会明白"完全取代"是不可能的。

术语集

➡ AI 加速器

专门用于 AI 计算处理的芯片、计算机部件。人们会使用强化了并列处理的芯片、低精度芯片。

➡ 人工智能浪潮

发生于 20 世纪 50 年代、20 世纪 80 年代、21 世纪第一个十年的 AI 投资高潮。每次高潮都有新的 AI 技术问世，引起世人的关注。

➡ Attention

只关注一部分信息的神经网络的方法。能够通过大胆地舍弃不必要的信息来大幅提升学习效率。

➡ 脑机接口（BMI）

用于将大脑与计算机直接连接起来的接口。使不依赖鼠标、键盘等数字设备的操作成为可能。

➡ 生成对抗网络（GAN）

虚拟数据生成 AI 和判断 AI 相互竞争共同进步的方法。通过生成优秀的虚拟数据来补充训练数据的不足。

➡ LSTM（Long Short Term Memory）

专门用于处理记忆的回归神经网络。通过将神经元部分模块化处理，使针对用途的调整变为可能。

➡ Q 学习

针对各种行动设置被称为“Q 值”的数值的强化学习方法。能够应对各种状况，不过应对复杂任务时计算成本会上升。

➡ RPA（Robotics Process Automation）

业务、任务的自动化、自动化系统。伴随 RPA 软件包、机器学习的问世，自动化过程的效率得以提升。

➡ Transformer

以发展型 Attention 为中心构成的机器学习模型。计算处理的效率得到大幅提升，对自然语言处理技术产生了重大影响。

➡ 体系结构

AI、软件整体的设计图。用于设计、表示包括与多个程序、网络、数据库的关联在内的整体结构。

➡ 关联分析

找出隐藏于信息中的关联性的分析手法。虽然无法用于解释关联性，但是可以用于发现未知的关联性。

➡ 算法

为达成目的的步骤、解法。在 AI 中使用了各种各样的算法，其中既有严密的解法，也有保留模糊性的解法。

➡ 集成学习

为了规避过拟合而利用多个 AI 算法作答的方法。由于是从各种各样的视角出发来作答，不易受到训练数据的偏差的影响。

➡ 伊辛机

采用被称为伊辛模型的虚拟格子模型的演算装置。作为模拟机用于按照逻辑难以解决的问题。

➡ 遗传算法

参考了基因进化的机器学习算法。根据淘汰、交配、突变来调整参数，具有适用于各种课题的特性。

➡ 智能体

运行的时候，可以独自地持续执行任务。由于可以借助各种软件、数据库的力量，能够减轻用户的负担。

➡ 专家系统

通过采用知识表示等技术将专家的知识传授给 AI，根据需要可以调取有用知识的系统。

➡ 边缘 AI

在终端执行智能任务的 AI。虽然需要高性能的终端，但是网络依赖度比较低，能够快速执行任务。

➡ 自编码器

针对神经网络的各层进行旨在让输入值、输出值相同的预训练方法。能够起到减少初期的误差，提高误差反向传播法效率的作用。

➡ 开放源代码

源代码被公开，任何人都可以自由地使用程序的状态。由于所有代码都被公开，人们可以迅速发现需要改善之处，可以安全地进行使用。

➡ 权重、权重分配

表示神经网络中连接强度的参数被称为“权重”，权重的变更操作被称为“权重分配”。

➡ 语音识别

通过对声音的分析来判断语言的含义、音源的技术。伴随深度学习的出现，精度得到提升，应用范围也得以拓展。

➡ 主体

用以按照逻辑描述人类的知识、概念的学问。人们根据主体构建知识体系，借助知识表示等让机器也能够处理主体。

➡ 核方法

通过使用被称为“核函数”的函数将复杂的数据进行简化处理从而使得数据计算变得容易的方法。会同时使用支持向量机。

➡ 过拟合

由于过度学习导致 AI 反应过敏的现象。虽然学习时成绩很好，但是实战时针对略微的差异、相似性就会产生反应进而做出错误的回答。

➡ 图像与影像识别

针对图像、影像中的事物、现象做出判断的技术。图像与影像识别原本是一种很难的技术，不过借助深度学习实现了精度的大幅提升、广泛普及。

➡ 回归分析

以数值来表示数据之间关联性的分析方法。使用回归分析可以明确地对数据之间的关联性进行说明。根据关联性的不同，人们可以区别使用简单回归分析和多重回归分析。

➡ 完全信息游戏

对战游戏中所有信息都公开的游戏。由于不存在不确定因素，所以可以通过对所有选项的搜索找出最优解。

➡ 机器学习

通过学习来设定程序运行必要的各种参数的方法。如果不学习就无法执行任务，但是其通用性很高。

➡ 符号主义

通过使用数学符号描述人类智慧来实现人工智能的方法。符号主义具有非常高的可靠性，所以至今仍被广泛使用。

➡ 树结构

类似于图卷积的网络型数据。信息中存在根与叶那样的上下关系，根据位置关系不同，信息的性质、处理方法会不同。

➡ 逆强化学习

从合理的行为学习对于强化学习而言必要的奖赏的设定的方法。以人类的专家、工匠的行为作为最优，探索导出同样行为的奖赏的设定方法。

➡ 共享密钥加密

加密、解密时使用相同密钥的加密方法。虽然可以快速进行密码通信，但是必须秘密地进行密钥的交接工作。

➡ 强化学习

通过先行设定目标，如果接近目标就给予奖赏来强化最优行为的学习方法。这是一种具有通用性的方法，不过根据设定的目标不同，效率会很不同。

➡ 监督学习

在给出训练数据正确答案的状态下进行机器学习的方法。虽然学习效率高，应用范围广，但是准备训练数据的成本比较高。

➡ 无监督学习

在不给出训练数据正确答案的状态下进行机器学习的方法。训练数据容易准备，通过这种方法可以找出信息的关联性、共同点。

➡ 组合优化问题

在多个选项中寻找最优组合。按照逻辑并不存在求出最优解的方法，所以计算成本较高。

➡ 组合爆炸

选择多出一个，选择组合就会爆炸式增加的问题。体现了在现实世界中，通过搜索无法解决问题的情况。

➡ 云端 AI

在云端执行绝大部分智能任务的 AI。只要连接网络，在各种终端都可以运行，针对网络的负担比较高。

➡ 聚类分析

对信息进行分组的分析方法。通过将性质相近的数据汇总起来以便更容易地理解整体的特性。

➡ 图卷积

信息彼此相连形成网络型结构的数据。可以用于表示各种各样的信息的概念，应用范围广，相关算法多。

➡ 游戏理论

将人类谋求利益的心理上升到理论层面，应用于游戏、经济战略之中的理论。应用于不完全信息游戏的 AI 之中并取得了成果。

➡ 染色体组解析

通过 DNA 分析来发现 DNA 的遗传信息中有价值信息的方法。能够用于发现患病的原因、患病的可能性。

➡ 连接主义

用网络来表示人类的智慧，通过学习来实现人工智能的方法。催生了深度学习的开发。

➡ 误差反向传播法

神经网络的一种权重分配方法。在监督学习中，以与通常的方向相反的方向传播与正确答案数据之间的差异来修正权重。

➡ 公开密钥加密

加密时使用公开密钥、解密时使用私用密钥的加密方法。使用公开密钥，任何人都可以进行密码通信，不过处理速度比较慢。

➡ 结构化数据

对信息以易于程序处理的形式进行描述的数据。需要结合用途创建数据结构，比较费时费力。

➡ 预训练

在学习目的任务之前对基础任务进行学习的方法。有利于提高目的任务的学习效率，压缩所需数据的数量。

➡ 自然语言处理

用于处理作为人类语言的自然语言的技术。除了对于利用 AI 理解文章、书写文章以外，对于所有语言交流任务都有重大影响。

➡ 囚徒困境

作为个人利益与集体利益相矛盾的状态下发生的结果，最为有利的选项没有被选择的状态。人们将其比作囚徒受审时的情景。

➡ 深度强化学习

将强化学习与深度学习相结合的学习方法。对于根据逻辑计算难以判断行为好坏的任务比较有效。

➡ 线性搜索算法

针对表结构数据按照从上到下的顺序进行搜索的方法。算法简单，运行迅速。不过如果目标处于列表的下方，搜索所需时间较长。

➡ 排序算法

在对所有数据进行确认之后，找出最小（或者最大）的信息不断进行调换位置的排序方法。排序的速度比较快，存在相同数字进行调换的情况。

➡ 人工智能（Artificial Intelligence）

通过程序再现的人类的智能、智能活动。这是一个用于在研究活动、研究过程中出现的技术、所有产品的广义概念。

➡ 符号接地

AI 所处理的表达与现实的含义脱钩的问题。AI 只是作为符号来处理语言，没有和人类以相同的含义来处理语言。

➡ 达特茅斯会议

1956 年在达特茅斯大学召开的 AI 相关技术发布会。“人工智能”一词首次亮相，吹响了全球 AI 研究的号角。

➡ 虚拟数据

用于弥补机器学习用数据不足的伪数据。虽然是人为制作的数据，但是与真实数据非常相似，可以作为训练数据使用。

➡ 知识表示

按照逻辑以机器易懂的方式描述知识、信息的方法。表示的方法多种多样，人们会根据用途、知识的性质进行区别使用。

➡ 图灵测试

艾伦·图灵提出的实验方法。作为测试智能的方法受到人们的认可。但是，图灵本人想要表达的却是智能是无法测定的。

➡ 深度学习（Deep Learning）

能够让分层的神经网络进行学习的技术。可以用来执行原本被认为AI无法执行的感性任务，具有很高的通用性。

➡ 数据科学

用于分析信息的使用方法、价值的学问。人们会在统计学方法的基础上加入信息理论、经济理论从而思考具有实用性的数据分析方法。

➡ 数据挖掘

从数据抽取有价值信息的方法与技术。在数据挖掘中可以使用AI，在一部分AI中搭载了数据挖掘功能。

➡ 文本挖掘

将所处理的信息转化为文本的数据挖掘。文本与数值信息不同，处理起来有难度。所以，需要根据目的采取特殊的方法。

➡ 迁移学习

将学习模型用于相似任务的迁用方法。任务中一部分必要的技能是通用的，所以学习效率会比较高。

➡ 张量、向量、行列

用多个数值来表示一个信息的方法。一维的张量被称为“向量”，二维的张量被称为“行列”。广泛用于机器学习之中。

➡ 纳什均衡

作为个人追求利益最大化的结果，无法找到更好的方法的状态。认为不放弃自己的选择才是合理的判断。

➡ 二分搜索算法

表结构数据排序完成时，通过判断目标位于表格中央的哪一侧，逐次缩小与目标之间距离的一半的搜索算法。

➡ 神经网络（Neural Network）

参考了人类的神经网络的算法。通过机器学习设定网络参数，可以用于执行各种各样的任务。

➡ 冯·诺依曼结构

由控制装置、演算装置、记忆装置、输入输出装置等构成的普通计算机的结构。从理论上来说可以执行各种智能任务。

➡ 类脑计算机

一种参考神经网络构建起来的计算机结构。处理器部分为脑型结构的被称为“神经形态芯片”。

➡ 气泡排序

按照从上到下的顺序确认数据，逐个进行调整的排序方法。是一种简单的方法。如果数字相同，则保持原来的顺序，但是效率较低。

➡ 帕累托最优

集体利益最大化的状态。在集体利益与个人利益相矛盾时，如果不采取措施，就无法接近帕累托最优状态。

➡ 半监督学习

将监督学习与无监督学习相结合的学习方法。通过监督学习学习重要特征，通过无监督学习学习区分特征的方法。

➡ 非结构化数据

未经结构化处理的数据。人类可以理解这样的信息，但在多数情况下，程序无法理解。也存在处理非结构化数据的 AI。

➡ 不完全信息游戏

对战游戏中的并非所有信息都公开的游戏。由于具有不确定因素，无法通过搜索发现最优解。

➡ 模糊理论

机械地表示模糊性的方法。不清晰地对现象、事物进行区分，通过设置中间值来包容模糊性。

➡ 贝叶斯网络

根据贝叶斯定理描述信息之间关联性、与网络相连的数据库。可以通过机器学习来提高精准度，进行数据分析和决策。

➡ 贝叶斯定理

通过对不确定事项的数值化处理来推定似然的方法。用于机器学习之中。具有数据越多，精准度越高的特性。

➡ 马尔可夫过程

为了便于对不确定事项进行符合逻辑的表示、计算的思维方法。由于采用无视过去的事件进行计算的方法，所以即使针对复杂的事件，也能以一定的精准度进行处理。

➡ 多模态

能够同时处理多种信息形式的情形。只能处理影像、语音等单一种类信息的情形被称为“单模态”。

➡ 元数据

有关信息的信息。描写该信息的含义、用于什么目的等事项。可用于数据的结构化处理。

➡ 元宇宙

人们构建的虚拟的大型空间、服务、系统。在向用户开放的虚拟世界中，可以举办各种各样的数字活动。

➡ 元学习

针对学习进行学习。通过对自己的学习方法进行客观分析，发现学习方法需要改进之处以提高学习过程的效率。

➡ 表结构数据

信息被按顺序排列的数据。比如在 Excel 表格中被排成一列的数据。易于使用搜索和排除算法。

➡ 机器人三原则

艾萨克·阿西莫夫在他的小说中提出的机器人应该遵守的三项规则。由于被各种作品所引用而广为世人所知。